教育部人文社会科学研究西部和边疆地区项目（12XJC790007）资助
云南财经大学博士学术基金全额资助出版

经济管理学术文库·经济类

西部民族地区农户消费的影响因素研究

Studies on the Influence Factors of Peasant Household Consumption in Western Areas

向其凤／著

图书在版编目（CIP）数据

西部民族地区农户消费的影响因素研究/向其凤.—北京：经济管理出版社，2019.8
ISBN 978－7－5096－6705－7

Ⅰ.①西… Ⅱ.①向… Ⅲ.①民族地区—农户—消费—研究—西北地区 ②民族地区—农户—消费—研究—西南地区 Ⅳ.①F126.1

中国版本图书馆 CIP 数据核字(2019)第 137216 号

组稿编辑：杨国强
责任编辑：杨国强　张瑞军
责任印制：黄章平
责任校对：王纪慧

出版发行：经济管理出版社
（北京市海淀区北蜂窝 8 号中雅大厦 A 座 11 层　100038）
网　　址：www.E－mp.com.cn
电　　话：(010) 51915602
印　　刷：北京虎彩文化传播有限公司
经　　销：新华书店
开　　本：720mm×1000mm/16
印　　张：14
字　　数：244 千字
版　　次：2019 年 9 月第 1 版　2019 年 9 月第 1 次印刷
书　　号：ISBN 978－7－5096－6705－7
定　　价：68.00 元

·版权所有　翻印必究·
凡购本社图书，如有印装错误，由本社读者服务部负责调换。
联系地址：北京阜外月坛北小街 2 号
电话：(010) 68022974　邮编：100836

前 言

西部地区疆域辽阔，大部分地区是我国经济欠发达、需要加强开发的地区。2017年，西部地区共有乡村人口1.82亿，占全国乡村人口的31.61%，占西部地区总人口的48.35%，远高于全国41.48%的水平。西部也是少数民族的主要聚居地，我国的民族自治区域中，5个省级自治区全部在西部，30个自治州有27个在西部，120个自治县与自治旗中有83个在西部。有50个少数民族主要分布在西部，占全国55个少数民族的90%以上，西部的少数民族人口占全国少数民族人口的75%左右。改革开放后，虽然西部地区的农村获得了较大的发展，但由于自然环境恶劣，交通不发达等，整体经济水平远远落后于东、中部地区。受各种因素的制约，西部地区尤其是西部民族地区农村居民的消费水平一直处于较低水平。因此，激活西部地区农村消费需求，对于振兴西部经济、拉动内需、促进区域经济的均衡发展和各民族团结进步都具有重要意义。

研究西部地区尤其是西部民族地区农村居民的消费影响因素，在理论上不仅有助于我们了解经济欠发达地区农村居民的消费行为和消费观念，丰富我国居民消费的经济理论。更重要的是，相关研究对于我们制定正确的消费政策，启动农村市场，促进西部地区经济的均衡增长，提高农民收入，实现区域经济的协调发展与城乡一体化有着积极的现实意义。

在国内已有的农村居民消费问题研究中，大多从宏观数据出发，重总体特征的研究，以平均值作为研究对象的规律。但现有的数据表明，即使同一阶段同一地区，不同收入阶层的农户家庭消费也存在巨大的差异。因此，研究对象必须从代表性个体转向异质性个体，必须包括研究个体的多维属性，即地域属性，社会文化属性，经济属性等，才能使研究更贴近现实。由此看来，基于微观家庭数据的建模很有必要。而且，传统的回归模型也难以处理个体异质性，需要新的建模方法来进行异质性个体消费行为的研究。

本书以家庭微观数据为主,强调个体之间的异质性,考虑了研究个体的多维属性,包括地域属性、社会文化属性、经济属性等,使研究更贴近西部地区农村居民的消费行为现实。此外,本书的实证模型均采用多水平模型,充分考虑了同一阶段同一地区,不同收入阶层的农户家庭消费存在的巨大差异,较好地处理了个体的异质性(包括自发性消费和边际消费倾向的变异),也完善了多水平模型这一类随机效应模型在经济学中的应用。

本书共八章。第一章主要介绍研究的背景、研究意义,国内外研究现状,以及研究方法和研究内容等。

第二章简要介绍了西方的消费理论和消费函数,结合西方消费经济学、农民经济学和经济人类学,构建了西部民族地区农户消费的理论框架,然后运用西部各省(市、区)农村居民 2006~2015 年的消费和收入数据验证了凯恩斯绝对收入假说依然是现阶段最适合西部农村居民消费行为的理论。在此基础上,提出了西部民族地区农村居民消费函数的一般形式 $C = f(Y, X)$,其中 Y 为绝对收入,X 为影响消费的其他因素。

第三章从西部各省(市、区)的宏观经济数据出发,分析西部地区农村居民消费的变化、特点和基本趋势,包括农村居民消费总量变化和现状、城乡消费差距、区域消费差距、农村居民消费结构的变化、消费结构的升级趋势等,从总体上呈现了西部及西部民族地区农村居民的消费概况。收入是消费的来源和基础,是影响消费最重要的因素。收入来源的变化将对农村居民的消费产生直接的影响。因此,本章接着对影响农村居民消费的收入因素进行定性分析,包括收入现状、收入结构等,并以云南红河州 2006~2010 年的家庭微观数据为例,对少数民族地区农村居民的消费和收入情况进行了详细的介绍和描述。

第四章首先基于西部 12 个省(市、区)的宏观数据,建立了两水平线性模型,分析了不同的收入来源对西部地区农村居民消费支出的影响,探讨了工资性收入的边际消费倾向在省际间变异的原因;其次利用家庭微观数据,以云南红河州少数民族地区农户作为研究对象,建立多水平线性模型,定量分析了收入来源对农户家庭消费支出的影响,以及赡养比和期末存款余额是如何调节农户家庭个体的自发性消费、财产性收入和转移性收入的边际消费倾向的;最后基于该微观数据,建立了农户家庭收入的多水平发展模型,并从物质资本、人力资本、就业结构三个方面研究了影响农户家庭人均收入初始水平及其增长的因素,通过对所得结果的分析，提出了促进西部民族地区农村经济发展的相关政策建议。

农村消费环境差且长期得不到改善也是我国农村居民消费的一大"瓶颈"。对于西部民族地区，由于自然环境、社会文化、市场发育都和中、东部存在较大的差异，因此，消费环境对农户消费支出的影响必然不同。本书的第五章基于云南红河州农村住户调查的微观数据，使用多水平发展模型测度了地理环境、社会文化环境、市场环境等因素对农户消费支出的影响。

第六章首先介绍了经济水平相对落后的西部农村地区的收入水平和社会保障的总体情况；其次基于西部农村地区社会保障与居民消费情况的927份有效调查问卷，分析了西部农村居民现实的收入与消费水平和参与社会保障的具体情况，并分析了其在社会保障和消费方面存在的问题；最后利用云南红河州2006~2010年的3000个农户的跟踪调查数据，建立多水平发展模型，分析了现阶段农村已有的社会保障措施（新农合、最低生活保障、养老保险、困难救济等）对农村居民消费的影响。

消费结构是消费的重要方面，反映消费的水平和层次，本书的第七章首先分析了云南红河州农户家庭的总支出及其结构，生活消费支出及其结构，消费品结构和服务型支出结构，通过各种支出结构的描述，展示了云南红河州农户支出的方方面面；其次在LA/AIDS模型上，构建了农户家庭消费结构影响因素的多水平发展模型，分析了实际收入、物价水平、农户家庭特征、社会保障和民族文化传统对农户消费结构的影响。

基于前几章的定量分析结论，本书的第八章从农户增收、改善消费环境和完善农村社会保障体系三个方面提出了促进西部民族地区农村居民消费的相关建议。

本书为教育部人文社会科学研究西部和边疆地区项目（编号：12XJC790007）的研究成果，得到了教育部人文社会科学基金的资助，在此表示感谢。本书由课题组成员共同完成，课题负责人指导的研究生刘洁珍、李爽、邹勇树、余杨参与了课题的研究，完成了报告的部分内容，在此一并表示感谢。由于作者自身的水平有限，难免存在一些疏漏和不足之处，恳请各位专家和同行批评指正。

目 录

第一章 导论 …………………………………………………………… 1

  第一节 问题的提出 ………………………………………………… 1

    一、研究背景 …………………………………………………… 1

    二、研究意义 …………………………………………………… 3

  第二节 国内外研究现状 …………………………………………… 4

    一、消费理论的研究 …………………………………………… 4

    二、农村居民消费支出和结构的研究 ………………………… 8

    三、农村居民消费支出的影响因素研究 …………………… 11

    四、关于农户消费的研究 …………………………………… 17

    五、国内外研究现状述评 …………………………………… 22

  第三节 研究设计 ………………………………………………… 23

    一、研究内容 ………………………………………………… 23

    二、研究思路 ………………………………………………… 25

    三、研究方法 ………………………………………………… 26

    四、研究的数据资料简介 …………………………………… 27

第二章 农村居民消费的基本理论 ………………………………… 29

  第一节 相关概念 ………………………………………………… 29

    一、消费的相关概念 ………………………………………… 29

    二、研究对象 ………………………………………………… 30

  第二节 消费理论和消费函数 …………………………………… 31

一、基于收入的消费理论与函数 ·············· 31
二、现代消费理论和消费函数 ················ 34
第三节 西部民族地区农户消费的理论分析 ············ 36
一、农户的经济学特征 ···················· 36
二、农户的消费经济理论分析 ················ 38
第四节 西部民族地区农村居民消费函数的实证 ·········· 40
一、我国居民消费函数的研究 ················ 40
二、消费函数的统计形式 ··················· 41
三、西部地区农村居民消费函数的实证分析 ········· 43

第三章 西部民族地区农村居民消费与收入现状 ············ 46

第一节 西部地区农村居民消费与收入现状 ············ 46
一、西部地区农村居民消费现状 ··············· 46
二、西部地区农村居民的消费结构 ············· 51
三、西部地区农村居民收入现状 ··············· 54
第二节 西部民族地区农村居民消费与收入现状 ········· 58
一、西部民族地区 ······················· 58
二、西部民族地区农村居民消费现状 ············ 59
三、西部民族地区收入现状 ················· 61
第三节 案例：云南红河州农户消费与收入现状 ········· 63
一、红河州的地理与经济环境 ················ 63
二、红河州农户的收入和消费现状 ············· 64

第四章 西部地区的农户收入与消费支出 ··············· 70

第一节 西部地区农村居民短期边际消费倾向分析 ······· 70
一、西部地区农村居民收入和消费的变化趋势分析 ····· 70
二、短期边际消费倾向的省际差异 ············· 71
三、短期边际消费倾向的年度差异 ············· 73
第二节 收入来源对农村居民消费的影响——来自宏观数据的实证 ·· 74
一、理论分析和模型构建 ··················· 74
二、多水平模型简介 ····················· 76

三、变量、数据与数据结构 ··· 79
　　四、不同收入来源的多水平模型分析 ··· 83
　　五、主要结论 ··· 90
第三节　收入来源对西部民族地区农户消费的影响——以红河州为例 ··· 91
　　一、模型、数据与变量 ··· 91
　　二、模型估计与检验 ··· 94
　　三、结果讨论与分析 ··· 102
第四节　西部民族地区农户收入增长的影响因素分析 ································· 103
　　一、理论分析与模型构建 ··· 103
　　二、数据说明和变量定义 ··· 107
　　三、收入影响因素的多水平模型建模及分析 ··· 109
　　四、主要结论 ·· 119

第五章　西部民族地区的消费环境与农户消费 ······································· 120
第一节　西部民族地区农户的消费环境问题及现状分析 ··························· 120
　　一、农户的消费环境问题 ··· 120
　　二、农户的消费环境分析 ··· 122
　　三、农户的消费现状 ··· 123
第二节　消费环境影响农户消费支出的实证分析 ······································· 124
　　一、数据、变量与模型 ··· 124
　　二、微观环境模型的估计和检验 ··· 126
第三节　结果分析与主要结论 ··· 133
　　一、结果分析 ·· 133
　　二、主要结论 ·· 134

第六章　社会保障对西部民族地区农户消费的影响分析 ····················· 135
第一节　农村居民的社会保障与消费 ··· 135
　　一、西部地区农村居民社会保障的基本情况 ··· 136
　　二、西部地区农村社会保障现状 ··· 141
第二节　西部地区农户消费与社会保障的典型调查分析 ··························· 142
　　一、数据来源 ·· 142

二、西部农村居民家庭收入与消费情况……………………………143
　　三、西部农村家庭参与社会保障的基本情况………………………145
　　四、西部地区农户社会保障与消费问题分析………………………145
　第三节　社会保障对西部民族地区农户消费的影响……………………148
　　一、经济理论分析与模型构建………………………………………148
　　二、数据、变量与数据结构检验……………………………………150
　　三、社会保障的多水平建模及分析…………………………………154
　　四、主要结论…………………………………………………………165

第七章　西部民族地区农户消费结构的影响因素分析…………………167
　第一节　西部民族地区农户的消费结构…………………………………167
　　一、农户总支出及其结构……………………………………………167
　　二、生活消费支出及其结构…………………………………………169
　第二节　西部民族地区农户消费结构变动分析…………………………174
　　一、线性支出系统需求函数模型……………………………………175
　　二、线性支出系统需求函数模型的估计……………………………176
　第三节　西部民族地区农户消费结构变化的影响因素分析……………178
　　一、LA/AIDS 模型……………………………………………………178
　　二、农户消费结构变化的多水平模型………………………………179
　　三、消费结构影响因素模型的估计…………………………………183
　　四、主要结论…………………………………………………………189

第八章　拉动西部民族地区农户消费需求的对策建议…………………191
　第一节　基于收入来源的对策分析………………………………………191
　　一、科技兴农，兼营非农，提高家庭经营性收入…………………192
　　二、促进农业剩余劳动力的有效转移，增加农民的工资性收入……193
　　三、优化资源，盘活资产，增加农民的财产性收入………………194
　　四、提高社会保障水平，增加农民的转移性收入…………………195
　第二节　基于消费环境的对策建议………………………………………195
　第三节　基于社会保障的对策建议………………………………………196

参考文献……………………………………………………………………199

第一章 导论

第一节 问题的提出

一、研究背景

投资、消费和出口作为三大需求，是一国经济增长的主要拉动力，从不同方面带动着经济的发展。20世纪80年代以来，中国在不断的开放中，经济开始了持续快速的增长：投资带动，出口繁荣，中国经济进入到一个新的阶段，逐渐超过欧洲和日本，一跃成为世界上仅次于美国的第二大经济体，被越来越多的国家所重视。中国的国际地位空前提高，中国经济正在对全球产生着重要影响。2008年爆发的国际金融危机，使得全球经济陷于衰退的边缘，中国经济增长减速甚至停滞的压力也越来越大。虽然中国经济依旧在波动中前行，总体趋势没有改变，但中国经济在一定程度上依然受到了金融危机的重创，股市和楼市一片低迷，净出口在长期的顺差后开始逆转，并且进出口的总量也出现了缩减。在全球经济增长乏力的时刻，中国要想继续保持经济中高速增长，需要缓中求稳，进一步深化改革开放，加大政府宏观定向调控的力度，推动中国经济的转型升级。

中国经济在保持了近30年高速增长的奇迹后，开始步入稳步中速增长的一种新常态。投资的效率越来越低，受全球经济不景气的影响，出口受挫，复苏缓慢无力，依靠投资和出口拉动的经济增长已经难以为继，经济增长的原动力越来越依赖于消费,尤其是居民消费。2006年,我国最终消费支出拉动国内生产总值5.3个百分点,对经济增长的贡献率为42.0%;到2017年,我国最终消费支出拉动国内生产总值4.1个百分点,对经济增长的贡献率却达到了58.8%①,这表明经济新常态下,我国经济增长的动力已经从投资转变为消费。

卡尔·亨利希·马克思(Karl Heinrich Marx)曾说过:"没有生产就没有消费,但是没有消费,也就没有生产,因为如果这样,生产就没有目的。"在中国经济的持续增长中,消费对经济的拉动明显不够,贡献度多个年份在50%以下,投资过热,消费内需不足,使得整个经济长期在不平衡中高速增长。2010年,三大需求中,资本形成的贡献率高达66.3%,拉动经济增长7.1个百分点,而最终消费支出的贡献率仅44.9%,拉动经济增长4.8个百分点②。为了促进居民消费,政府推出了家电下乡、政府补贴、以旧换新等一系列措施,但这些措施收效甚微,并未从根本上改变投资和消费之间比例失调的结构状态。居民消费能力提升缓慢,整体上居民消费不足,其根源在于占总人口近一半的农村居民的消费能力不足。2010年,乡村人口的数量占到了全国总人口的50.5%,但其消费仅占全国居民总消费的23.2%,也就是说,农村居民的消费水平仅为城镇居民的1/3左右。因此,要想保持经济持续、快速、稳步发展,就需要从扩大居民消费支出这方面入手;要想改良经济增长方式,优化经济运行环境,就必须要从促进国民消费这方面入手,打开中国农村消费市场,刺激中国农村居民的消费。

我国西部地区虽然地域相当辽阔,但地形条件和气候条件比较差,经济和社会发展落后,是我国经济欠发达地区。西部地区的城镇化水平低,其中70%以上的居民生活在条件艰苦的农村。西部地区的农民人均收入不仅低于全国平均水平,也远远落后于东部地区,与中部地区也有较大差距。西部地区的经济以传统的小农业为主,大多数农村居民仍停留在自给自足的消费水平,导致消费水平偏低,已经严重制约了西部地区的经济增长。2010年,西部地区农村居民的人均消费支出为3537.48元,相当于东部地区农村居民人均消费支出5735.39元的61.68%。因此,激活西部地区农村居民的消费需求,对于振兴西部经济、拉动内需都具有重要意义。

---

① 中国统计年鉴(2018),http://www.stats.gov.cn/tjsj/ndsj/2016/indexch.htm.
② 中国统计年鉴(2016),http://www.stats.gov.cn/tjsj/ndsj/2016/indexch.htm.

全面建成小康社会是我国的"第一个百年目标[①]",目前已经到了最后冲刺阶段。要建成全面小康社会,其关键也在于西部农村。国家统计局发布的《中国全面建设小康社会进程统计监测报告》(2011)显示,中国小康实现程度已由2000年的59.6%提高到2010年的80.1%,其中东部地区的北京、上海、浙江、福建和广东等地小康社会实现程度已经超过了90%。而我国的西部农村地区,贫困人口多,贫困面广,贫困程度深,他们的消费水平不仅远低于城镇居民,也低于东部地区广大农村居民的消费水平,离小康水平还有很远的距离。要实现西部地区的全面小康,重点在于提高西部农村居民的收入水平,进而提高农民的生活消费水平。因此,研究西部民族地区的农村居民消费问题也是社会主义新农村建设和全面建设小康社会的需要。

二、研究意义

研究西部地区尤其是西部民族地区农村居民的消费影响因素,在理论上不仅有助于我们了解经济欠发达地区农村居民的消费行为和消费观念,丰富我国居民消费的经济理论,更重要的是,相关研究对于制定适合的消费政策,启动农村市场,促进西部地区经济的均衡增长,提高农民收入,实现区域经济的协调发展与城乡一体化,都有着积极的现实意义。其研究意义具体体现在以下几个方面:

(一)启动西部地区的消费市场,拉动西部地区的经济增长

西部地区农村居民的消费水平低于全国,但其蕴含着巨大的消费潜力。虽然西部地区农村居民的收入水平长期低于东、中部地区,但西部地区农村居民的收入增长速度快,最近10年间的年均增速都保持在2位数。截至2015年,西部地区农村居民的人均可支配收入已经达到了9093.4元,和东部、中部、东北地区的相对收入差距在不断缩小,增收的潜力依然不小。解决了温饱问题的西部农村居民,对于衣食住行的需求仍将继续增加,对于汽车、家用电器、计算机等耐用品需求量呈爆发式增长,是中国未来消费增长的重点区域。因此,对西部农村居民消费影响因素的研究,有助于了解制约消费的因素,制定启动西部农村消费市场的政策,引导西部农村居民的消费,进而拉动西部地区的经济增长。

(二)提升西部民族地区农村居民的消费水平,建设全面小康社会

西部地区土地广袤,资源丰富,发展潜力巨大。西部地区大部分都处在贫困

---

① 第一个一百年是到中国共产党成立100年时(2021年)全面建成小康社会。

或是相当贫困的阶段。由于贫困、交通不便、信息闭塞等导致人们观念相对落后,思想和行为相比东、中部更为保守,是西部地区发展的"瓶颈"。西部地区的居民受民族传统文化影响大,具有独特的、稳定的消费行为,研究西部民族地区的消费差异与社会结构将为消费经济研究增加新的内容。同时,也有助于制定正确的消费政策,引导当地农村居民合理消费,提高当地居民的生活水平,构建和谐共荣的社会环境,建设全面小康社会。

(三)促进区域平衡发展,民族团结进步

我国西部地区12个省(市、区),面积约685万平方千米,占全国总面积的71.4%;西部地区人口为3.77亿人(2017年),占全国总人口的27%;中国55个少数民族中,大多数居于西部。西部地区少数民族人口超过8000万人,占少数民族总人口的70%以上。但西部地区的农村居民人均收入水平仅为东部农村居民的1/2,为中部农村居民的4/5,且消费产品自给性强,商品率低,其消费行为和消费心理明显不同于东、中部的农村居民,多种因素对其消费行为构成影响。农村消费对经济增长的贡献率较低,消费水平低下直接制约了西部地区的经济增长。弄清影响农村居民消费的因素是什么,有助于解决农村居民的低收入、低消费状况,扩大农村的消费需求,这对提高西部地区农村居民的生活水平,促进各地区经济协调发展,加强民族团结,实现各民族共同发展和富裕,维护社会稳定和巩固边防,都具有十分重要的意义。

第二节 国内外研究现状

一、消费理论的研究

消费(Consumption)是社会再生产过程中的一个重要环节,也是最终环节。它是指利用社会产品来满足人们各种需要的过程①。由于消费是生产过程的最终

---

① 百度百科,https://baike.baidu.com/item/消费/5800867?fr=aladdin。

目的,是由众多消费者行为①构成的,而消费者的购买又是一切市场活动的中心问题,因此消费问题一直是西方经济学的理论基础和行为科学的重要研究内容。

(一) 西方早期的消费理论

关于消费的研究,是西方经济学中重要的内容之一。早期的西方学者考察了从生产到消费的全过程,对消费在社会生产中的作用、消费者行为、消费支出与结构、消费的发展趋势以及消费与生产之间的矛盾都进行过探讨,形成了关于消费的基本知识。17世纪的西方古典经济学者威廉·配第(William Petty)提出了"节俭"的消费理论经济学,后来的亚当·斯密(Adam Smith)、大卫·李嘉图(David Ricardo)、弗朗斯瓦·魁奈(Francois Quesnay)等,都是"节俭"理论的支持者,他们认为积累是生产扩大的前提,而生产扩大才能带来国民财富的增加,因此必须节制消费,增加积累。与节制消费为核心的古典消费经济理论相反,法国的经济学家让·沙尔·列奥纳尔·西蒙·德·西斯蒙第(Jean Charles Leonard Simonde de Sismondi)、美国的经济学家托斯丹·邦德·凡勃伦(ThorsteinB Veblen)和英国的经济学家约翰·梅纳德·凯恩斯(John Maynard Keynes)都反对节俭,提倡消费。西斯蒙第认为"消费先于生产,生产服从消费",生产不是漫无目的的生产,消费者的消费需求是生产的目的,生产必须为消费服务,因此,他反对李嘉图"为生产而生产"。他认为"宜奢不宜节俭",并强调消费的含义是随着时间不断变化的,有些产品在刚刚诞生的时候会被认为是奢侈性的消费品,但随着技术的进步和消费水平的提高,会逐渐变成人们生活的必需品。

奥地利经济学家欧根·冯·庞巴维克(Eugen Bohm – Bawerk)从边际效用出发,提出了消费价值理论。庞巴维克认为,商品的边际效用决定了商品的价格,但商品的边际效用是递减的。因此,随着消费者收入的增加,虽然一个消费者购买的商品数量会增加,但由于边际效用递减,他购买商品数量的增速会下降,这样,将会有更大比例的收入留存而被储蓄。而且,富人的边际消费倾向低于穷人,因此当财富主要集中在小部分富人手中时,其大部分将不会被用于消费。

新古典学派创始人阿尔弗雷德·马歇尔(Alfred Marshal)则从商品的价格和对商品的需求量两个方面对消费问题进行了研究,他接受了边际效用价值论,并且提出了需求规律、需求价格弹性、消费者剩余等。马歇尔用边际效用来说明需

---

① 消费者为获得所用的消费资料和劳务而从事的物色、选择、购买和使用等活动,亦称消费者行为。

求,并用清晰的公式表达了需求价格弹性的概念,指出在其他因素(非价格因素)不变的条件下,价格和需求互相影响,反向变动,需求曲线向右下方倾斜的规律。

(二)马克思的消费经济理论

马克思对消费进行了深入的研究,他主要从生产和消费的关系上对消费进行了论述。首先,马克思认为,生产产品的过程实际也是消费生产资料和劳动力的过程,生产就是消费,而消费产品的过程中,人生产了自己的身体(劳动力),因此消费也是生产,没有生产就没有消费,没有消费也没有生产,生产和消费是矛盾的,也是统一的。其次,马克思认为,生产创造出消费的物品,消费才有了可消费的对象,如果没有生产,消费也难以存在,生产还决定着消费的方式和性质,因此,生产是消费的媒介。而消费也反作用于生产,因为有了消费,社会生产才能顺利结束。没有消费,生产也就失去了意义,所以消费也是生产的媒介。即生产和消费是彼此的媒介。最后,生产和消费相互生产:一方面,生产为消费提供材料、对象,同时生产也给予消费以消费的规定性,使消费得以完成;另一方面,消费也生产着生产,产品只有在消费中才证实自己是产品,同时,消费也创造出新的生产的需要,成为新一轮生产开始的源泉。"没有需要,就没有生产。"

马克思还对消费能力和消费自由时间进行了研究,他认为,消费能力包括两方面的内容:一是在消费过程中的购买力;二是对消费相关知识的学习能力。消费能力与生产力之间存在非常密切的关系,"消费能力是消费的条件,因而是消费的首要手段,而这种能力是一种个人才能的发展,生产力的发展"。马克思首先定义了社会必要劳动时间,是指"在现有的社会正常生产条件下,在社会平均的劳动熟练程度和劳动强度下制造某种使用价值所需要的劳动时间"①。社会必要劳动时间生产劳动者所必需的生活资料。除去必要劳动时间外的闲暇时间为自由时间。随着生产力的进步,必要劳动时间减少,自由时间增加,个人将会有更多的时间去消费,进而促使物质和精神的消费能力进一步提升,推动新的更大的生产过程进行。马克思认为,生产之所以能够不断地进行,正是为了满足自由时间越来越多的人的诸多消费需求,从而最终促进人类的全面发展。

---

① 搜狗百科,https://baike.sogou.com/v7589677.htm?fromTitle=必要劳动时间.

(三) 西方现代消费经济理论

消费经济学在第二次世界大战后重新焕发了勃勃生机，成为一门新兴的独立学科。"二战"后，大多数的资本主义国家开始了一段稳定而持续的长期增长，经济得到了迅速恢复，生产技术大大改进，市场销售方式也相应地发生了较大的变化。不断增加的产品和服务供给数量，如何才能适应市场需求，不会产生滞销进而削减企业的利润，并最终避免20世纪30年代经济大萧条那样的过剩危机的重演？企业界、经济学界以及政府决策部门开始加强对消费经济学的研究，期望对消费的前景和变动做出预测。在此基础上，资产阶级消费经济学不断发展和完善，逐渐成为一门独立的学科。从30年代起，西方经济学家们基于不同的假说建立了不同的消费函数。比较经典的理论假说主要有：

(1) 凯恩斯的绝对收入假说。凯恩斯认为，短期内居民的消费由其现实的、绝对的收入决定，消费水平与收入水平正相关，而且，随着收入水平的提高，边际消费倾向会出现递减，并且边际消费倾向低于平均消费倾向。

(2) 詹姆斯·S. 杜森贝里（James Stemble Duesenberry）的相对收入假说。杜森贝里认为消费具有"棘轮效应"，因此一个人的消费水平不会轻易下降，并且和他历史上的最高水平相关，消费还具有"示范效应"，一个人的消费水平随着他相对于其他人的收入水平变动，即由他的相对收入水平决定。

(3) 生命周期假说。美国经济学家弗兰科·莫迪利安尼（Franco Modigliani）等认为消费者是完全理性的，他能对一生中全部收入进行合理的规划和调节，以保证他在整个生命周期内实现消费的效用最大化。为此，消费者将一生分为获取收入和纯消费两个阶段，在前一阶段进行适当储蓄来实现后一阶段的纯消费，进而达到两个阶段的总消费效用最佳。

(4) 米尔顿·弗里德曼（Milton Friedman）的持久收入假说。弗里德曼认为消费取决于消费者对其未来收入的预期，即持久性收入。持久性收入是相对暂时收入而言的，是一种长期的平均预期收入。

(5) 随机游走消费理论。罗伯特·E. 霍尔（Robert E. Hall）在生命周期假说与持久收入假说的基础上提出了随机游走消费理论。与弗里德曼相反，他更关注消费的不确定性因素，认为去除长期趋势后的消费者消费支出，是一个随机游走过程。霍尔还指出当效用函数为二次函数、消费者的时间偏好等于利率时，消费与收入没有关系，消费的变化是不可预知的。

(6) 预防性储蓄消费理论。该理论认为：未来具有不确定性，风险厌恶的消费者为应对不确定性会减少当期消费进行储蓄，风险越大时，预期未来消费的边际效用越大，预防性储蓄越大。和凯恩斯的绝对收入假说一样，预防性储蓄理论也认为当期收入对当期消费有重要的正向影响。

(7) 流动性约束消费理论。现实中，消费者因为资金量的不足并不总能实现其预想的消费，消费者的消费要受到流动性的约束（即借贷约束）。因此，当利率水平较高或者借不到钱时，消费者只能降低自己的消费水平，依照现有的收入水平进行消费。相比没有流动性约束的情况，无论收入是否下降，流动性约束都会使得储蓄增加，消费减少。

(8) 缓冲库存储蓄理论。该理论将储蓄当成一种缓冲库存，目的是为了在经济环境发生变化时使消费水平维持在原有基础上或有所提高。因此，消费者首先要设定一个财富与持久收入的目标比例，在具有预防性储蓄的条件下，如果财富高于目标，则消费水平将会提高；如果财富低于目标，则会抑制消费，增加预防性储蓄。

二、农村居民消费支出和结构的研究

国内对居民消费问题的关注，始于20世纪80年代。正值西方经济学进入我国并开始被广泛接受的时期，国内学者首先对西方的消费理论进行了广泛学习吸收，并用于我国居民消费行为的检验中。因此国内对消费的理论研究很少，主要都是实证研究。对于农村居民消费的关注，最早始于80年代实施家庭联产承包责任制后，关注点集中在农民的消费和积累比例上，到2000年左右开始成为热点问题，迄今为止，以"农村居民消费"为主题的相关文献在中国知网上已有近9000篇。关于农村居民消费的研究几乎涵盖了消费问题的方方面面。鉴于本书主要关注消费的影响因素，因此仅查找了消费行为、消费结构和消费影响因素三个方面相关的文献。

(一) 关于农村居民消费行为的研究

国内学者首先从我国农村居民的消费行为特征进行分析：李宝库（2005）通过对海尔冰箱农村市场影响调查提炼出农村居民的三种消费模型——机能需求模型、核心需求模式和外延需求模型，并指出这三种模型均与亚伯拉罕·H.马斯洛（Abraham Harold Maslow）的需求层次理论①相吻合。罗楚亮（2006）从预防性动机和消费风险分散的角度探讨了农村居民的消费行为，认为中国农村居民消费行为具有较为显著的预防性动机，但消费保险机制的作用非常有限，消费行为中也存在显著的过度敏感性。韩丽娜（2008）对我国经济转轨期的农村居民消费行为问题进行了研究，认为处于转轨经济中的中国农村居民消费行为既不同于计划经济体制下的居民消费行为，也不同于完善市场经济条件下的居民消费行为，而是发生了一定程度的变化，这种变化是转轨经济的常态。崔海燕和范纪珍（2011）利用农村住户调查数据，分析了1997~2009年中国26个省（自治区）的农村居民的消费行为，结果表明，"农村居民的消费变动呈现出对收入变动的过度敏感性，农村居民的消费表现出了显著的内部习惯，消费存在着棘轮效应，城镇居民的消费行为对农村居民具有示范效应"。魏勇（2012）在研究了改革开放后重庆农村居民的消费行为后认为，该市农村居民的消费行为"不断朝着健康、合理的方向发展，农村居民的消费水平逐年增加，消费质量不断提高，消费层次进入小康阶段；消费结构从简单结构发展到复杂多元的复合型，消费结构不断合理化、高级化"。

学者们还从多个方面研究了农村居民消费行为的影响因素：如收入和收入类型（韩洪云等②，2013；谭洪业等③，2016），收入的不确定性（王克稳等④，2013；韩玉萍等⑤，2015），人力资本投资（李通屏等⑥，2007），流动性约束

---

① 马斯洛理论把需求分成生理需求（Physiological needs）、安全需求（Safety needs）、爱和归属感（Love and belonging）、尊重（Esteem）和自我实现（Self-actualization）五类，依次由较低层次到较高层次排列。
② 韩洪云，梁海兵.农村居民消费行为的收入约束效应分析［J］.浙江社会科学，2013（1）.
③ 谭洪业，徐会奇.收入类型对农村居民消费行为影响的非线性研究［J］.统计与决策，2016（22）.
④ 王克稳，李敬强，徐会奇.不确定性对中国农村居民消费行为的影响研究——消费不确定性和收入不确定性的双重视角［J］.经济科学，2013（5）.
⑤ 韩玉萍，邓宗兵，王炬，赵立平.收入不确定性对农村居民消费影响的空间异质性研究［J］.经济地理，2015（11）.
⑥ 李通屏，王金营.中国农村居民人力资本投资对消费行为的影响［J］.经济评论，2007（1）.

（郭香俊等①，2015），社会保障（姜百臣等②，2010），制度变迁（张鹏等③，2006），消费环境（王静④，2012），食品价格（韩啸等⑤，2016）等，为我们研究新时期的农村居民消费行为提供了有益的借鉴。

（二）关于农村居民消费结构的研究

国内学者对农村居民消费结构的研究也比较多。熊吉峰（2005）对1980~2003年我国农村的居民消费结构进行了类型划分，认为我国农村居民消费结构转型经历了三个阶段，并正向小康型消费发展。郭新华和夏瑞洁（2010）利用我国农村居民1978~2008年消费支出数据，分析了消费结构的变化趋势和地区差异，认为我国农村居民的消费水平不断提高，消费结构不断升级，主要耐用消费品拥有量不断增加，高收入地区农村居民消费结构变动趋于稳定，中、低收入地区农村居民消费结构波动很大。温涛和孟兆亮（2012）对我国"九五""十五"以及"十一五"的农村居民消费结构及其演化进行了跨时期分析，结果表明：在上述三个时期，我国农村居民整体消费水平有了明显提升，消费结构也发生了一定程度的变化，但我国农村居民消费结构的升级相对缓慢，消费结构仍然不合理，农村居民消费结构有待于进一步优化。滕永乐和孙雪萍（2013）基于隐性直接相加需求系统的研究表明，中国农村居民各类消费品的边际支出份额有很大的差异，食品和衣着这类基本生存需要的消费品的边际支出份额小于1，而其他六类消费品的边际支出份额都大于1，从支出弹性上看，中国农村居民的消费结构在不断改善，而且已经发生了根本性的变化，生存性消费的比重逐步降低，发展性消费的比重逐渐提高，并开始成为提高农民福利水平的主要手段。

对于经济发展水平较为落后的西部，宗成华（2015）分析了八类消费支出随时间演变的趋势，通过中国国内不同经济区域以及不同国家居民消费水平和消费结构的横向对比，发现中国西部农村居民消费支出的发展势头良好，但与经济发

---

① 郭香俊，杭斌．流动性约束对我国农村居民消费行为的影响 [J]．科技情报开发与经济，2015 (17)．

② 姜百臣，马少华，孙明华．社会保障对农村居民消费行为的影响机制分析 [J]．中国农村经济，2010 (11)．

③ 张鹏，向家敏．制度变迁对我国农村居民消费行为影响的实证研究 [J]．经济与管理研究，2006 (4)．

④ 王静．农村居民收入的不确定性及其对消费行为的影响 [J]．财经问题研究，2012 (3)．

⑤ 韩啸，胡冰川，齐皓天，何忠伟．食品价格变化对中国农村居民消费行为与福利影响研究 [J]．价格理论与实践，2016 (6)．

达区域居民相比,西部农村居民的消费水平依然较低,消费结构构成比例均衡层次不高。西部农村居民的消费意愿和消费方式偏于保守,人均纯收入、文化程度偏低,劳动力人均人口负担偏重,西部农村居民消费支出情况与获得劳动报酬的能力相一致。

除此之外,学者们还分析了消费结构的影响因素。彭海艳(2009)运用扩展线性支出系统模型(ELES)和面板数据模型,分析了收入水平、需求弹性和收入分配等因素对中国农村居民消费需求结构的影响,发现农村居民总体边际消费倾向稍有上升,其中食品的边际消费倾向最高,居住、家庭设备、交通通信、文化教育娱乐以及杂项五项均为富有弹性的消费项目,食品需求缺乏弹性,不同收入家庭消费需求结构差异较大,与供给结构不协调。收入(肖立①,2012),受教育程度(李翔和朱玉春②,2010),预防性储蓄(刘子玉和肖静③,2010),财政支农支出(魏建等④,2011),农村公共品供给(邓宗兵等⑤,2014),政府公共品供给(杨丽和陈超⑥,2013),预期收入不确定性(刘晗⑦,2014),城镇化、农村金融深化(肖忠意⑧,2015),互联网(刘湖和张家平⑨,2016)等对农村居民的消费结构均有一定程度的影响。

三、农村居民消费支出的影响因素研究

国内学者对农村居民消费支出影响因素的研究最为丰富,主要集中在收入来源,不确定性和流动性约束,财政支出和公共产品供给,社会保障等几个方面。

---

① 肖立. 我国农村居民消费结构与收入关系研究 [J]. 农业技术经济, 2012 (11).
② 李翔, 朱玉春. 受教育程度对农村居民消费结构影响研究 [J]. 统计与决策, 2013 (12).
③ 刘子玉, 肖静. 预防性储蓄对吉林省农村居民消费结构影响分析 [J]. 中国农学通报, 2010 (23).
④ 魏建, 杨志明, 张广辉. 财政支农支出对农村居民消费结构的影响: 基于中国省际面板数据的分析 [J]. 农业技术经济, 2011 (11).
⑤ 邓宗兵, 楚圆圆, 刘夏然, 王炬. 农村公共品供给对农村居民消费结构的影响研究 [J]. 西南大学学报(自然科学版), 2014 (5).
⑥ 杨丽, 陈超. 政府公共品供给对农村居民消费结构的影响——基于教育和医疗投入的分析 [J]. 南京农业大学学报(社会科学版), 2013 (6).
⑦ 刘晗. 预期收入不确定性对农村居民消费结构影响研究 [D]. 西南大学博士学位论文, 2014.
⑧ 肖忠意. 城镇化、农村金融深化对农村居民消费及结构的影响 [J]. 统计与决策, 2015 (6).
⑨ 刘湖, 张家平. 互联网对农村居民消费结构的影响与区域差异 [J]. 财经科学, 2016 (4).

(一) 收入来源对农村居民消费支出的影响

所有关于消费支出的研究中，收入都是最主要的解释变量。部分学者专门研究了不同收入来源对于消费支出的影响：徐会奇和李敬强（2009）研究了各收入来源对农村居民消费支出的影响，认为农村居民消费函数在收入来源发生变化时具有明显的两阶段性，变化前后农村居民家庭经营性收入都有较高的影响力，工资性收入则在变化后降低，财产性和转移性收入对消费支出影响则随着其在收入中比例的增加而发生根本转变；从消费水平上看，工资性收入已经成为农村居民消费增长的主要动力，家庭性经营收入对消费增长的贡献退居第二，转移性收入对消费的影响具有乘数效应，而财产性收入对消费的影响不显著。雷理湘和胡浩（2015）实证分析了不同地区农村居民四种不同收入来源对总消费支出的影响，发现总体上农村居民不同收入来源的边际消费倾向存在明显差异。冷晨昕（2016）在研究了2004～2013年我国农村居民消费后，认为我国农村居民财产性收入占家庭经营性收入的比重变动对农村居民消费影响最为明显，转移性收入次之，工资性收入比重变动对农村居民消费影响最小；而在地区层面上，工资性收入、财产性收入、转移性收入与家庭经营性收入比重变动对中西部农村居民影响更为明显，尤其是中部受到影响最大，系数一般都处在高位，西部次之，东部地区系数则远低于中西部。

(二) 消费环境对农村居民消费支出的影响

农村消费环境制约着农村居民的消费，冯晓燕和刘兆征（2008）以农村电网改造为例，分析了环境对消费的影响，指出改造农村电网工程可改善消费环境，促进居民消费，消费环境对农村居民消费的影响具有全局性、外部性、长期性、系统性特点。耿晔强（2012）以1983～2009年消费环境和农村居民消费的相关统计数据为样本，考察了消费环境与农村居民消费水平的动态特征关系，证实了文化水平、医疗卫生条件、基础设施投资、自然条件与农村居民消费水平之间存在稳定的协整关系，文化水平、基础设施投资对农村居民消费水平的冲击有明显的效果，且持续时期长，对农村居民消费水平的提高有显著作用。杨琦（2011）在分析了农村基础设施建设对农村居民消费的影响后认为，部分省的农村基础设施资本存量对农村居民消费有正向的促进作用，但从全国整体来看，农村基础设施资本存量对农村居民的消费没有促进作用。而李飞和刘寒波（2015）认为，总体上农业基础设施建设对农村居民消费具有挤出效应，且效应呈扩大趋势。

(三) 社会保障对农村居民消费的影响

社会保障不足一直被认为是中国内需不足的重要原因,农村居民的社会保障问题也一直是学界关注的焦点。

1. 社会保障总体对农村消费的影响

关于社会保障对居民消费行为的影响,不同的消费理论有不同的解释。凯恩斯绝对收入假说理论认为社会保障作为国家干预社会经济的一种重要手段,可以通过社会保障体系将收入由边际消费倾向低的高收入群体转移给边际消费倾向高的低收入群体,从而增加总体消费水平。莫迪利安尼的生命周期假说用一生中平滑消费来解释居民消费行为,认为社会保障体系越完善,居民的储蓄意愿就越弱,边际消费倾向就越高。弗里德曼的持久收入假说认为社会保障作为永久收入,通过社会保障体系增加社会整体福利水平来改变居民收入预期,从而影响居民的消费行为,且其效果比减税的效果要好。预防性储蓄消费理论认为社会保障具有社会保险功能,可降低居民或家庭对未来收入和支出的不确定性,从而减少预防性储蓄,扩大消费。尽管各种理论的假设、分析角度有所不同,但大都认为社会保障对居民消费行为具有正向效应。而行为生命周期假说却认为社会保障对居民的消费支出是负效应,Sun(2001)运用行为生命周期假说实证分析了养老社会保障对美国居民消费和储蓄行为的影响,实证结果不显著(方匡南和章紫艺[①],2013)。

国内学者将社会保障水平分为微观保障水平和宏观保障水平,对国内社会保障水平是否影响消费进行了大量的实证。无论是从宏观还是微观上,大多学者认为社会保障对居民消费具有正面影响。尹华北(2011)从微观保障水平和保障覆盖率两个方面对社会保障影响农村居民消费的状况进行了实证检验,发现社会保障提升农村居民消费意愿的作用发挥不足,社会保障对农村居民消费产生正向影响,农村居民处于保障性因素边际影响力较高阶段,社会保障覆盖率是当前影响农村居民消费意愿的关键因素。姜百臣等(2010)基于生命周期假说和消费选择理论,提出社会保障制度是通过财富效应影响农村居民消费行为的,证实了社会保障对农村居民消费行为有引致效应,且长期影响相对较大,短期影响相对较

---

① 方匡南,章紫艺. 社会保障对城乡家庭消费的影响研究 [J]. 统计研究, 2013 (3).

弱。刘双（2016）认为，农村社会保障制度对农村居民消费整体上起着促进作用，农村社会保障对农村居民消费行为的影响存在一定的邻近示范效应，并且农村不同阶层的居民消费行为存在一定差异，社会保障对不同阶层农村居民消费行为的影响也存在较大差异。

一些学者认为，社会保障对居民消费的影响在不同阶段影响方向是不同的。例如，张治觉和吴定玉（2010）以1978~2007年的相关数据为样本，以生命周期假说为基础，建立了扩展的生命周期模型，得出结论：在不同阶段，社会保障支出规模对居民消费的影响不同，在1978~1998年由于社会保障的财富替代效应大于退休效应，所以社会保障规模的增加使居民减少储蓄，增加消费，即社会保障对居民消费产生了引致效应；在1999~2007年由于社会保障的财富替代效应小于退休效应，所以社会保障支出对居民消费产生了挤出效应。本书认为造成这一局面的主要原因是我国的社会保障制度尚处于新建和改革阶段，社会保障体制不健全，制约着消费支出增长。

有观点认为社会保障对居民消费有负面影响。谢文和吴庆田（2009）认为，我国农村社会保障支出对农村居民消费产生了挤出效应，从长期上农村社会保障没有影响到农村居民对未来的预期，农村社会保障的支出没有对农村居民的低水平消费起到促进作用，短期内我国农村社会保障支出同样没有带动农村居民的消费支出。

2. 养老保障水平对农村消费的影响

为了使问题具有针对性，一些学者仅选取了社会保障的一方面进行研究。例如从农村养老保障水平上，李琼英等（2009）探讨了农村养老保障问题与拉动内需之间的关系，结果认为，农村居民消费水平与抚恤和社会福利救济费、养老保险、行政事业单位离退休经费呈显著正相关，并且农村居民养老保险对消费的促进作用存在区域差异。张攀峰和陈池波（2012）通过调研发现，参加新型养老保险农户的家庭消费更多。沈毅和穆怀中（2013）将新型农村养老保险支出作为自变量扩展到生命周期模型后发现：在其他情况不变的前提下，农村养老保险基金支出每增加1亿元，当年的农村居民人均生活消费水平增加约2.8元。赖苏娟（2014）在研究了农村养老保险和农村居民消费的关系后认为，新农保实施和农村居民消费存在着正相关的关系。宫超（2014）也认为，新型农村社会养老保险对于消费的综合影响是促进的。

3. 医疗保障水平对农村消费的影响

关于医疗保障水平对农村消费影响问题的研究，韩雪俊雯（2012）在分析了政府投资公共医疗保险体系对消费的刺激作用后认为，政府增加基本医疗保险支出对居民人均消费的边际影响为492.59，即理论上政府对社会医疗保险的投入能有效拉动消费。栾大鹏和欧阳日辉（2012）分析了1999~2006年的各省新农合实施对农民消费的影响，发现由于减少了未来支出的不确定性，新农合的实施，不仅促进了我国农民在医疗保健方面消费支出水平的提高，也显著地推动了我国农民在其他生活消费方面支出水平的提升。吴雪平（2013）通过面板数据的实证分析发现：医疗保障支出对人均居民消费支出的影响是正效应。黄蓉等（2015）研究了新型农村合作医疗对农村居民消费的影响，发现"新农合"对农村居民消费具有显著的促进作用，且存在地域差异性，新型农村合作医疗的消费促进作用中部最强，西部次之，东部最弱。

4. 社会保障差异对城乡居民消费的影响

当前，社会保障在我国城镇与农村的实施步骤、范围以及推广的程度等存在较大差异，社会保障对我国城乡居民的收入、心理预期等影响也存在较大差异，因此对城乡家庭的消费影响也不一样。纪江明等（2011）研究发现，我国城乡社会保障不但没有缩小城乡居民消费差距，反而加剧了城乡居民消费差距。徐绿敏（2013）在研究了教育、医疗、养老方面的财政转移性支出对城乡居民消费差距的影响后认为：政府对城镇居民人均转移支出对当期城乡居民消费差距的影响并不显著，政府对农村居民人均转移支出的增加虽有利于缩小城乡差距，但这种缩小作用目前仍比较微弱。方匡南和章紫艺（2013）利用分位数回归方法研究不同消费层次上，社会保障对城乡家庭消费的影响，结果表明，有社会保障家庭的人均消费要高于无社会保障家庭的人均消费，消费收入弹性呈"几"字形。

（四）其他影响农村居民消费支出的因素

1. 不确定性、流动性约束对农村居民消费的影响研究

现代消费理论认为，消费支出受不确定性和流动性约束的影响。万广华等（2001）认为，随着中国经济改革的不断深入，中国居民消费行为在20世纪80年代早期发生了结构性转变：流动性约束型消费者所占比重的上升以及不确定性的增大，造成了中国的低消费增长和内需不足。杜海韬和邓翔（2005）在研究了

我国城乡居民的消费行为后认为，当期收入仍是决定我国居民消费的主要因素，城镇居民比农村居民有更强的预防性储蓄动机，偏紧的流动性约束和日益增强的不确定性增大了预防性储蓄动机。徐玉宁（2014）认为，收入不确定性以及消费不确定性是我国农村居民消费决策时面临的两个突出的问题，是消费不足的原因。刘灵芝等（2011）认为，收入不确定性和支出不确定性都会抑制农村居民消费，收入不确定性对农村居民消费的影响大于支出不确定性对农村居民消费的影响。张爱辉（2017）研究发现，收入水平是影响我国农村居民家庭消费的最主要因素，流动性约束对我国农村居民家庭消费的影响作用次之，流动性约束影响系数的绝对值由大到小依次为东部地区、中部地区和西部地区，且东部地区与中部地区的流动约束作用高于全国平均水平，而西部地区的流动约束作用低于全国平均水平。

2. 财政支出、公共产品供给对农村居民消费的影响

徐超（2012）从总量和结构方面研究了财政支出对农村居民消费的影响，发现总量上财政支出的增加能够增加农村居民消费支出，并能够提高发展享受型消费的支出比重；结构上各类财政支出对农村居民消费的影响不尽相同，一般公共服务支出对农村居民消费具有挤出效应。赵元笃（2013）研究发现，影响农村居民消费水平的主要因素是农村居民纯收入，地方财政购买性支出对消费增长效应显著，转移性支出的消费增长效应不明显。罗宁波（2016）则认为，虽然对农村地区的财政投入不断增大，但财政刺激农村居民消费的效果不理想，且财政农业支出对农村居民消费的影响存在区域差异，在东部地区呈现较显著的促进作用，在中西部地区表现为不显著的抑制作用。杨丽（2013）在分析了教育和医疗投入对农村居民消费的影响后认为，尽管民生性公共支出（如公共教育、公共医疗、养老保险支出等）理论上有利于降低预防性储蓄，增加居民消费倾向，但现实中，由于医疗费用投入方向、投入效率的不同，不仅不能降低预防性储蓄，还会对消费产生抑制作用。当前在西部农村地区公共产品投入的增加，没有起到降低西部地区农民预防性储蓄的作用。

3. 人口结构变动对农村居民消费的影响

李春琦和张杰平（2009）在研究了中国人口结构变动对农村居民消费的影响后发现，农村居民消费习惯非常稳定，少儿抚养系数和老年抚养系数对居民消费均有显著的负影响。谭江蓉和杨云彦（2012）分析了农村人口老龄化和人口流动对消费的影响，得出了农村人口老龄化对农村居民消费倾向具有显著的正向影

响，人口流动通过直接或间接效应对农村居民消费表现出显著的正向影响，人口外流与老龄化均不同程度刺激，助长了农村居民消费的结论。陈研研（2012）根据华东地区的农村消费数据证明了人口年龄结构对居民消费性支出具有显著影响，且少年人口占比对居民消费的影响为负，中年和老年人口占比对居民消费的影响为正。

4. 其他因素对农村居民消费支出的影响

学者们还分析了农村劳动力流动（黄容①，2014），城镇化（章晓英②，2011），预防性储蓄（刘雪③，2013），货币政策（胡宝娣④，2010），税费改革（汪伟等⑤，2013），财政补贴（于文超和殷华⑥，2015），农村金融发展（周翼璇⑦，2014），流通业（吴学品⑧，2014）等对农村居民消费的影响，几乎涉及影响农村居民消费的所有可能因素。

四、关于农户消费的研究

从概念上看，农民和农户没有明显的区别。互动百科和 MBA 智库百科对农民的定义均为：从事农业生产的人，即以土地为主要生产资料，长期和专门从事农业、牧业、副业和渔业等生产劳动。从经济学上看，农民是一个宏观概念，统计上泛指居住和生活在农村的居民，而农户是一个微观概念，是中国农村的基本经济活动单位。从1978年后中国实施家庭承包责任制以来，农户作为独立的经济实体，重新成为生产和消费的基本单位，其生产决策和消费决策具有独立性。在国内早期的研究中，学者们几乎不区分农民和农户，直至20世纪90年代末，农户的微观主体特征才开始受到重视，基于微观数据的研究日趋增多，研究中才开始区分农民和农户。

---

① 黄容. 农村劳动力流动对农村居民消费的影响研究 [D]. 西南财经大学博士学位论文, 2014.
② 章晓英. 城市化水平对农村居民消费的影响——1978—2008年数据的协整分析 [J]. 特区经济, 2011 (5).
③ 刘雪. 收入、储蓄和城镇化对河北省农村居民消费影响的实证分析 [D]. 河北经贸大学博士学位论文, 2013.
④ 胡宝娣. 中国农村居民消费影响因素的实证分析 [D]. 西南大学博士学位论文, 2010.
⑤ 汪伟, 艾春荣, 曹晖. 税费改革对农村居民消费的影响研究 [J]. 管理世界, 2013 (1).
⑥ 于文超, 殷华. 财政补贴对农村居民消费的影响研究——基于"家电下乡"政策的反事实分析 [J]. 农业技术经济, 2015 (3).
⑦ 周翼璇. 我国农村金融发展对农村居民消费的影响研究 [D]. 湖南大学博士学位论文, 2014.
⑧ 吴学品. 流通业对农村居民消费的影响研究 [D]. 上海大学博士学位论文, 2014.

(一) 农户的消费行为研究

早期对中国农户消费行为的研究,集中在农户的消费和积累问题上,如蔡恒春 (1987)、李家仪 (1988)、武喜清等 (1989)、国家统计局农村社会经济调查总队 (1989) 等,分别探讨了广西、安徽、山西、中国的农户消费积累问题,认为实行家庭联产承包责任制以来,虽然消费积累比一直处于波动中,但作为独立经济实体的农户已经形成了一种内在的积累机制,并已初具规模,但基础还比较薄弱,具有很大的局限性、波动性和盲目性。此后,戎刚 (1997) 对中国农户的消费行为进行了分析,发现农户的消费水平随着纯收入增加显著提高,恩格尔系数趋于降低,农户消费仍然处于"基本生活资料消费"的状态,消费水平较低,消费结构相对稳定,同步型消费是农户消费的主要类型,消费水平和消费结构存在明显的地区性差异,消费具有"示范性"。这些研究所采用的仍然是宏观数据,统计的单位变成了农户,并非严格意义上的农户消费研究。

此后,朱信凯等 (2001~2005) 对中国农户的消费行为进行了系列研究,包括农户消费的过度敏感性、短视性、间歇性、流动性约束、不确定性对农户消费行为的影响、农户消费函数等,他认为我国农户具有过度敏感性,在一定时期内,农户消费谨慎度由小到大的变化,使农户消费水平经历了一个由急剧下降到缓慢增长的过程;农户受到了较强的流动性约束,从而使得其不能以一生为时间跨度来寻求效用的最大化,农户按照消费传统安排消费,从而使得消费呈典型的短视性、间歇性;我国农村居民收入增长前景不明、预期消费困难,消费的生命周期阶段受传统文化影响,较强的流动性约束(集中表现为信用消费制度约束)等共同构成了转轨时期我国农户消费行为的主要特征。但从使用的数据来看,依然以宏观数据为主,兼有少量的微观数据。

2000 年后,使用微观数据的研究开始增多,研究也开始强调微观主体的异质性特征。高梦滔等 (2008) 利用 1420 户家庭微观面板数据研究农户消费行为后认为:整体上,中国农户消费行为能够很好地用 PIH/LCH① 来描述,但是流动性约束对消费也有重要影响;张筑平和杜小书 (2013) 对贵州农村固定观察点 10 个村 800 个农户及家庭成员的消费行为进行探讨后发现,最近 10 多年贵州农户家庭无论是名义消费水平还是实际消费量整体都呈上升趋势,贵州农户的生活

---

① PIH 即持久收入假说,LCH 指生命周期理论。

消费倾向总体处在一种奔小康的进程中；广州市农村发展研究中心课题组（2016）基于广州农村固定观察点调查数据的分析发现，广州农户人均生活消费性支出逐年增长，但各区农村居民消费支出两极分化，食品消费商品化率高，旅游支出、文化服务支出、养老保险支出增速快，核心家庭文化服务消费支出较高。张朝华（2017）通过对广东、湖南等地的调研发现：当前绝大多数农户消费需求不足，消费支出维持在中低消费水平。

上述基于家庭微观数据的农户消费行为研究描述了我国农户消费的行为变化趋势，可以看出不同地区不同时期的农户消费行为存在较大的差异，对农户行为的变化和差异缺乏理论的解释。杨新华和孙海波（2010）从理论上分析了我国农户的消费行为，认为消费经济理论在解释我国农户家庭消费行为方面具有局限性，应借鉴农民经济学和经济人类学等学科的研究视角及其成果来分析我国农户家庭经济行为特征。他认为，农户家庭经济具有生产活动与消费活动统一、市场活动与非市场活动统一以及经济行为具有社会属性等特征，这是正确理解农户家庭消费行为的出发点。因此，不但要基于消费经济理论、传统消费伦理，还需要从基于村庄共同体的社会性消费和基于血缘关系的人情消费等方面，多角度解析农户家庭消费行为特征①。

（二）农户消费的影响因素

对于农户消费的影响因素，国内学者一直比较关注。综合来看，影响农户消费的因素主要有以下几类：

1. 收入及相关变量

收入是影响消费最直接最主要的因素（张锦梅等②，2006），几乎所有的研究都把收入作为其实证研究的主要解释变量或控制变量。与收入相关的变量，如家庭经济状况（郝爱民③，2009）、财富（高梦滔和毕岚岚④，2010）、消费能力（李普亮等⑤，2013）也对消费水平有影响，胡历芳和曾寅初⑥（2016）证实了收

---

① 杨新华，孙海波. 农户家庭消费行为的多视角分析 [J]. 西部论坛, 2010 (3).
② 张锦梅，韩冰，李广文. 农户消费的影响因素分析 [J]. 农业经济, 2006 (5).
③ 郝爱民. 农户消费决定因素：基于有序 probit 模型 [J]. 财贸科学, 2009 (3).
④ 高梦滔，毕岚岚. 家庭人口学特征与农户消费增长——基于八省微观面板数据的实证分析 [J]. 中国人口科学, 2010 (6).
⑤ 李普亮，贾卫丽，罗冬妮. 欠发达地区农户消费意愿影响因素分析——以广东省梅州市为例[J]. 广东商学院学报, 2013 (3).
⑥ 胡历芳，曾寅初. 收入对农户消费的影响是一致的吗？——基于武陵山片区 477 户农户数据的分位数回归分析 [J]. 消费经济, 2016 (3).

入对不同消费水平农户消费的影响具有异质性。

2. 家庭特征

农户家庭的特征,如家庭规模、成员年龄、女性比例(高梦滔和毕岚岚①,2010)、户主受教育水平、非农化程度(郝爱民②,2009)、户主性别、年龄、风险偏好、抚养的子女数和赡养的老人数(刘双等③,2015)等对农户家庭消费支出有不同程度的影响。此外,子女的教育(张锦梅等④,2006;高梦滔⑤,2011)、家庭生命周期(张朝华⑥,2017)对农户家庭消费支出也有着显著的影响。

3. 福利和社会保障

福利可以直接增加农户的收入,社会保障可以降低农户的预防性储蓄,因此,福利和社会保障对农户消费有着重要的影响。近年来,随着我国新型农村合作医疗和养老保险的实施,我国农村的社会保障体系有了很大改进。郝爱民(2009)、菲利普等(2009)、李普亮等(2013)、刘双等(2015)、谢漾和刘思亚(2015)、张朝华(2017)分别就保险体系、新型农村合作医疗、社保水平、养老保险和合作医疗制度、医疗保险和养老保险、保障策略对农户家庭消费的影响进行了实证研究,均表明社会保障对农户消费有一定的影响。此外,郭君平和吴国宝(2014)、卢晶亮等(2014)还分析了减贫措施和政府救助对农户消费的影响。总体看来,社会福利和社会保障有利于提升农户的消费水平。也有一些学者的实证研究结论不一致:贾小玫(2004)采用2000年和2001年全国农村住户调查截面数据的研究结果表明,当农户参加了经济合作组织或医疗保险时,农户会增加即期的消费,预防性储蓄的动机会减弱,有利于其消费水平的提高;张攀峰和陈池波(2012)采用浙江省长兴县和湖北省鹤峰244户农户家庭的微观调查数据的研究结果显示,参加新型养老保险的农户家庭消费更多;而郭媛媛和刘灵芝

---

① 高梦滔,毕岚岚. 家庭人口学特征与农户消费增长——基于八省微观面板数据的实证分析[J]. 中国人口科学,2010(6).

② 郝爱民. 农户消费决定因素:基于有序 probit 模型[J]. 财经科学,2009(3).

③ 刘双,祁春节,赵玉. 农户消费行为差异分析——基于湖北两地区农户的调查[J]. 农业技术经济,2015(2).

④ 张锦梅,韩冰,李广文. 农户消费的影响因素分析[J]. 农业经济,2006(5).

⑤ 高梦滔. 子女教育与农户消费:基于8省微观面板数据的经验研究[J]. 南方经济,2011(12).

⑥ 张朝华. 家庭生命周期、保障策略与农户消费行为[J]. 农业技术经济,2017(11).

（2013）运用2011年湖北农村居民调查的截面数据的回归分析结果显示，参加"新农保"会使农户人均消费支出减少约320元，并由此认为，现行推广试点的新型农村养老保险制度在一定程度上挤占了部分当期消费支出，从而减少了农户的当期消费支出。

4. 消费环境及其他因素

农村的基础设施建设滞后，消费市场环境差，缺乏适销对路的产品（王寒菊①，2005；张锦梅等②，2006），流通体系不健全（周会等③，2007）也是导致农户消费水平低下的原因。此外，消费观念落后，盲目攀比，节俭传统，信贷排斥，民族消费习惯（洪名勇和杨昌渊④，2010）等也是影响农户消费的因素。

（三）农户的消费结构及其影响因素

随着农户收入的不断增长，农户家庭的消费结构也在随之变化。李谷成、冯中朝（2004）在分析了2003年我国农村居民的支出结构后发现：我国农村消费结构正在转型，家庭服务及设备的支出增长较快，农户"外生性"消费（文教娱乐和医疗保健支出）在增长，食品支出的份额在下降，但农村整体消费仍然低迷。李晓楠和李锐（2013）采用2003~2009年我国东北、东、中、西部10个省份农户的调查数据研究发现，我国农户消费结构的优化程度依次为东部、东北、中部和西部地区，但依然是生存型的消费结构，食品和居住是消费支出的重点，占整个消费支出的40%以上。张建杰（2010）基于河南16个村1000农户的实证研究发现：农户目前仍处于低水平消费阶段，生存性消费远高于发展类消费，不同区域各类农户收入弹性的变动幅度较大，差异格局明显。赵宝田（2014）在研究了1996~2012年中国农户消费支出结构的变迁后认为，农户消费总量增加、消费层次提高、消费结构更加合理、城乡居民消费结构差距在缩小。

对于农户消费结构变化的原因，已有的研究相对较少。李晓楠和李锐（2013）认为农户的家庭人口规模阻碍了消费结构的升级。赵宝田（2014）认为，消费结构变迁的原因主要有农业生产力进步推动由传统农业向现代农业转

---

① 王寒菊. 农村消费环境对农户消费需求的影响［J］. 农业与技术，2005（1）.
② 张锦梅，韩冰，李广文. 农户消费的影响因素分析［J］. 农业经济，2006（5）.
③ 周会，应丽艳，刘钟钦. 辽宁省农户消费行为影响因素分析［J］. 农业经济，2007（10）.
④ 洪名勇，杨昌渊. 贵州少数民族地区农户消费行为影响因素分析——以黔东南台江县、黎平县为例［J］. 山地农业生物学报，2010（3）.

变、农户收入的不断增加和农户负担减轻、农户消费观念的变化与消费方式的多元化、农村消费环境的改善、农村社会保障体系的逐步发展等。熊芳和李炳莲（2014）利用微观数据的实证表明，农户家庭实物消费或生存型消费主要受农户家庭总收入和对总收入有影响的家庭人口特征的影响，与家庭其他人口特征关系不密切；而服务消费（发展型消费）和享受型消费则主要受家庭人口特征的影响，家庭总收入对其影响不显著。

五、国内外研究现状述评

从上述国内外关于消费和消费相关的研究中可以看出，国外学者对居民消费的研究比较重视理论。他们从消费行为、消费心理的研究出发，提出了一系列的理论假说，并研究了拟合现实的对应消费函数。国外消费理论的发展也是经济学理论发展的必然产物，从绝对收入假说到考虑预期的生命周期假说，再到不确定性和流动性约束，反映了社会制度变迁下，消费者作为理性经济人根据坏境变化不断调整自己的消费决策的过程。比较而言，国内对消费行为研究的理论较少，实证更多一些。大多数研究都是从国外的某一经济理论假说出发，利用国内居民消费支出的实际经济数据对国外的消费函数进行拟合并改进，对经济理论假说进行验证，以反映国内居民消费的实际状况和行为规律。

综合国内对农村居民消费行为的实证研究结果来看，不同时期，不同地区，不同类别的居民在消费行为方面存在明显差异。新中国成立后，我国先后经历了计划经济时期、改革开放时期、经济转轨时期、新时期等不同的阶段，不同阶段的制度体制都有明显区别，居民为适应环境所做出的消费决策也必然不同。我国是一个区域辽阔的国家，东部、中部、西部的经济基础和发展速度具有明显的分异，导致现阶段各地区明显处于收入的不同阶层，消费水平和消费结构也具有明显的地区差异。此外，我国特有的二元经济结构格局导致城乡居民处于不同的收入水平，具有不同的社会保障体系和不同的消费环境，因此城乡居民的消费水平不在同一层次。在研究中国农村居民的消费问题时，不能笼统的当作一个总体，不能简单地套用国外的消费理论和消费函数，必须坚持从实际出发，分时期、分地区的研究，才能切合区域当前的实情，得出符合现实的结论。

对于农村居民消费的影响因素，虽然国内学者的实证研究比较多，在收入等主要因素方面形成了比较一致的结论，但对社会保障的研究结论分歧比较大。从社会保障水平对农村居民消费影响的模型选择上看，无论是截面数据、时间序列数据还是面板数据，大多都是采用经典的线性回归模型，对非线性回归的选择较少，所以从模型选择上可以尝试其他的统计模型进行数据拟合。从建立模型的经济理论基础来看，大多数以生命周期假说入手，而以绝对收入假说、永久收入消费理论、预防性储蓄理论和行为生命周期假说进行实证分析的较少。从实证研究结果来看，许多学者都认为社会保障对农民消费起积极作用，可以平滑农户的消费曲线，降低对未来不确定性的预期、减少预防性储蓄。但也有学者认为，由于目前的社会保障制度并不健全，社会保障制度在短期内甚至产生了负面的影响。分析原因后认为有可能是由于相对于城市居民来说，农村居民的收入水平仍较低，初次分配对消费的影响大于社会保障对消费的影响，追求消费平滑会形成未来贫困。因此，在提高农村居民消费意愿上不仅要完善社会保障制度，也要提高农村居民的初次收入分配水平，缩小城乡差距。

国内早期的研究，并没有区分农民和农户，或者说将农民和农户视为等同。因此，在已有的研究中，大多从宏观数据出发，重总体特征的研究，以平均值规律为研究对象的规律，忽略了农户个体的特征差异。但现有的数据表明，即使同一阶段同一地区，不同收入阶层的农户家庭消费也存在巨大的差异。因此，研究对象必须从代表性个体转向异质性个体，必须包括研究个体的多维属性，包括地域属性，社会文化属性，经济属性等，才能使研究更贴近现实。由此看来，基于微观家庭数据的建模就很有必要。而且，传统的回归模型也难以处理个体异质性，需要新的建模方法来进行异质性个体消费行为的研究。

第三节　研究设计

一、研究内容

1. 西部民族地区农村居民的消费理论和消费函数选择

现有的消费理论都是西方经济学家提出的并由西方国家的数据验证的。东西方的经济制度、文化传统、消费习惯等存在巨大的差异，这种差异必然反映在消费者的消费行为中。中国西部的农村相对于中、东部的农村，经济发展滞后、制度变迁缓慢、民族传统影响深远，该地区农民的想法和行为也必然和中、东部有区别，现有的西方消费理论未必适用。要研究中国西部的农村消费问题，必须从微观基础出发，结合西部地区的实情，选择符合西部地区农村居民消费行为的理论和函数。本书的第二章首先简要介绍了西方的消费理论和消费函数，对西部民族地区的农户消费行为进行了理论分析，其次运用西部农村居民 2006~2015 年的消费和收入数据验证了凯恩斯绝对收入假说依然是现阶段最适合西部农村居民消费行为的理论。在此基础上，提出了西部民族地区农村居民消费函数的一般形式 $C = f(Y, X)$，Y 为绝对收入，X 为影响消费的其他因素。

2. 西部民族地区农户的消费和收入现状

无论哪一种消费理论，都表明收入是影响消费最重要的因素，消费和收入是分不开的。本书的第三章首先从西部各省（市、区）的宏观经济数据出发，分析西部地区农村居民消费的变化、特点和基本趋势，包括农村居民消费总量变化和现状、城乡消费差距、区域消费差距、农村居民消费结构的变化、消费结构的升级趋势等，从总体上呈现了西部及西部民族地区农村居民的消费概况。其次对影响农村居民消费的收入因素进行定性分析，包括收入现状、收入结构等。并以云南红河州 2006~2010 年的家庭微观数据为例，对少数民族地区农村居民的消费和收入情况进行了详细的介绍和描述。

3. 农户收入对消费支出的影响分析

收入是消费的来源和基础，是影响消费最主要的因素。收入来源的变化将对农村居民的消费产生直接的影响。本书的第四章首先从宏观数据出发，分析了不同的收入来源对西部地区农村居民消费支出的影响。其次利用家庭微观数据，以云南红河州少数民族地区农户作为研究对象，建立多水平线性模型，定量分析了收入来源对农户家庭消费支出的影响。最后基于西部少数民族地区农户家庭的微观数据，建立了农户家庭收入的多水平发展模型，并从物质资本、人力资本、就业结构三个方面研究了影响农户家庭人均收入初始水平及其增长的因素，通过对所得结果的分析，提出了促进西部民族地区农村经济发展的相关政策建议。

4. 消费环境对农村居民消费的影响

国内许多学者认为，影响我国农村居民消费需求增长的因素除了收入、价格、消费观念外，农村消费环境差且长期得不到改善也是一大"瓶颈"。对于西部民族地区，由于自然环境、社会文化、市场发育都和中、东部存在较大的差异，因此，消费环境对农户消费支出的影响必然不同。本书的第五章基于云南红河州农村住户调查的微观数据，使用多水平发展模型测度了地理环境、社会文化环境、市场环境等因素对农户消费支出的影响。

5. 社会保障对农村居民消费的影响

社会保障对农村居民消费的影响一直存在不确定性。本书的第六章首先介绍了经济水平相对落后的西部农村地区的收入水平和社会保障的总体情况；其次基于西部农村地区社会保障与居民消费情况的927份有效调查问卷，分析了西部农村居民现实的收入与消费水平和参与社会保障的具体情况，并分析了其在社会保障和消费方面存在的问题；最后利用云南红河州2006～2010年的3000个农户的跟踪调查数据，建立多水平发展模型，分析了现阶段农村已有的社会保障措施（新农合、最低生活保障、养老保险、困难救济等）对农村居民消费的影响，并据此提出了促进西部民族地区农村居民消费的相关建议。

6. 西部民族地区农户的消费结构及其影响因素

消费结构是消费的重要方面，反映了消费的水平和层次。本书的第七章根据云南红河州的农村住户调查数据，分析了农户家庭的总支出及其结构，生活消费支出及其结构，消费品结构和服务型支出结构，通过各种支出结构的描述，展示了云南红河州农户支出的方方面面。然后，在LA/AIDS模型上，构建了农户家庭消费结构影响因素的多水平发展模型，分析了实际收入、物价水平、农户家庭特征、社会保障和民族文化传统对农户消费结构的影响。

二、研究思路

本书首先根据西部地区12个省（市、区）的宏观数据和云南红河州农村住户调查的微观数据，对西部民族地区农村居民的收入和消费支出现状进行统计分析，探寻该地区农村居民消费支出的基本特征和制约因素；然后从适合中国西部农村实情的消费理论出发，以农户家庭的消费支出为研究对象，分别建立多水平模型，深入分析影响西部民族地区农村居民人均消费支出的收入、环境和社会保障因素，弄清影响农户家庭人均消费支出的各种个体、自然、经济和社会因素，分清主次，找出问题所在，为扩大西部民族地区的农村消费，提高农民生活水平和促进新农村建设提出更有针对性和建设性的对策。本书的具体研究思路如

图1-1所示。

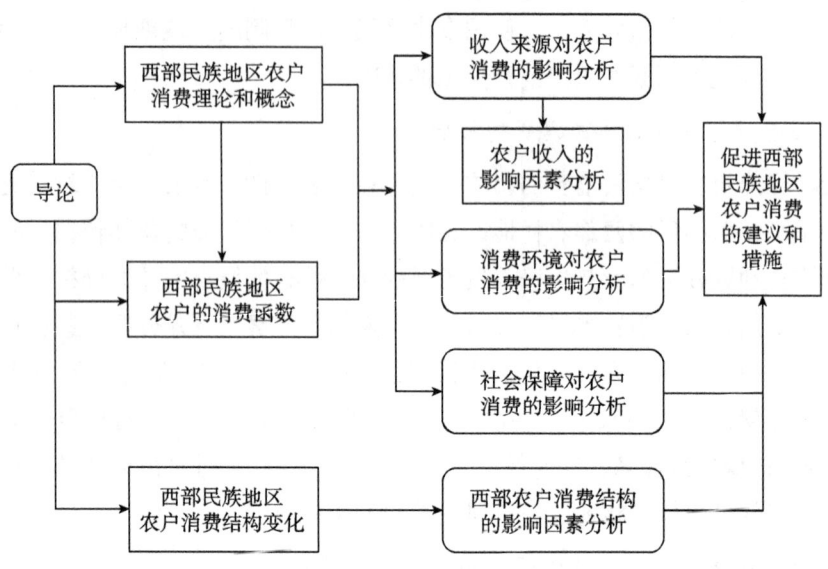

图1-1 西部民族地区农村居民消费影响因素研究思路

三、研究方法

本书将采用规范与实证、定性与定量相结合的研究方法。首先，对样本数据进行整理和统计分析，总结西部民族地区农村居民人均消费支出的规律和特征，进行定性分析。其次，本书将从各种消费理论出发，建立合适的理论模型，利用样本数据进行实证分析，对影响民族地区农户家庭消费支出的收入来源、消费环境、社会保障制度等因素进行定量分析。最后，得出结论，并提出相关对策建议。具体而言，本书的主要研究方法如下：

（1）描述分析法。本书对西部民族地区的农户收入、消费支出、消费结构、收入来源、消费环境、社会保障现状进行了数据汇总，描述了现状及其变化的一般性规律。

（2）定性分析法。定性分析法就是对研究对象进行"质"方面的分析。具体地说是运用归纳和演绎、分析与综合以及抽象与概括等方法，对获得的各种材料进行思维加工，从而去粗取精、去伪存真、由此及彼、由表及里，达到认识事物本质、揭示内在规律（严少伟，2010）。本书对农户家庭的收入来源、消费环境以及社会保障支出如何影响消费支出进行了定性分析，给出了影响方向的判断。

（3）定量分析法。定量分析法可以使人们对研究对象的认识进一步精确化，以便更加科学地揭示规律，把握本质，厘清关系，预测事物的发展趋势。在本书中，收入、环境和社会保障如何影响消费支出，影响的程度如何，均通过建立模型，进行实证研究，给出变量之间的定量关系。

（4）调查法。对于西部地区现行的社会保障制度，实施情况，实施效果，农村居民对社会保障的认知等，缺乏统计数据的问题，本书开展了专项调查，收集了1000多份调查问卷，对收集到的大量资料进行分析、综合、比较、归纳，给出了西部地区农村居民社会保障的现状和问题分析。

四、研究的数据资料简介

（一）宏观数据

鉴于西部民族地区在地理位置上并没有明确的划分，西部民族地区的相应统计数据难以获取，本书在宏观上的分析多数采用西部地区的数据，即西部12个省（市、区）的统计数据，数据来源主要为《中国统计年鉴》、西部各省（市、区）的统计年鉴，如《云南统计年鉴》《青海统计年鉴》等。对于民族地区，本书主要选取了5个省级民族自治区和其他省内地市级民族自治区域，数据来源为《广西统计年鉴》《西藏统计年鉴》《宁夏统计年鉴》《内蒙古统计年鉴》《新疆统计年鉴》和《中国区域经济统计年鉴》。相关区域的农村人口数据来源于第六次人口普查的统计公报。

（二）微观数据

本书研究所用微观数据来自云南红河哈尼族彝族自治州统计局2006～2010年对3000个农村住户的跟踪调查。该调查覆盖了全红河州个旧、河口、红河、建水、金平、开远、泸西、绿春、蒙自、弥勒、屏边、石屏和元阳13个县市，298个行政村，每个行政村随机抽取10～15户进行调查，每户进行了五年的跟踪调查（中间有少量样本进行了轮换）。每个农户的调查内容包括家庭和家庭成员的基本情况、就业情况、生产经营和生活消费的全面信息，是研究西部民族区域经济、社会问题的一个完整全面的数据集，也是本书进行西部民族地区农户消费行为分析的主要数据来源。

　　红河州位于云南南部,与越南毗邻,总面积32931平方千米,常住人口约441.2万人,下辖2市、11县。红河州内少数民族众多,有哈尼族、彝族、苗族、傣族、壮族、瑶族、回族等10多个少数民族,少数民族人口占56%。红河州的基本特征是多山区、多民族、贫困人口多。该州以红河为界,南北发展差异大,山区、坝区生产力水平差距大,各民族社会发展程度不平衡,属于欠发达地区,具有西部民族贫困地区的典型特征。

　　此外,课题组还于2014年7~8月对西部地区的云南、四川、贵州、重庆等省(市)进行了一次农村居民消费和社会保障现状的调研。本次调研利用分层随机抽样方法选取调研地点,由云南财经大学统计学专业的学生负责实施问卷调查,被调查的对象为农户家庭中的户主或主要劳动力。调查共发放问卷1200份,最终收回1129份,其中有效问卷共927份,问卷有效率为82%。调研涉及的问题包括农户家庭的收入状况,社会保障的实施情况,农户家庭享有保障的情况以及他们对社保的缴费额度、补偿额度、政策等的看法等。该调查数据是本书微观数据的另一个来源。

第二章 农村居民消费的基本理论

第一节 相关概念

一、消费的相关概念

消费（Consumption）是社会再生产过程中的一个重要环节，也是最终环节。它是指利用社会产品来满足人们各种需要的过程。消费又分为生产消费和生活消费。前者指物质资料生产过程中的生产资料和生活劳动的使用和消耗；后者是指人们把生产出来的物质资料和精神产品用于满足个人生活需要的行为和过程，是"生产过程以外执行生活职能"。它是恢复人们劳动力和劳动力再生产必不可少的条件[①]。

居民消费（Resident Consumption）指一定时期内，一个国家（或地区）内所有常住居民对最终商品和服务的全部消费性支出，与政府消费一起构成最终消费。居民消费除了直接以货币形式购买货物和服务的消费之外，还包括以其他方式获得的货物和服务的消费支出，即所谓的虚拟消费支出。

消费行为（Consumer Behavior）是消费者为获得所用的消费资料和劳务而从事的物色、选择、购买和使用等活动，亦称消费者行为。对消费行为的研究，主

---

① https://baike.baidu.com/item/消费/5800867.

要是从市场角度考察消费者选购某种消费对象的动机及其决策过程。

消费结构（Consumption Structure）是在一定的社会经济条件下，人们（包括各种不同类型的消费者和社会集团）在消费过程中所消费的各种不同类型的消费资料（包括劳务）的比例关系。有实物和价值两种表现形式。实物形式指人们在消费中，消费了一些什么样的消费资料，以及它们各自的数量。价值形式指以货币表示的人们在消费过程中消费的各种不同类型的消费资料的比例关系。在现实生活中具体表现为各项生活支出。

消费函数（Theory of Consumption Function）反映人们的消费支出与决定消费的各种因素之间的依存关系，即消费与其决定因素之间的函数关系，是消费者行为数量研究的重要组成部分。决定消费水平的因素很多，如收入、财产、利率、收入分布等。其中收入是最根本的因素。因此，消费函数实质上是指消费与收入之间的函数关系。

二、研究对象

城市和农村是组成整个社会的两个基本社区，它们在产业结构、所有制结构、经济发展水平以及生活环境、生活条件等方面都存在明显区别。镇是介于城市与农村之间的社区，其中城镇的特点与城市接近，按我国城市住户调查的现行规定，将其划入城市范围，改称城镇，镇的其余部分划入农村范围。

农村居民：按照我国的户籍制度，人口分为农业户和非农业户，是我国在计划经济时对人口的一种分法，其中农业户指靠自己生产口粮的居民，非农业户则是指靠国家分配口粮的城市户口居民。2014年7月30日，《国务院关于进一步推进户籍制度改革的意见》（以下简称《意见》）正式发布。该《意见》要求，取消农业户口与非农业户口性质区分和由此衍生的蓝印户口等户口类型，统一登记为居民户口。现行统计中的农村居民指常住地（一年之中居住时间在6个月以上）为农村的居民。

农户：定义为户口在农村的常住户。搜狗百科的解释为从事农业生产劳动的人家①。在本书中指居住在农村，以从事农业生产劳动为主的农村家庭户，它是最小的经济生产单位，具有生产和消费的决策自主权。

---

① http://baike.sogou.com/v643804.htm?fromTitle=农户.

民族地区：即少数民族地区，是指以少数民族为主聚集生活的地区。一般民族地区都是指特定的一个或几个少数民族世代生活的地方，少数民族人口较为集中，人口比例比较大的地方，拥有浓郁的民族特色，民族习惯以及文化，并且享有国家一定的特权以及一定的法律自治权。

第二节 消费理论和消费函数

一、基于收入的消费理论与函数

（一）凯恩斯消费函数——绝对收入假说

凯恩斯认为，收入 Y 决定就业量 N，就业量 N 决定消费 C，因而收入 Y 决定消费 C，并且 C 是 Y 的比较稳定的函数。这里的 Y 表示总收入，及现期的绝对收入水平，因此该理论又被称为绝对收入假说。凯恩斯还定义了边际消费倾向，表示增加的收入中用于增加消费的比例。"当社会之真实所得增减时，其消费量亦随之增减，但后者之增减常小于前者"。这一思想用简化的线性函数形式表示为：

$$C_t = \alpha + \beta Y_t \tag{2-1}$$

式中，α、β 为参数。参数 β 称为边际消费倾向，其值介于 0 与 1，表示消费随收入增加而增加，但消费增加的幅度小于收入增加的幅度。凯恩斯消费函数将消费分为自发消费和引致消费两部分。自发消费 α 是本能消费需要所形成的消费，它不受收入影响。引致消费 β 是边际消费倾向所形成的消费，受收入因素影响。凯恩斯讨论了消费与收入等因素的关系，认为消费是真实所得的较稳定的函数，影响储蓄动机的因素，包括谨慎、远虑、计算、改善、独立、企业、自豪与贪婪等，取决于制度、传统、资本、技术、设备等因素，而在短期内不易发生变化，由此证明了消费是收入的稳定函数。

（二）斯密塞斯短期消费函数——决定收入假说

凯恩斯绝对收入假说消费理论受到西方经济学家的高度重视，很多人对此进行了实证检验，但结果表明，绝对收入假说理论在说明消费和储蓄、收入方面，存在某种矛盾和不一致。家庭数据和短期时间序列的研究发现：消费与收入之间的关系类似于凯恩斯的猜测,即平均消费倾向随收入的增加而下降,这种关系被称为短期消费函数。长期时间序列研究发现,平均消费倾向并不系统地随收入而变动,这种关系被称为长期消费函数。这两种情况同凯恩斯的消费理论是矛盾的,被称作"消费之谜"。

斯密塞斯认为,在短期内,消费取决于消费者的现期收入水平,消费率是现期收入的减函数,而储蓄则是现期收入的增函数,所以短期消费函数与收入不成固定比例关系,平均消费倾向随收入增加而下降。但是,在长期内,除收入以外还有很多因素影响消费,使得消费呈现上升的趋势,消费与收入具有比例关系。据此,短期消费函数和长期消费函数之间的矛盾得以消除。

(三) 杜森贝里的短期消费函数——相对收入假说

杜森贝里的相对收入假说与绝对收入假说相对立,他认为消费者的支出不仅取决于自身的绝对收入,还取决于相对收入:一是自己相对于周围人的收入,即消费具有"示范效应"或"攀附性";二是现在相对于过去的收入,即消费具有"不可逆性"。在"示范效应"和"不可逆性"的影响下,即使经济不景气,社会总需求水平也不会轻易下降。

根据这一理论假设,杜森贝里的相对收入假说消费函数可近似地简化为下式:

$$C_t = b_0 + b_1 Y_t + b_2 C_{t-1} + \mu_t \tag{2-2}$$

式中,C_{t-1} 为第 $t-1$ 期的消费支出。

杜森贝里从消费的示范效应和棘轮效应两方面解释了长期消费函数与短期消费函数的矛盾。他认为,在短期内消费函数受经济周期波动的影响,而使消费与收入偏离长期固定比例,但在长期过程中,人们的消费函数要受示范效应和棘轮效应的影响,使收入与消费保持一个稳定的关系。

(四) 弗里德曼的消费函数——持久收入假说

美国著名经济学家密尔顿·弗里德曼(Milton Friedman)1957年在《消费函数理论》一书中从否定绝对收入理论和相对收入理论的"现行收入"概念出发,以他的"持久收入"假说发展了消费函数理论,并从持久收入、持久消费、暂时收入、暂时消费的角度重新解释了收入消费的长期均衡和短期波动的关系。

弗里德曼将可支配收入和消费都分为两部分:持久收入和暂时收入,持久消费与暂时消费。持久收入是总收入中可以预料到的较稳定的、持续性的那部分收入。暂时收入是因暂时因素的影响而使收入偏离预期的收入。持久收入是一种预期收入,并不等于当期的现实收入,因此,通常用现期收入和前期收入的加权平均数计算:

$$Y_{pt} = Y_{t-1} + \theta(Y_t - Y_{t-1}) = \theta Y_t + (1-\theta)Y_{t-1} \qquad (2-3)$$

式中,Y_{pt} 代表持久收入,Y_t 为现期收入,Y_{t-1} 为前期收入,θ 为加权数。表示现期的持久收入等于前期收入和两个时期收入变动的一定比率。加权数 θ 的大小取决于人们对未来收入的预期。一个家庭的消费主要取决于持久消费,暂时消费表现为一种短期波动。持久消费与持久收入呈正比例,由此得到持久收入假设消费函数模型为:

$$C_p = b \times Y_p = b\theta Y_t + b(1-\theta)Y_{t-1} \qquad (2-4)$$

式中,C_p 表示持久消费,参数 b 代表持久消费的边际消费倾向($0 < b < 1$)。而暂时消费与暂时收入无关。根据持久收入假说,现实的消费不受意外的收入或损失的影响,家庭的持久消费取决于持久收入,意外的收入全部用于储蓄,即现实的消费是稳定的。

(五)库兹涅茨的长期消费函数

美国统计学家西蒙·库兹涅茨(Simon Kuznets)1942 年对美国 1869~1938 年的国民收入与个人消费资料进行了整理与分析。他发现,在长达 70 年的时间内,虽然美国的国民收入大约增加了 7 倍,但人们的消费始终与收入维持在一个固定比率,一直在 0.84~0.89,即平均消费倾向相当稳定。库兹涅茨的发现表明,在长期消费函数中,消费为收入的一个固定比率,平均消费倾向并不是呈递减的趋势,而是相当稳定。因此,库兹涅茨认为:边际消费倾向在长期中不是随着收入的增加而递减。但在经济周期波动中,消费倾向会发生变化。一般来说,长期平均消费倾向高于繁荣时和低于萧条时的平均倾向。若以常数 K 表示消费与收入的固定比率,则长期消费函数公式为:

$$C = K \cdot Y \qquad (2-5)$$

这便是著名的"**库兹涅茨反论**"。因为它明显否定了凯恩斯绝对收入假说的第四个命题:平均消费倾向随收入上升而下降。后来又有大量的实证研究表明,在长期时间序列的分析中,得到的是具有稳定的平均消费倾向的消费函数形式,亦即没有截距项的线性消费函数,但从截面数据分析中却能得到凯恩斯的短期消费函数形式。

二、现代消费理论和消费函数

(一) 莫迪利安尼的消费函数——生命周期假说

生命周期假说将人的一生分为年轻时期、中年时期和老年时期三个阶段。一般来说,在年轻时期,家庭收入低,但预计未来收入会增加,因此,在这一阶段往往会把家庭收入的绝大部分用于消费,有时甚至举债消费,导致消费大于收入。进入中年阶段后,家庭收入会增加,但消费在收入中所占的比例会降低,收入大于消费,因为一方面要偿还青年阶段的负债,另一方面还要把一部分收入储蓄起来用于防老。老年时期(退休以后),收入下降,消费又会超过收入。因此,在人的生命周期的不同阶段,收入和消费的关系、消费在收入中所占的比例不是不变的。

莫迪利安尼认为,理性的消费者根据效用最大化原则来使用一生的收入,安排其一生的消费,使一生中的收入等于一生的消费。因此,消费者现期消费不仅与现期收入有关,而且与消费者以后各期收入的期望值、开始时的资产和个人年龄大小有关。消费者一生的总效用是他目前和未来总消费的函数,消费者总是想把他一生的全部收入在消费上做最佳的分配,使他在一生的消费中所获得的总效用最大,从而得到一生的最大满足。

生命周期消费理论还得出另外一个结论:由于各个家庭处在不同的生命周期阶段,所以,在人口构成没有发生重大变化的情况下,从长期来看,边际消费倾向是稳定的,消费支出与可支配收入和实际国民生产总值之间存在一种的稳定关系。但是,如果一个社会的人口构成比例发生变化,则边际消费倾向也会发生变化,如果社会上年轻人和老年人的比例增大,则消费倾向会提高,如果中年人的比例增大,则消费倾向会降低。生命周期消费理论强调或注重长时期甚至是一生的生活消费,人们对自己一生的消费做出计划,以达到整个生命周期的最大满足。由于流动性约束,人们往往难以实现。

(二) 适应预期的消费函数模型

弗里德曼持久收入假说与莫迪利安尼生命周期假说的消费函数有一个内在矛盾,按理论分析看,两种消费函数本质上是前瞻的,但其模型设立和计算方法却是后顾的。霍尔将理性预期理论引入消费函数,用随机方法修正持久收入和生命周期假说,提出了理性预期生命周期假说,即适应预期的消费函数模型。

霍尔认为消费是一个随机游走过程，因而消费的变化是不可预见的。人们根据原因变量的实际值对结果变量进行预期，实际上往往达不到预期。因此，需要对结果变量进行调整。于是，在消费函数研究中，假设第 t 期的消费预期值是收入的函数，即

$$C_t^e = a + \beta Y \tag{2-6}$$

其中，a 表示消费者按收入决定自己的消费预期。由于种种原因，实际消费与消费预期值之间存在如下关系：

$$C_t - C_{t-1} = \lambda(C_t^e - C_{t-1}) \tag{2-7}$$

其中，λ 为调整系数。于是得出消费函数模型，其计量形态为：

$$C_t = \lambda\alpha + (1-\lambda)C_{t-1} + \lambda\beta Y_t + \mu_t \tag{2-8}$$

（三）预防性储蓄理论

预防性储蓄是指风险厌恶的消费者为预防未来不确定性导致的消费水平下降而进行的储蓄。预防性储蓄理论是生命周期持久收入模型的一个扩充，强调储蓄不仅是为了在生命周期内培植其资源，同时也是为了对不确定性事件加以保险。

预防性储蓄理论认为，当消费者面临的收入的不确定性越大的时候，他越不可能按照随机游走来消费，这时他更多的是依据当期收入来进行消费。同时，未来的风险越大，他越会进行更多的预防性储蓄。在不确定性情况下，预期未来消费的边际效用要大于确定性情况下消费的边际效用。当期消费和当期收入存在着一个正的相关关系，且这种相关关系随不确定性的增加而增加。因此，按照预防性储蓄理论，消费具有敏感性。

（四）流动性约束理论

在西方消费（储蓄）理论中，最早提出流动性约束问题的是弗莱明（Flavin, 1973）以及托宾（Tobin, 1971）。流动性约束又称"信贷约束"，是指居民从金融机构以及非金融机构和个人取得贷款以满足消费时所受的限制。流动性约束假说认为，流动性约束可能导致消费者当期消费对可预测收入变化的过度敏感性。如果消费者面临消费信贷的高利率，则可能在当期收入资源较少时，选择放弃消费信贷以平滑消费；在不存在消费信贷的情形下，只能依照现有的收入资源进行低消费。流动性约束的存在，使当期收入对现期消费的影响大于生命周期假说或持久收入假说的预言。

当存在流动性约束时，消费减少，储蓄增加。显然，如果典型消费者受到流

动性约束，其一生的消费路径将不再是平滑的。各国流动性约束的严重程度不同（即使是在发达国家，由于信贷市场的信息不对称等原因，流动性约束必然存在，而在发展中国家，除了信贷市场信息不对称外，信贷市场不发达等制度性因素使得流动性约束的情况更为严重），国际比较研究表明，流动性约束对各国的总储蓄是重要的，从而也说明了流动性约束对消费也具有重要的影响。

第三节　西部民族地区农户消费的理论分析

西方的大多数消费经济理论比较适合于中国城镇居民的消费行为分析。在解释中国农村居民以及农户的消费行为方面，有符合的地方，比如绝对收入假说，预防性储蓄，流动性约束等，也有不符的地方，比如生命周期，适应预期等。究其原因，是因为中国经济改革的时间不长，尤其是农村，自20世纪80年代家庭联产承包责任制以来，几乎没有重大变革，市场经济发育还不完善，农村的市场化程度尤其低，消费者还未形成市场观念，消费行为也不完全由市场决定。城乡二元分割的经济体制导致城乡交流不畅，农村相对封闭。经过长期封建社会形成的自给自足的小农经济思想依然在农村广泛存在，其消费行为深受封建传统儒家文化的影响。因此，农户的消费行为不同于城镇居民，更不同于西方国家居民，在消费者行为的外部环境（预算约束、流动性约束等）和内在动机（理性主体、效用最大化等）设定上，这些新古典消费函数对中国农户并不具有普适性，关于农户消费行为的各种理论假说还有待进一步检验①。

一、农户的经济学特征

（一）农民的内涵

早期的学者认为，农民属于一个保留自身文化的、有着局部文化的局部社会。在农民学的语境里，农民代表着一种身份。在经济人类学的范畴内，农民更多地是指一种保留乡村文化传统的职业，主要利用家庭内劳动力来开展农业生

---

① 李谷成，冯中朝. 中国农户消费—收入结构的实证分析［J］. 农业技术经济，2004（6）.

产，以获得基本生活资料，农民只部分地参与常常是不完全的要素和产品市场（弗兰克·艾利思①，2006）。

在宏观经济层面，农民属于国民经济体系的一部分，农民经济的维生属性使其获得了相对独立的生存能力。农民也因此并不归属于专业化农业企业或者商业化家庭农业，也并不唯一地追求利润最大化。但从经济发展的阶段看，一切农业生产最终都将受制于消费者偏好和市场变化，也必须服从工业社会中技术和经济变化的节奏（徐浩②，2002）。而在此之前，农民经济行为既表现为传统农业的工业化改造，也意味着农民从分散的、孤立的、自我满足的局部社会到完全融为一体的市场经济的过渡（徐浩，2002），还意味着农户家庭生产与消费的统一、市场活动与非市场活动的统一。

（二）农户家庭生产与消费的统一

从生产经营的模式看，农业似乎从未发生过任何变化，农业劳动者始终遵守着田野的永恒秩序——自然经济和商品经济相结合的农民经济模式（徐浩，2002）。传统农业既不存在明显的劳动分工，也不存在生产和消费的分离以及经济生活和家庭生活的分离。自给自足的经营模式使得农民几乎没有行动的选择，因为生产经营的原则和习惯早已存在。即使是生产资本的投入也很少考虑成本的回收和收入的增加③。可以认为，农民经济的二元经济属性乃是一种客观存在（弗兰克·艾利思，2006）。

从农业生产经营的组织形式来看，农户家庭既不是雇主也不是受薪者，而是属于一种自己雇用自己的生产单位。这种组织形态似乎是竞争系统中的企业原型，但它既不是一个内在的统一体，也不是一个可以被经济学家和社会学家当作个体经济代理人分析的外在自治体，因为经营和家庭的混合不允许经济逻辑支配生产决策（徐浩，2002）。

在农村，农业经济的特征使其不存在城市经济中生产与消费的决然分割。农村家庭中，农民既是生产者又是消费者，表现出两者合二为一的特征。同一个人，有时候先是生产者后是消费者，有时候先是消费者后是生产者，有时候又两

---

① 弗兰克·艾利思. 农民经济学——农民家庭农业和农业发展 [M]. 胡景北译. 上海：上海人民出版社，2006.

② 徐浩. 农民经济的历史变迁——中英乡村社会区域发展比较 [M]. 北京：社会科学文献出版社，2002.

③ H. 孟德拉斯. 农民的终结 [M]. 李培林译. 北京：社会科学文献出版社，2008.

者兼是。

（三）农户家庭市场活动与非市场活动的统一

随着经济的发展，农民被逐步推到市场中。如今，他们已经处于市场的边缘位置。他们还没有完全融入市场，但又不能脱离市场，他们一只脚在市场内，一只脚在市场外。一方面，他们的生产活动中有部分产品依然是自给自足的，保持着非市场的特征；另一方面，他们还有部分产品必须走向市场，同时从市场上购买生产要素，这是发展中国家的农民生产活动的基本特征。

农户家庭自然经济和商品经济相结合的生产经营模式，决定了其市场活动与非市场活动的一体化。对农户家庭而言，市场活动的参与表现为部分农产品的商品化，以实现生产资料的购买和生活日用品的消费，从而市场活动既是简单再生得以维持的前提条件，也是改善生活质量的必然途径（杨新华和孙海波①，2010）。

（四）农民家庭经济行为的社会性

任何一个农民家庭都属于一个特定乡村地域的小型社会共同体。这种农业社会组织的基本结构可以视之为一种生活观、一种历史以及一个典型的地方志（陈庆德②，2001）。从长期来看，同一个村庄中的农民家庭，他们享有的共同的生活观会成为他们生产生活的基本准则，而互惠的实现也必须对共同体成员形成强制性约束。因而农户家庭的生产并不是唯一地追求经济最大化，消费决策也不是追求其自身的效用最大化，而是基于村庄共同体传统价值观的社会化行为。

二、农户的消费经济理论分析

虽然已经经历了40多年的改革开放，但中国西部农村的现代化进程相比东部依然很慢，尤其是西部贫困的民族地区。西部地区以山地为主，交通闭塞，形成了一个个相对封闭的区域。因为受外界影响程度小，中国传统农村自给自足的生产生活方式在这片土地上依然根深蒂固，市场化程度较低。整个中国农村的金融发展滞后，农户借贷困难，缺少针对农户消费的借贷，流动性约束使得货币化收入水平的绝对量成为影响农户家庭的消费决策及行为的最主要因素。而较低的

---

① 杨新华，孙海波. 农户家庭消费行为的多视角分析 [J]. 西部论坛，2010 (3).
② 陈庆德. 农业社会和农民经济的人类学分析 [J]. 社会学研究，2001 (1).

市场化程度使得农户家庭可以获取的货币化收入较少。因此，西部地区农户消费的一大特点是整体水平较低，商品化程度低。

农业生产的周期性，农户生产者和消费者的统一性决定了农户在进行消费决策的同时必须考虑生产的投入。农户当年获得的收入中相当一部分要留作来年的生产投资，因此农民的生活消费在收入中所占的比例不高。随着种子、化肥、农药等农业生产资料价格的走高，农户的生产性支出逐年增加，消费率和边际消费倾向都停留在一个较低的水平。

西部地区的农户缺少市场的概念，因此其消费决策不是基于效用最大化。农民的短视性也决定了其消费决策不考虑生命周期。农村社会保障的缺位或部分缺失，土地的固化，使得长期以来农户家庭的教育、医疗只能依靠自己，养老靠儿女，也没有持久收入的概念，因此农户储蓄的观点较强。农户决策时，家庭的经济基础和个体特征影响其决策，比如孩子比较多时，要支付孩子的教育费用，可能会压缩其他方面的开支。绝对收入（即当期的收入）是影响农户家庭消费最重要的因素，家庭的特征是影响其消费决策的次要因素。

当然，农户家庭的消费决策及行为依然会受到周边环境的影响。村庄内其他人消费形成的示范效应依旧存在。作为民族地区，风俗习惯和伦理道德等社会性因素也会影响农户的消费。中国西部少数民族地区的农户消费行为，总体上合乎消费经济理论的消费行为，主要表现在节制消费、边际消费倾向递减以及心理账户等方面，量入为出的节俭消费以及依礼而行的消费伦理是农户家庭消费决策的思想基础（杨新华和孙海波，2010）。在村庄共同体内，农户家庭的消费行为往往表现为显著的从众心理和模仿意识，因而攀比消费现象明显，而个性化消费偏少。因此，考察中国西部少数民族地区的农户消费，需要在凯恩斯的绝对收入假说上，融合农民经济学、经济人类学和社会学理论，既要考虑农户作为生产者和消费者兼具的个性，又要考虑作为村庄共同体一员所具有的共性，还要考虑传统风俗习惯等社会性因素的影响。

---

① 杨新华，孙海波. 农户家庭消费行为的多视角分析［J］. 西部论坛，2010（3）.

第四节 西部民族地区农村居民消费函数的实证

一、我国居民消费函数的研究

消费作为国民经济的重要领域，经济增长的原动力，一直备受学者们的关注。国内学者对消费的研究比较重实证，缺乏系统理论的研究。他们基于国外的消费理论和消费函数，运用中国居民的实际消费数据，进行了大量的验证工作，得出了一些有价值的可供借鉴的结论，代表性的结论有：

(1) 改革开放之前乃至 20 世纪八九十年代，我国居民的消费行为表现出原始的、短视的一面，因此，依据凯恩斯的绝对收入假说建立的中国消费函数对实际数据的拟合效果最好，表明城乡居民的当期收入仍然是消费的决定性因素。改革开放后，随着计划体制开始向市场经济体制转变，人民收入水平不断提高，收入来源的多样化，我国居民的消费行为开始表现出更多的前瞻性，生命周期假说更适合于我国（臧旭恒①，1994；王兆宁②，2006）。

(2) 我国居民的消费行为具有明显的城乡差异。何宗炎（2010）对 1994 年之后的城、乡居民消费函数进行了对比，发现城镇居民的长期均衡消费倾向较高，农村居民的消费对短期变动的收入变化较城镇居民敏感，二元经济结构的格局与区域经济的非均衡发展决定了我国居民消费的多层次板块性特征，社会的快速转型与经济的快速转轨又决定了居民消费水平、结构与行为的持续不稳定性。因此，朱信凯和骆晨（2011）认为，研究当前的中国消费经济问题，既不能采取简单的"拿来主义"，比如把研究城镇居民的模型与方法不加分析地用在农村居民消费函数的研究上；又不能固守传统的研究路径。要坚持实事求是、问题意识，坚持分城乡、分阶段、分地区、分类别的原则对待中国消费经济问题的研究。

(3) 郭庆旺（2013）认为，从以收入为标准的社会分层角度来说，不同的

---

① 臧旭恒. 居民跨时预算约束与消费函数假定及验证 [J]. 经济研究, 1994 (9).
② 王兆宁. 中国消费函数模型分析 [J]. 社科纵横, 2006 (9).

收入阶层的边际消费倾向不同,决定消费支出的收入类型也不同:从最低收入阶层到最高收入阶层的边际消费倾向是递减的,低收入阶层的消费水平主要取决于当期收入,中等收入阶层的消费水平主要取决于一生收入,高收入阶层的消费水平不仅取决于一生收入,还取决于相对收入。因此,应该分阶层来研究消费行为。

综合学者们的研究,虽然个人的观点各有不同,但收入决定消费,西方的消费理论并不完全适合中国是学者们的共识。消费函数的适用性取决于理论研究的前提假设与现实经济的结构性、制度性安排是否吻合(黄卫挺①,2011)。改革开放之后,计划体制开始向市场经济体制过渡,各类触及体制结构核心的改革相继出台,在经济制度变迁的过程中,中国消费者的行为既有同典型的西方市场经济环境下理性的消费者行为类似或一致的地方,也有着自身在特殊经济条件下的一些特点(王兆宁②,2006)。消费者理性、自由借贷稳态、可预期与我国的现实差距较大,是持久收入假说不适用于我国的主要原因(史玉伟③,2005)。生命周期假说的前提是"消费者为了自身的效用最大进行消费,他们在其有生之年会用光所有的收入"也不符合我国的国情。因此,我们必须深入分析中国居民消费特点,在此基础上按照建立消费函数理论的基本方法,提出具有中国特色的消费函数理论,才能建立符合中国实际的消费函数模型。

二、消费函数的统计形式

根据李子奈(2000)对消费函数模型的归纳,几个重要的消费函数模型如下:

1. 绝对收入假设消费函数模型

$$C_t = \alpha + \beta Y_t + \mu_t \quad (2-9)$$

式中,C_t 表示消费额,Y_t 表示当期收入,α 表示自发性消费,β 表示边际消费倾向,$0 < \beta < 1$。

2. 相对收入假设消费函数模型

考虑消费的"示范效应",消费函数模型设置为:

---

① 黄卫挺. 中国消费函数的研究方法探讨[J]. 经济学动态,2011(11).
② 王兆宁. 中国消费函数模型分析[J]. 社科纵横,2006(9).
③ 史玉伟. 消费函数理论主要假说述评[J]. 经济经纬,2005(3).

$$C_i = \alpha_0 Y_i + \alpha_1 \overline{Y}_i + \mu_i \tag{2-10}$$

式中，$\overline{Y}_i$ 为该消费者所处群体的平均收入水平。待估参数 $0 < \alpha_0 < 1$，反映个人的边际消费倾向；$0 < \alpha_1 < 1$，反映群体平均收入水平对个体消费的影响。

杜森贝利认为，消费者的消费支出水平不仅受当前收入的影响，还受自己历史上曾经实现的消费水平的影响。即消费具有"不可逆性"，反映在消费函数中，可将消费函数模型设为：

$$C_t = \alpha_0 Y_t + \alpha_1 Y_0 + \mu_t \tag{2-11}$$

式中，Y_0 为该消费者曾经达到的最高收入水平。一般情况下，收入具有随时间递增的趋势，所以，可以用前一个时期的收入代替曾经达到的最高收入水平：

$$C_t = \alpha_0 Y_t + \alpha_1 Y_{t-1} + \mu_t \tag{2-12}$$

3. 生命周期假设消费函数模型

一般近似用如下函数描述生命周期假说消费函数模型：

$$C_t = \alpha_1 Y_t + \alpha_2 A_t + \mu_t \tag{2-13}$$

式中，A_t 为 t 时刻的资产存量，待估参数 $0 < \alpha_1 < 1$，反映当前的边际消费倾向；$0 < \alpha_2 < 1$，反映消费者已经积累的财富对当前消费的影响。

4. 持久收入假设消费函数模型

持久收入假设消费函数模型的计量形态是：

$$C_t = \alpha_0 + \alpha_1 Y_t^P + \alpha_2 Y_t^t + \mu_t \tag{2-14}$$

式中，Y_t^P、Y_t^t 分别为持久收入和瞬时收入。根据弗里德曼的建议，对于时间序列数据，t 时刻的持久收入可以表示为各期实际收入的加权和：

$$Y_t^P = \lambda Y_t + \lambda(1-\lambda)Y_{t-1} + \lambda(1-\lambda)^2 Y_{t-1} + \cdots$$

即：$Y_t^P - Y_{t-1}^P = \lambda(Y_t - Y_{t-1}^P) \tag{2-15}$

5. 合理预期的消费函数模型

假设第 t 期的消费是收入预期值 Y_t^e 的函数，即

$$C_t = \alpha + \beta Y_t^e \tag{2-16}$$

表示消费者按收入预期决定自己的消费计划和实现消费。而收入预期 Y_t^e 是现期实际收入与前一期预期收入的加权和：

$$Y_t^e = (1-\lambda)Y_t + \lambda Y_{t-1}^e \tag{2-17}$$

经变形后,可以将合理预期的消费函数模型表示为如下计量形态:

$$C_t = \alpha(1-\lambda) + \lambda C_{t-1} + \beta(1-\lambda)Y_t + \mu_t \qquad (2-18)$$

6. 适应预期的消费函数模型

适应预期理论认为,人们可以根据原因变量的实际值对结果变量进行预期,但在实际中往往达不到预期的效果,因此要对结果变量的预期值进行调整。因此,第 t 期的消费预期值 C_t^e 是收入的函数:

$$C_t^e = \alpha + \beta Y_t \qquad (2-19)$$

而实际消费与预期消费值之间存在如下关系:

$$C_t - C_{t-1} = \lambda(C_t^e - C_{t-1}) \qquad (2-20)$$

λ 为调整系数。结合式(2-1)和式(2-20),有:

$$C_t = \lambda\alpha + (1-\lambda)C_{t-1} + \lambda\beta Y_t + \mu_t \qquad (2-21)$$

这6种消费函数模型,除了绝对收入假设消费函数外,都可以近似表示为:

$$C_t = f(Y_t, C_{t-1}) + \mu_t \qquad (2-22)$$

其统一的计量形式为:

$$C_t = \alpha + \beta Y_t + \lambda C_{t-1} + \mu_t \qquad (2-23)$$

综上,6种消费函数实际仅对应着两种统计形式:式(2-9)和式(2-23)。我们可以通过具体的数据来比较验证,确定何种形式更符合实际。

三、西部地区农村居民消费函数的实证分析

改革开放后,由于中国特有的城乡二元结构和收入分配制度,城乡居民的收入差距不断拉大,城乡经济制度和体制间明显的区别,造成了城乡之间迥异的消费环境,消费支出水平和消费支出结构也产生了明显的城乡区别。现阶段,我国西部地区在消费水平、消费结构、观念习惯上,和东、中部地区的农村居民都存在明显差别,将他们放在同一个模型中进行讨论是不合理的。而且,我国西部地区民族众多,区域差距大,和东、中部地区的农村居民消费者之间有明显的结构化差异。因此,分城乡、分阶段、分地区、分类别,有针对性地讨论消费函数是非常必要的。迄今为止,针对西部地区农村居民的消费函数的专门研究很少见。

我们选取了近期(2006~2015年)中国西部地区12个省(市、区)农村居民的人均收入和人均消费支出数据,以式(2-9)和式(2-23)为模型计量形式分别进行估计,以确定适合西部农村居民的消费函数,结果如表2-1所示。

表2-1 中国西部地区农村居民消费函数的估计

省（市、区）	模型（2-19）的估计 回归方程	$\overline{R}^2$	模型（2-23）的估计 回归方程	$\overline{R}^2$
甘肃	$\hat{C}_t = -494.02 + 1.075Y_t$ (233.43) (0.054)	0.978	$\hat{C}_t = -880.28 + 1.696Y_t - 0.643C_{t-1}$ (456.25) (0.621) (0.645)	0.974
广西	$\hat{C}_t = 171.84 + 0.782Y_t$ (210.25) (0.036)	0.981	$\hat{C}_t = -19.09 + 0.213Y_t + 0.845C_{t-1}$ (280.26) (0.496) (0.727)	0.979
贵州	$\hat{C}_t = -435.30 + 0.966Y_t$ (173.09) (0.038)	0.986	$\hat{C}_t = -787.87 + 1.420Y_t - 0.511C_{t-1}$ (355.30) (0.469) (0.543)	0.985
内蒙古	$\hat{C}_t = -1481.4 + 1.128Y_t$ (457.42) (0.065)	0.971	$\hat{C}_t = -1594.4 + 1.048Y_t + 0.113C_{t-1}$ (828.84) (0.368) (0.348)	0.967
宁夏	$\hat{C}_t = -589.06 + 0.993Y_t$ (163.36) (0.028)	0.993	$\hat{C}_t = -914.48 + 1.332Y_t - 0.369C_{t-1}$ (411.48) (0.442) (0.492)	0.991
青海	$\hat{C}_t = -720.20 + 1.166Y_t$ (212.18) (0.042)	0.988	$\hat{C}_t = -840.93 + 1.233Y_t - 0.053C_{t-1}$ (319.06) (0.244) (0.234)	0.985
陕西	$\hat{C}_t = 155.85 + 0.900Y_t$ (165.48) (0.031)	0.990	$\hat{C}_t = 163.44 + 0.825Y_t + 0.091C_{t-1}$ (220.25) (0.412) (0.504)	0.985
四川	$\hat{C}_t = -679.32 + 0.954Y_t$ (364.77) (0.056)	0.970	$\hat{C}_t = -669.16 + 0.813Y_t + 0.188C_{t-1}$ (545.90) (0.333) (0.388)	0.961
西藏	$\hat{C}_t = 302.52 + 0.587Y_t$ (316.21) (0.060)	0.912	$\hat{C}_t = -263.52 + 0.259Y_t + 0.767C_{t-1}$ (305.81) (0.137) (0.280)	0.953
新疆	$\hat{C}_t = -528.44 + 0.917Y_t$ (320.31) (0.054)	0.970	$\hat{C}_t = -796.19 + 1.151Y_t - 0.264C_{t-1}$ (669.60) (0.509) (0.578)	0.959
云南	$\hat{C}_t = 520.32 + 0.753Y_t$ (94.05) (0.018)	0.995	$\hat{C}_t = 429.74 + 0.630Y_t + 0.188C_{t-1}$ (195.32) (0.186) (0.285)	0.993
重庆	$\hat{C}_t = -856.86 + 0.902Y_t$ (367.44) (0.055)	0.968	$\hat{C}_t = -699.17 + 0.559Y_t + 0.479C_{t-1}$ (446.73) (0.228) (0.280)	0.976

从模型估计的结果看，除了西藏和重庆两地外，其他地区的估计结果中，模型（2-9）的拟合优度均高于模型（2-23）的拟合优度。模型（2-9）的估计结果中，西部地区所有省份的 C_{t-1} 均不显著（10%的显著水平），且有5个省份 C_{t-1} 的系数符号不合理，这可能是由于 Y_t 和 C_{t-1} 之间的高度相关造成的。总体说来，对于西部地区的各省（市、区）而言，模型（2-9）要优于模型（2-23），表明

凯恩斯的绝对收入假说消费函数更符合西部地区的农村居民消费现状。

从已有的研究来看，大多数学者的实证研究也支持这一观点：如张黎萍（2009）对1985～2007年我国农村居民收入和生活消费支出的实证，于国庆（2014）对1985～2012年我国农村居民的消费函数研究，徐冕（2011）对1978～2008年的贵州省农村居民的可支配收入以及消费水平实证分析，高晶晶（2008），张蔚虹、朱明萱（2007）等的研究均认为我国农村居民消费的函数模型符合绝对收入假说理论，农村居民的当期消费支出很大程度上取决于当期的收入情况。究其原因，徐冕（2011）认为，可能是农村居民比较贫困，刚好处在温饱线附近，故其消费更主要的是受现期可支配收入的影响，其消费的收入弹性很大。

当然，即便是绝对收入假说，西部农村居民的消费情况也不完全符合。从表2-1的估计结果看，甘肃、内蒙古、青海三地的农村居民边际消费倾向都超过了1，显然不满足绝对收入假说中边际消费倾向大于0小于1的要求。徐冕（2011）认为，相对收入消费假说、生命周期消费理论也不适合贵州省农村居民。段庆林（2000）通过实证研究发现，持久收入假说与随机游走假说也不完全符合中国农村居民家庭消费行为。事实上，由于经济、制度、环境的原因，西方所有的消费理论应用到中国都存在一定的局限性。但总体来说，绝对收入假说更能解释中国农村居民现阶段的消费行为是大多数研究该问题的学者们的共识。除此之外，经济水平、物价水平、储蓄额、年龄、家庭结构、消费环境、信贷约束等都是影响农村居民消费的因素。一般性的消费函数可以写为：

$$C_t = f(Y_t, X) \tag{2-24}$$

式中，X代表影响消费的其他因素。

第三章　西部民族地区农村居民消费与收入现状

第一节　西部地区农村居民消费与收入现状

我国西部地区包括12个省、市及自治区，即西南五省区（四川、云南、贵州、西藏、重庆）、西北五省区（陕西、甘肃、青海、新疆、宁夏）和内蒙古、广西。总面积约681万平方公里，约占全国总面积的72%。西部地区与蒙古、俄罗斯、塔吉克斯坦、哈萨克斯坦、吉尔吉斯斯坦、巴基斯坦、阿富汗、不丹、锡金、尼泊尔、印度、缅甸、老挝、越南14个国家接壤，陆地边境线长达1.8万余千米。约占全国陆地边境线的91%，中国西部地区的人口总数约为3.77亿人，占全国总人口的27%左右（2017年）。西部地区疆域辽阔，大部分地区是我国经济欠发达地区。

一、西部地区农村居民消费现状

（一）西部地区农村居民人均消费支出的变化趋势

我国广袤的西部地区疆域辽阔，人口众多，经济发展水平低下，是我国急需加强开发的地区。2015年，西部地区共有乡村人口1.9亿人，占全国乡村人口的31.54%，占西部总人口的51.26%，远高于全国43.90%的水平。改革开放后，虽然西部地区的农村获得了较大的发展，但由于自然环境恶劣，交通不发达等原因，整体经济水平远远落后于东、中部地区。受各种因素的制约，西部地区农村居民的消费水平一直处于较低水平。

随着西部大开发战略的实施，西部地区的经济获得了快速增长，农村居民的生活水平有了明显提高。2006～2015 年，西部地区农村居民的人均消费支出快速增长，年均增长速度达到了 14.60%，其中增长最低的年份增速也接近 8%，增速最高的年份高达 29.18%。在经历了连续多年的高速增长后，西部地区农村居民的人均消费支出从 2006 年的 2197.3 元增长到了 2015 年的 7977.2 元，消费水平有了大幅的提高，也缩小了与东、中部的差距（见图 3-1）。

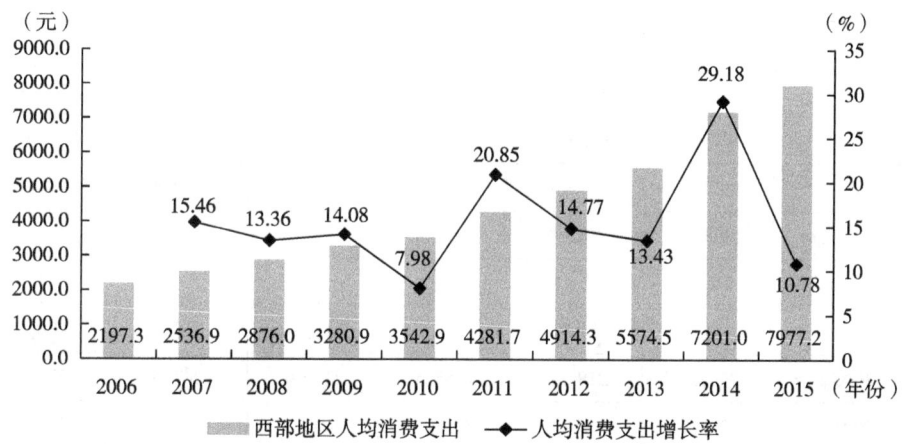

图 3-1 西部地区农村居民的人均消费支出及其增长率

数据来源：《中国统计年鉴》（2007～2016），其中每年西部地区农村居民人均消费支出均采用西部 12 个省（市、区）的乡村人口加权后得到。

最近 10 年，虽然起点和增速不同，西部地区各个省、市、区农村居民的人均消费均发生了很大的变化。起点最低的贵州，2006 年农村居民的人均消费支出仅 1627.1 元，但其平均增速最高，10 年的平均增速达到了 15.11%，截至 2015 年，贵州农村居民的人均消费支出已经达到了 6644.9 元，超过了西藏。

起点较低的甘肃、西藏、新疆，2006 年农村居民的人均消费支出都在 2100 元以下，其中甘肃和新疆增长较快，农村居民人均消费支出的平均增速在 14% 左右，2015 年甘肃和新疆的农村居民人均消费支出分别为 6829.8 元和 7697.9 元，仍处于较低水平。西藏增长最慢，年均增速为 10.79%，截至 2015 年，西藏沦为西部地区农村居民人均消费支出最低的地区,仅5579.7元(见表3-1)。

表3-1 西部地区各省历年农村居民人均消费支出　　　　单位:元

年份	内蒙古	广西	重庆	四川	贵州	云南
2006	2772.0	2413.9	2205.2	2395.0	1627.1	2195.6
2007	3256.2	2747.5	2526.7	2747.3	1913.7	2637.2
2008	3618.1	2985.0	2884.9	3127.9	2165.7	2990.6
2009	3968.4	3231.1	3142.1	4141.4	2422.0	2924.9
2010	4460.8	3455.3	3624.6	3897.5	2852.5	3398.3
2011	5507.7	4210.9	4502.1	4675.5	3455.8	3999.9
2012	6382.0	4933.6	5018.6	5366.7	3901.7	4561.3
2013	9079.6	6035.4	6970.7	7364.8	5291.1	5246.6
2014	9972.2	6675.1	7982.6	8301.1	5970.3	6030.3
2015	10637.4	7582.0	8937.7	9250.7	6644.9	6830.1
平均增长率(%)	14.39	12.13	15.02	14.47	15.11	12.02
年份	西藏	陕西	甘肃	青海	宁夏	新疆
2006	2002.2	2181.0	1855.5	2179.0	2247.0	2032.4
2007	2217.6	2559.6	2017.2	2446.5	2528.8	2350.6
2008	2199.6	2979.4	2401	2896.6	3094.9	2691.8
2009	2399.5	3349.2	2766.5	3209.4	3347.9	2950.6
2010	2666.9	3793.8	2942	3774.5	4013.2	3457.9
2011	2741.6	4491.7	3664.9	4536.8	4726.6	4397.8
2012	2967.1	5114.7	4146.2	5338.9	5351.4	5301.3
2013	4101.6	6487.7	5653.9	7505.9	6739.8	7103.1
2014	4822.1	7252.4	6147.8	8235.1	7676.5	7365.3
2015	5579.7	7900.7	6829.8	8566.5	8414.9	7697.9
平均增长率(%)	10.79	13.74	13.92	14.67	14.12	14.24

注:从2013年起,国家统计局开展了城乡一体化住户收支与生活状况调查,2013年及以后数据来源于此项调查。与2013年前的分城镇和农村住户调查的调查范围、调查方法、指标口径有所不同。

数据来源:《中国统计年鉴》(2007~2016)。

起点居中的陕西、青海、云南、宁夏和重庆，2006年农村居民的人均消费支出都在2100～2300元，其中重庆市的农村居民人均消费支出增长最快，10年间的平均增速达到了15.02%，2015年，重庆市农村居民的人均消费支出已经接近9000元。陕西、青海和宁夏的农村居民人均消费支出增速居中，均在14%左右。截至2015年，青海和宁夏的农村居民人均消费支出已经超过了8000元，而陕西的农村居民人均消费支出也接近了8000元。比较而言，云南农村居民的人均消费支出增速最慢，仅12.02%，其2015年的农村居民人均消费支出仅6830.1元，已位于西部后列。

农村居民人均消费支出起点较高的是四川和广西，2006年的农村居民人均消费支出分别为2395.0元和2413.9元。四川农村居民的人均消费支出近10年增长较快，达到了14.47%，其2015年的农村居民人均消费支出已经超过了9000元，位居西部第二。广西的人均消费支出增长速度较慢，仅12.13%，在西部地区，这个增速仅高于云南和西藏。

人均消费支出起点最高的是内蒙古，2006年的农村居民的人均消费支出达到了2772.0元，其人均消费支出的增长速度也较快，年均增速为14.39%，2015年，其农村居民人均消费支出达到了10637.4元，是西部地区首个农村居民人均消费支出过万元的地区。

（二）西部地区城乡居民人均消费支出的比较

西部地区的农村居民人均消费支出不仅存在着明显的地区差距，而且存在着巨大的城乡差异。图3-2是2005～2015年西部地区城镇居民和农村居民的消费支出变动趋势。从图上看，城乡居民的人均消费支出均保持了持续的快速增长，城镇居民的人均消费支出年均增速为10.08%，农村居民的人均消费支出年均增速为13.96%，农村居民的增速明显高于城镇居民。城乡居民的相对差距在不断缩小。2005年，西部地区城镇居民的人均消费支出为6964元，农村居民的人均消费支出仅2023元，相当于城镇居民的29%。2015年，西部地区城镇居民的人均消费支出达到了18582元，而农村居民的人均消费支出仅为7977元，相当于城镇居民的42.93%。但是，两者的绝对差距不仅没有缩小，反而在不断增大。2005年，西部地区城乡居民的人均消费支出相差4940元，2015年，这一差距已经增加到10605元。

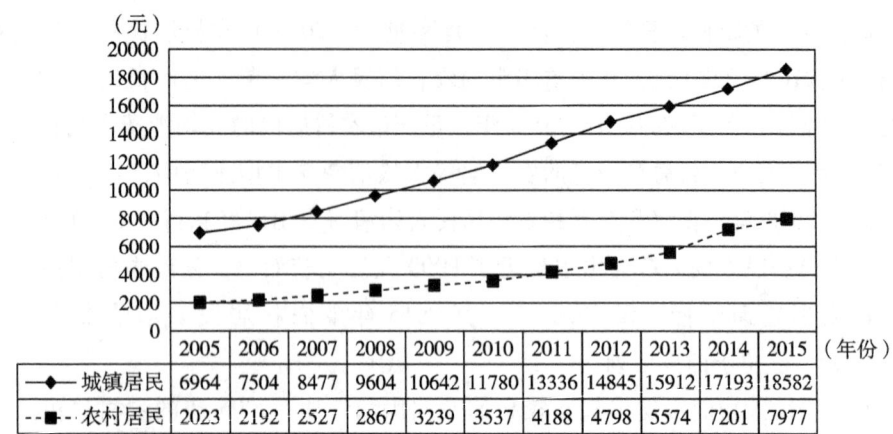

图 3-2 2005~2015 年西部地区城乡居民人均消费支出对比

数据来源：《中国统计年鉴》（2006~2016），其中每年西部地区城乡居民人均消费支出均采用西部 12 个省（市、区）的城镇、乡村人口加权后得到。

（三）东北、东、中、西部农村居民人均消费支出的比较

虽然西部农村地区的经济发展较快，农村居民的人均消费支出有了较快的增长，但和其他区域相比，仍然有不小的差距。从相对收入差距看，2005 年，西部地区农村居民的人均消费支出为 2022.88 元，相当于中部地区的 88.84%，东部地区的 74.96%，全国平均水平的 79.16%；2010 年西部地区农村居民的人均消费支出为 3537.48 元，相当于中部地区的 89.39%，东部地区的 76.40%，全国平均水平的 80.73%；2015 年，西部地区农村居民的人均消费支出为 7977.24 元，相当于中部地区的 91.55%，东部地区的 82.80%，全国平均水平的 86.50%。可以看出，最近 10 多年来，我国东、中、西部农村居民人均消费支出的相对差距在不断缩小，尤其是西部和中部、东北的差距（见表 3-2）。

表 3-2 全国、东北、东、中、西部农村居民人均消费支出对比 单位：元

区域	2005 年	2010 年	2015 年
东部	3408.97	5735.39	11138.55
中部	2276.90	3957.42	8713.83
西部	2022.88	3537.48	7977.24
东北	2557.30	4352.06	8668.12
全国	2555.40	4381.82	9222.60

数据来源：2005 年、2010 年的数据来自《中国统计年鉴》，2015 年数据根据各地区农村居民人均消费支出数和乡村人口数计算得到。

从绝对收入差距看，2005年西部地区农村居民的人均消费支出比全国平均水平低532.52元，比中部地区低254.02元，比东北地区低534.42元，比东部地区低1386.09元；2010年西部地区农村居民的人均消费支出低于全国平均水平844.34元，低于中部地区419.94元，低于东北地区814.58元，低于东部地区2197.91元；2015年西部地区农村居民的人均消费支出低于全国平均水平1245.36元，低于中部地区736.59元，低于东北地区690.88元，低于东部地区3161.31元。显然，东北、东、中、西部农村居民人均消费支出的绝对差距还在不断拉大。西部和中部、东北的距离相对较近，但和东部的距离依然比较大。

二、西部地区农村居民的消费结构

（一）西部地区农村居民的消费结构变化

最近10年，西部地区农村居民的消费结构发生了明显的变化：食品的比重越来越低，居住、交通通信、教育文化娱乐和医疗保健支出的比重逐步上升，表明西部地区农村居民的消费结构在不断地提升，生活水平越来越高。

居民家庭中食物支出占消费总支出的比重称为恩格尔系数。德国统计学家恩格尔根据经验统计资料对消费结构的变动提出：一个家庭收入越少，家庭收入中或者家庭总支出中用来购买食物的支出所占的比例就越大，随着家庭收入的增加，家庭收入中或者家庭支出中用来购买食物的支出将会下降。恩格尔系数常用来衡量家庭富足程度。从西部地区农村居民人均消费支出结构来看（见表3-3），2006~2015年，恩格尔系数（食品消费支出的占比）呈逐年走低的趋势，大约以每年一个百分点的平均速率下降，由2006年的47.47%下降到2015年的35.28%。表明西部地区农村居民的消费水平不断提高，消费结构明显改善，已经从小康逐步迈入到富裕阶段。

表3-3　西部地区农村居民人均消费支出构成　　　单位:%

年份	食品烟酒	衣着	居住	生活用品及服务	交通通信	教育文化娱乐	医疗保健	其他用品及服务
2006	47.47	5.42	15.72	4.37	9.08	9.33	6.78	1.83
2007	47.60	5.49	16.97	4.44	9.08	7.91	6.69	1.84
2008	48.62	5.30	17.38	4.56	8.77	6.96	6.72	1.69

续表

年份	食品烟酒	衣着	居住	生活用品及服务	交通通信	教育文化娱乐	医疗保健	其他用品及服务
2009	43.42	5.30	21.72	5.10	8.90	6.66	7.29	1.62
2010	44.82	5.70	18.63	5.48	9.46	6.55	7.63	1.72
2011	42.84	5.94	18.63	5.83	9.77	6.52	8.59	1.88
2012	41.84	6.20	18.58	5.73	10.09	6.54	8.95	2.09
2013	39.70	6.34	19.03	6.02	11.24	6.26	9.18	2.23
2014	36.20	6.04	19.14	6.29	11.63	10.06	9.02	1.62
2015	35.28	5.89	19.25	6.20	11.95	10.54	9.29	1.61

数据来源：历年《中国统计年鉴》《中国人口和就业统计年鉴》，其中每年西部地区农户人均消费支出构成均采用西部12个省（市、区）的乡村人口加权后得到，计算方法：加权后各类消费支出除以生活消费总支出。

从消费结构看，西部地区农村居民的衣着类支出比重略微上升，但总体上变化不大；居住支出比重呈现上升的趋势，受中国宏观经济波动的影响，农村居民的居住支出在2009年明显高于其他年份，达到了21.72%；生活用品及服务的比重呈稳定增长的趋势；随着基础设施的不断完善，西部农村居民的交通通信支出比重在10年间上升了三个百分点；教育文化娱乐支出比重变化波动较大，从2006年到2013年，西部农村居民教育文化娱乐支出比重一直缓慢下降，2014年开始缓慢回升，这说明我国西部地区农村居民开始重视家庭人力资本储备消费结构正在不断优化；医疗保健的比重由2006年的6.78%上升为2015年的9.29%，相对增长速度较快，这可能是由于医疗费用大幅上涨，也可能是源于人们生活水平在一定程度上的提高。

（二）西部地区城乡居民消费结构比较

我国特有的经济二元体制导致巨大的城乡差异，这一点在经济不发达的西部体现得尤为明显。从表3-4可以看出，我国西部地区城镇居民的消费结构明显高于农村，食品类支出的占比远低于农村。2005年，西部地区城镇居民的恩格尔系数为37.14%，低于农村居民10个百分点以上。2010年，城镇居民的恩格尔系数不降反升，达到了37.73%，而农村居民的恩格尔系数下降到了44.00%，两者的差距缩小了近4个百分点。2015年，城镇居民的恩格尔系数下降到

31.77%，农村居民的恩格尔系数则下降到了35.28%，两者的差距进一步缩小到3.51个百分点。这表明西部地区的消费结构在不断上升，而且农村居民消费结构的提升速度比城镇居民消费结构的提升速度快。

表3-4 西部地区城镇与农村居民消费结构比较　　　　单位:%

项目	2005年		2010年		2015年	
	城镇	农村	城镇	农村	城镇	农村
食品烟酒	37.14	47.47	37.73	44.00	31.77	35.28
衣着	10.90	5.42	11.66	6.02	8.58	5.89
居住	10.03	15.72	9.32	18.77	19.08	19.25
生活用品和服务	6.04	4.37	6.79	5.39	6.46	6.20
交通通信	11.98	9.08	13.25	9.66	13.29	11.95
教育文化娱乐	13.52	9.33	10.88	6.60	11.07	10.54
医疗保健	6.91	6.78	6.59	7.79	7.27	9.29
其他用品和服务	3.47	1.83	3.77	1.77	2.47	1.61

数据来源：历年《中国统计年鉴》。

从整体消费结构看，"十五"和"十一五"期间，农村居民在衣着、生活用品和服务、交通通信、教育文化娱乐、其他用品和服务方面的支出占比明显低于城镇居民，在居住和医疗保健方面的支出占比高于城镇居民。"十二五"期间，农村居民和城镇居民在居住、生活用品和服务、交通通信、教育文化娱乐方面的支出占比已经很接近，仅在衣着类支出上的占比明显低于城镇居民，在医疗保健支出上的占比明显高于城镇居民。这表明西部地区农村居民的消费结构有了明显改善，逐步和城镇居民的消费结构趋同。

（三）东北、东、中、西部农村居民消费结构比较

我国东北、东、中、西部的农村居民不仅在人均消费支出额上存在明显差距，在消费结构上也存在明显差别。据2015年的统计数据，全国农村居民的食品烟酒支出占比为33.05%，东部和中部地区的恩格尔系数接近于全国平均水平，东北地区农村居民的恩格尔系数为28.18%，低于全国平均水平近5个百分点，而西部地区农村居民的恩格尔系数为35.28%，高于全国平均水平2个百分点，表明东北地区的消费结构最高，中部次之，西部地区的消费结构最低。不同于人

均消费支出额的巨大差距，恩格尔系数的差别不大，东北和中部地区的差别相对较小，这可能是因为东北地区和中部地区食品的价格相对较低的原因，使得这两个区域虽然人均消费支出额不高，但食品类支出的份额较低。

从其他七类支出的占比看，西部地区农村居民的消费结构和中部比较接近，和东部、东北地区的差异较大。除了食品类支出外，居住类支出是西部农村居民份额较大的支出，占全部支出的19.25%，但这一比例明显低于东、中部地区，但高于东北地区。西部地区农村居民的交通通信支出占比明显低于东部和东北地区，略高于中部地区。西部地区农村居民的衣着类、其他用品及服务类支出相比其他地区占比较低。从表3-5中各项支出的占比情况看，西部地区农村居民的消费结构有了很大改善，和东北、东、中部地区的差距正在缩小。

表3-5 全国、东北、东、中、西部2015年农村居民人均消费支出构成

单位：%

地区	食品烟酒	衣着	居住	生活用品及服务	交通通信	教育文化娱乐	医疗保健	其他用品及服务
全国	33.05	5.97	20.89	5.92	12.61	10.51	9.17	1.89
东部	33.13	5.57	21.84	5.76	13.76	9.37	8.50	2.06
中部	32.10	6.28	21.80	6.18	11.29	11.31	9.16	1.88
西部	35.28	5.89	19.25	6.20	11.95	10.54	9.29	1.61
东北	28.18	7.07	18.85	4.26	14.28	12.83	12.47	2.06

数据来源：根据2016年《中国统计年鉴》中相关数据统计汇总得到。

三、西部地区农村居民收入现状

（一）西部地区农村居民收入情况

收入是决定消费的最重要因素。随着我国经济持续快速增长，西部地区农村居民的收入也保持着快速增长。尤其是近10年来，虽然我国宏观经济的增速在逐渐走低，进入到中速增长的经济新常态，但西部地区依然保持着高速增长。受益于宏观经济的快速发展，西部地区的农民收入依然保持着一个较高的增速。《中国统计年鉴》给出了2006~2012年西部地区农村居民的人均纯收入数据。2013年开始，统计部门对收入的统计采用了城乡一体化后的可支配收入，且不

再给出区域统计数据。因此我们按照西部12个省（市、区）的人口数和人均可支配收入计算得到了西部地区农村居民的人均可支配收入，如图3-3所示。

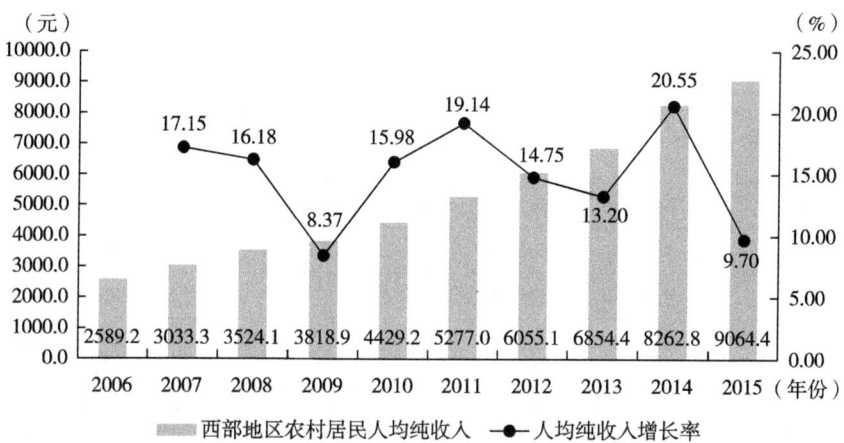

图3-3 西部地区农村居民人均纯收入及其增长率

数据来源：《中国统计年鉴》（2007~2016），其中每年西部地区农村居民人均收入均采用西部12个省（市、区）的乡村人口加权后得到。

从图3-3中可以看出，西部地区农村居民的收入呈快速增长趋势，从2006年的2589.2元净增到2015年的9064.4元，10年间增长了2.5倍，年均增长14.46%。最低年增速为8.37%，最高年增速为20.55%（这里有统计口径变化的影响）。除了2009年和2015年外，其余年份的增长率均超过了两位数。

最近10年，西部地区各个省（市、区）农村居民的人均收入均发生了很大的变化。起点最低的贵州2006年农村居民的人均收入仅1984.62元，但其平均增速较高，10年的平均增速达到了15.72%，到2015年，贵州省农村居民的人均收入已经达到了7386.90元，超过了甘肃。

起点较低的甘肃、云南、陕西、青海和西藏，2006年农村居民的人均收入都在2500元以下，其中，陕西和云南增长较快，人均收入的平均增速超过了15%，到2015年这两个省的人均收入超过了8000元。甘肃农村居民的人均收入增长最慢，年均增速为13.99%，2015年甘肃沦为西部地区农村居民人均收入最低的省份，不足7000元。西藏和青海的情况比较接近，农村居民人均收入的年均增速在14.5%左右，2015年，两地的人均收入达到了8000元左右（见表3-6）。

表3-6 西部地区各省历年农民人均收入 单位：元

年份	内蒙古	广西	重庆	四川	贵州	云南
2006	3341.88	2770.48	2873.83	3002.38	1984.62	2250.46
2007	3953.10	3224.05	3509.29	3546.69	2373.99	2634.09
2008	4656.18	3690.34	4126.21	4121.21	2796.93	3102.60
2009	4937.80	3980.44	4478.35	4462.05	3005.41	3369.34
2010	5529.59	4543.41	5276.66	5086.89	3471.93	3952.03
2011	6641.56	5231.33	6480.41	6128.55	4145.35	4721.99
2012	7611.31	6007.55	7383.27	7001.43	4753.00	5416.54
2013	8595.70	6790.90	8332.00	7895.30	5434.00	6141.30
2014	9976.30	8683.20	9489.80	9347.70	6671.20	7456.10
2015	10775.90	9466.60	10504.70	10247.40	7386.90	8242.10
年均增长率（%）	13.89	14.63	15.49	14.61	15.72	15.52
年份	西藏	陕西	甘肃	青海	宁夏	新疆
2006	2434.96	2260.19	2134.05	2358.37	2760.14	2737.28
2007	2788.20	2644.69	2328.92	2683.78	3180.84	3182.97
2008	3175.82	3136.46	2723.79	3061.24	3681.42	3502.90
2009	3531.72	3437.55	2980.10	3346.15	4048.33	3883.10
2010	4138.71	4104.98	3424.65	3862.68	4674.89	4642.67
2011	4904.28	5027.87	3909.37	4608.46	5409.95	5442.15
2012	5719.38	5762.52	4506.66	5364.38	6180.32	6393.68
2013	6578.20	6502.60	5107.80	6196.40	6931.00	7296.50
2014	7359.20	7932.20	6276.60	7282.70	8410.00	8723.80
2015	8243.70	8688.90	6936.20	7933.40	9118.70	9425.10
年均增长率（%）	14.51	16.14	13.99	14.43	14.20	14.73

数据来源：《中国统计年鉴》《中国人口和就业统计年鉴》。

起点较高的重庆、广西、新疆和宁夏，2006年农村居民的人均收入都在2500~3000元，其中重庆的农村居民人均收入增长得最快，10年间的平均增幅达到了15.49%。2015年，重庆农村居民的人均收入已经破万元。广西、新疆和宁夏农村居民的人均收入增速相差不大，均在14%~15%，截至2015年，三地的农村居民人均收入已经超过9000元,逼近万元大关。

起点最高的是四川和内蒙古,2006年的农村居民人均收入分别为3002.38元和3341.88元。内蒙古的农村居民人均收入增长较慢,年均增速为13.89%,是西部12个省(市、区)中增长最慢的。但即便如此,由于内蒙古的农村居民人均收入起点最高,2015年,其人均收入依然是西部地区最高的,达到了10775.9元。重庆的农村居民人均收入在最近10年间保持了一个较快的增速,2015年,其人均收入达到了10504.7元,位居西部地区第二。

(二)东北、东、中、西部农村居民人均收入比较

虽然我国西部地区农民收入增长较快,但由于基础差,经济发展起步晚,目前依然和其他区域有着不小的差距。2005年,西部农村居民的人均收入为2378.91元,低于中部平均水平577.69元,相当于中部平均水平的80.47%;低于东部平均水平2341.37元,相当于东部平均水平的50.40%。2015年,西部农村居民的人均收入为9093.4元,低于中部平均水平1825.6元,相当于中部平均水平的83.28%;低于东部平均水平5204.0元,相当于东部平均水平的63.60%。如表3-7所示。

表3-7 全国、东北、东、中、西部农村居民人均收入对比　　单位:元

区域	2005年	2010年	2015年
东部	4720.28	8142.81	14297.4
中部	2956.60	5509.62	10919.0
西部	2378.91	4417.94	9093.4
东北	3378.98	6434.50	11490.1
全国	3254.93	5919.01	11421.7

注:2005年和2010年的收入为农民人均纯收入,2015年的收入为农村居民可支配收入,根据各省份的农村居民人均可支配收入按农村人口比重加权计算得到。

和全国平均水平相比,2005年,西部地区农村居民的人均收入比全国平均水平低876.02元,相当于全国平均水平的73.09%。2015年,西部地区农村居民的人均收入比全国平均水平低2328.3元,相当于全国平均水平的79.62%。这表明,西部地区农村居民收入的增长速度高于全国的平均增速,虽然绝对收入差距有所增大,相对收入差距却在明显缩小。

西部民族地区农户消费的影响因素研究

第二节 西部民族地区农村居民消费与收入现状

一、西部民族地区

我国历来重视民族问题,提出了民族区域自治,作为解决中国民族问题的基本政策。迄今为止,我国共有省级自治区5个,自治州30个,自治县与自治旗120个。西部是少数民族的主要聚居地。我国的民族自治区域中,5个省级自治区都在西部,30个自治州有27个在西部,120个自治县与自治旗中有83个在西部。全国55个少数民族有50个集中分布在西部地区。西部少数民族人口占全国少数民族人口的75%左右,所以说民族地区主要集中在西部。

鉴于数据的可获得性,本书中所讨论的西部民族地区仅包含自治区和自治州两级民族自治区域。中国西部12个省(市、区)中,内蒙古、广西、西藏、宁夏、新疆为省级自治区,统计时全部视为民族地区;四川的多数自治区为民族地区,采用自治州统计数据。而重庆和陕西少数民族人数相对较少,仅有少量民族自治县,且缺乏相应的统计数据,因此统计时不计入民族地区。本书能够获得统计数据的西部民族地区范围如表3-8所示。

表3-8 西部民族地区一览表

西部民族地区	内蒙古	
	广西	
	西藏	
	宁夏	
	新疆	
	四川	阿坝藏族羌族自治州 甘孜藏族自治州 凉山彝族自治州

续表

西部民族地区	贵州	黔西南布依族苗族自治州
		黔东南苗族侗族自治州
		黔南布依族苗族自治州
	云南	楚雄彝族自治州
		红河哈尼族彝族自治州
		文山壮族苗族自治州
		西双版纳傣族自治州
		大理白族自治州
		德宏傣族景颇族自治州
		怒江傈僳族自治州
		迪庆藏族自治州
	甘肃	临夏回族自治州
		甘南藏族自治州
	青海	海北藏族自治州
		黄南藏族自治州
		海南藏族自治州
		果洛藏族自治州
		玉树藏族自治州
		海西蒙古族藏族自治州

资料来源：《中国区域经济统计年鉴》（2014）。

二、西部民族地区农村居民消费现状

根据上述5个自治区和22个自治州2007~2013年的农村居民人口、人均收入和人均消费支出的统计数据，可计算得到西部民族地区农村居民的人均消费支出，如表3-9所示。

表3-9 西部民族地区历年农村居民人均消费支出　　单位：元

年份 地区	2007	2008	2009	2010	2011	2012	2013	增长率（%）
内蒙古	3256	3618	3967	4461	5508	6382	9080	18.64
广西	2747	2985	3231	3455	4211	4934	6035	14.02

续表

地区	年份	2007	2008	2009	2010	2011	2012	2013	增长率（%）
四川	阿坝	2168	2326	3623	2972	3224	3614	4058	11.01
	甘孜	1468	1676	1882	2206	2633	3267	3852	17.44
	凉山	2365	2606	2846	3155	3640	4145	4311	10.52
贵州	黔西南	1946	2040	2187	2651	3321	3953	4303	14.14
	黔东南	1705	1866	2102	2438	3500	3969	5052	19.85
	黔南	1916	2210	2438	2671	3511	3847	5363	18.71
云南	楚雄	2463	2840	3111	3710	4020	4436	5039	12.67
	红河	2311	2657	2881	3234	3719	4048	4709	12.60
	文山	1489	1658	1880	2174	2710	2808	3704	16.40
	西双版纳	3066	3271	3411	3751	4821	5277	6384	13.00
	大理	2540	2640	2966	3245	3835	4924	5981	15.34
	德宏	1778	2208	2442	2893	3690	4255	5244	19.75
	怒江	1335	1331	1028	1111	2072	2515	2033	7.26
	迪庆	1681	1787	1521	2361	2570	3250	3622	13.65
西藏		2167	2149	2451	2502	2742	2967.6	4102	11.22
甘肃	临夏	1451	1879	2095	2440	2727	3108	3757	17.18
	甘南	1699	1837	1978	2273	2415	2547	3176	10.99
青海	海北	2599	2875	3390	4473	5135	6821	8489	21.81
	黄南	2312	2166	2451	3725	3653	4907	5367	15.07
	海南	2247	2899	3018	3695	5191	6043	6794	20.25
	果洛	1814	1969	1818	1952	2162	2428	2733	7.07
	玉树	1479	1755	1890	1588	2457	3101	3600	15.98
	海西	2647	3562	3759	4284	5691	6937	7857	19.88
宁夏		2529	3095	3348	4013	4727	5351	6740	17.75
新疆		2351	2684	2951	3458	4398	5301	7103	20.24

数据来源：《中国区域经济统计年鉴》（2014）。

从表3-9中可以看出，西部民族地区农村居民人均消费支出总体呈上升趋势，但人均消费的起始水平和增速在不同地区有着明显的差异。2007年，西部民族地区农村居民人均消费支出最高的是内蒙古，为3256元，其次是西双版纳自治州，为3066元。人均消费支出最低的是怒江傈僳族自治州，仅1335元，甘孜、文山、临夏和玉树四个自治州的人均消费水平也较低，均不足1500元。2013年，西部民族地区农村居民人均消费支出最高的依然是内蒙古自治区，为9080元，人均消费支出最低的是怒江傈僳族自治州，仅有2033元，民族自治区域间的消费水平差距越来越大。

从西部民族地区农民人均消费支出增长率来看，人均消费支出增长最快的是青海省海北藏族自治州，从2007年的2599元增长到2013年的8489元，年均增长率为21.81%；人均消费支出增长最慢的是青海省的果洛藏族自治州，从2007年的1814元增长到2013年的2733元，年均增长率仅为7.07%；云南怒江傈僳族自治州农村居民人均消费支出增长缓慢，紧随其后，年均增长率为7.26%。除了果洛藏族自治州和怒江傈僳族自治州外，其余自治区域的年均增长率均超过了10%，有3个自治区，12个自治州的农村居民人均消费支出年均增长率甚至超过了15%。表明民族自治区域的农民消费水平整体提升较快。

三、西部民族地区收入现状

西部民族地区农村居民人均收入整体水平呈上升的趋势。2007~2011年，西部民族地区农村居民人均收入最高的都是内蒙古，但2012~2013年，西部民族地区农民人均收入最高的是青海海西蒙古族藏族自治州；2007~2013年人均可支配收入最低的是云南怒江傈僳族自治州。

表3-10 西部民族地区农民人均收入现状　　　　　　单位：元

地区	年份	2007	2008	2009	2010	2011	2012	2013	增长率（%）
内蒙古		3953	4656	4938	5530	6642	7611	8985	14.67
广西		3224	3690	3980	4543	5231	6008	7793	15.85
四川	阿坝	2406	2555	3066	3741	4663	5770	6793	18.89
	甘孜	1692	1926	2229	2744	3570	4610	5435	21.47
	凉山	3187	3653	3960	4565	5538	6419	7359	14.97
贵州	黔西南	2116	2445	2758	3246	3900	4625	5360	16.75
	黔东南	2102	2452	2716	3163	3949	4625	5345	16.83
	黔南	2369	2826	3190	3760	4633	5445	6208	17.42

续表

地区	年份	2007	2008	2009	2010	2011	2012	2013	增长率(%)
云南	楚雄	2737	3110	3511	3896	4627	5418	6357	15.08
	红河	2528	3023	3446	3922	4650	5468	6368	16.65
	文山	1704	2027	2379	2806	3864	4643	5460	21.42
	西双版纳	2727	3213	3750	4354	5327	6174	7107	17.31
	大理	2677	3078	3482	3902	4733	5689	6677	16.45
	德宏	2046	2439	2831	3368	4096	4763	5608	18.30
	怒江	1232	1448	1709	2005	2362	2773	3251	17.55
	迪庆	1866	2595	2936	3347	4105	4769	5571	20.00
西藏		2788	3176	3532	4139	4904	5719	6553	15.31
甘肃	临夏	1595	1847	2089	2375	2693	3167	3626	14.67
	甘南	1711	2049	2301	2689	3106	3610	4090	15.63
青海	海北	2698	3386	4023	4813	6150	7436	8650	21.43
	黄南	2188	2369	2633	3032	3649	4299	4991	14.73
	海南	2904	3216	3822	4490	5238	6128	7120	16.12
	果洛	2162	2291	2430	2629	2964	3705	4261	11.97
	玉树	2048	2177	2335	3663	2657	3493	4090	12.22
	海西	3059	3725	4544	5434	6574	7916	9183	20.11
宁夏		3181	3681	4048	4675	5410	6180	7599	15.62
新疆		3183	3503	3883	4643	5442	6394	7847	16.23

数据来源：《中国区域经济统计年鉴》（统计数据仅到2013年）。

从西部民族地区农村居民人均收入增长率来看，人均收入增长率最高的是四川甘孜藏族自治州，从2007年的1692元增长到2013年的5435元，年均增长率为21.47%；其次是青海海北藏族自治州和云南文山壮族苗族自治州，年均增长率分别为21.43%和21.42%。人均收入增长率最低的是青海果洛藏族自治州，从2006年的2162元增长到2013年的4261元，年均增长率仅为11.97%（见表3-10）。总体来看，民族自治区域近10年来发展较好，经济增速高，人民收入增长快，农村居民人均收入最低的平均增速都达到了两位数以上，大部分区域的增速都超过了15%，这也是西部地区农村居民消费水平得于快速提高的根本原因。

第三节 案例：云南红河州农户消费与收入现状

本书的微观数据主要来自于云南红河哈尼族彝族自治州（简称红河州）的农村住户调查。红河州是一个典型的多民族聚集区域，经济发展相对落后，其农村居民消费的情况具有经济欠发达民族地区的典型特征。

一、红河州的地理与经济环境

红河州位于云南的南部，北靠昆明，南接越南，是昆明到越南河内经济走廊的重要部位和关键环节，是全国唯一以哈尼族、彝族为主体民族的自治州。红河州的土地面积约为3.29万平方千米，占全省面积的8%，总人口数为454.58万人（2015年），占全省人口的9.53%。其中农村人口数为379.94万人，约占全州人口数的76.74%。红河州全州辖13个县市，其中有3个民族自治县，是哈尼族与彝族居民的主要居住地。红河州有少数民族人口267.39万人，占户籍总人口的比重为59.8%。州内现有10个世居民族，民族聚居区占红河州面积的98%，少数民族以彝族和哈尼族为主，还有苗族、傣族、壮族等。

红河州地处低纬度亚热带高原型湿润季风气候区，气候类型多样，具有独特的高原型立体气候特征。地势是西北高东南低。地形分为山脉、岩溶高原、盆地（坝子）、河谷4部分。主要山脉为横断山脉南段澜沧江东侧的云岭南延东部分支哀牢山。红河大裂谷把境内地形分为南北两部分，南部为哀牢山余脉，山高谷深坡陡，地形错综复杂；北部为岩溶高原区，山脉、河流、盆地相间排列，地势较为平缓，喀斯特地貌尤为突出。红河州生物资源种类繁多，现已被发现的珍稀保护树种约120种，同时盛产各种山野菜、热带水果等，具有全国罕见的"立体森林"的特点。

红河州拥有丰富的矿产资源，据2014年的统计数据，其拥有原煤1059.95万吨，是全省原煤产量的重要组成部分。红河州矿产资源丰富，该州的矿产资源主要集中在个旧市，是云南有色金属储蓄量最多的地方，其中锡的储蓄是云南总储量的83%。

2015年，红河州的生产总值为1221.08亿元，位居云南第四位，仅次于昆明、曲靖和玉溪。其中第一产业生产总值201.99亿元，占比16.54%，略高于云南省15.09%的水平；第二产业生产总值552.59亿元，占比45.25%，第三产业生产总值567.42亿元，占比38.20%。总体上看，红河州的产业结构还处于"二、三、一"阶段，农业的比重依然不小。

红河州的农业以传统的种养业为主，主要种植粮食作物（玉米、稻谷、豆类和薯类）和蔬菜，养殖生猪、绵羊、奶牛等。传统农业发展的特征决定了农民的农业经营收入增长缓慢。从需求来看，2015年的最终消费为567.42元，占生产总值的46.47%，消费率整体偏低，表明红河州的经济主要靠投资需求拉动。在红河州的最终消费中，居民消费434.87亿元，其中农村居民消费165.84亿元，仅占居民总消费的38.14%。农村居民消费率低，消费水平低，对经济的拉动作用不强。这是西部欠发达地区农村居民消费的共有特征。

红河州自然资源丰富，但经济结构低，农业占比较大，以传统农业为主，具有西部民族地区欠发达区域的突出特点。红河州的农业人口比重大，农民收入低，消费水平低，民族传统观念强，农村消费对经济的贡献度低。红河州农民的消费困境也是大多数西部民族地区农民消费的困境，研究红河州的农村居民消费问题可以为了解西部民族地区的农村居民消费现状，寻找农村居民消费不振的深层原因，进而提升西部民族地区的农村居民消费提供有益的借鉴。

二、红河州农户的收入和消费现状

（一）红河州的农户消费现状

农户的消费有生活消费和生产消费之分。生活消费主要是指人们为满足日常的衣食住行等需求所消耗的必要生活资料或接受的服务；而生产消费主要是指在生产过程中所运用以及消耗的生产要素。本节中所提到的消费指农户家庭的生活消费。根据红河州统计局2006~2010年连续5年对州内农村住户的抽样调查统计，红河州农户家庭2006年的人均生活消费支出为2157.52元，2010年增长到3591.23元。5年间年均增长13.59%，增速较快，高于同期云南农村居民消费支出增长的平均速度11.54%，也高于全国农村居民消费支出同期的增速11.56%。其中，2007年的增速最大，达到了15.80%，2009年的增速最小，为9.22%（见图3-4）。表明红河州农户家庭的生活消费支出一直保持着一个较快的增速。

在连续 5 年的快速增长后,红河州农户家庭的人均消费支出已经由略低于云南省平均水平变为超出云南省平均水平,与全国农村居民的消费水平差距也在不断缩小,从 2006 年占全国农村居民人均消费支出的 76.26%,到 2010 年占全国农村居民人均消费支出的 81.95%,提升了 5.7 个百分点。

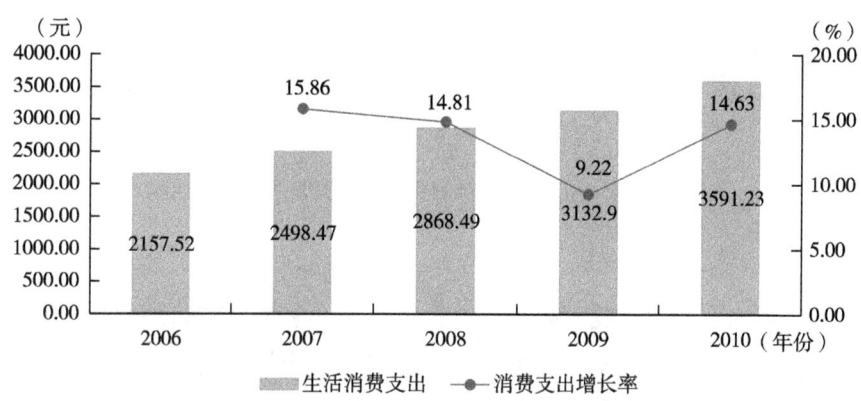

图 3-4　2006~2010 年红河州农户家庭年平均生活消费支出

从红河州农户家庭的消费结构来看(见图 3-5),虽然生活消费支出在快速增长,但作为生活最重要的必需品的食品的占比却处于上升状态,从 2006 年的 44.82% 增加到了 2010 年的 48.57%,净增 3.75 个百分点,表明红河州农户家庭的消费结构实际上是下降的,这里面的原因值得我们深思。居住类消费支出是红河州农户家庭生活消费支出的第二大块,2006 年居住类支出占到了生活消费支出的 17.33%,到 2010 年略有下降,但依然高达 15.81%。其次是交通通信支出,约占农户家庭消费支出的 10%。在消费总支出中,其他商品和服务消费支出占比最小,仅有 2%。

从 2006 年和 2010 年的农户家庭消费结构来看,食品支出有大幅度的升高,与此相对应的是文化教育娱乐和居住类支出占比的明显下降,说明红河州农户家庭的消费结构从 2006~2010 年处于一个倒退的过程中。从恩格尔系数看,红河州农户才刚刚解决了温饱问题,迈入小康水平的门槛。2006~2010 年,虽然红河州农户的生活消费支出增长得很快,平均增速在两位数以上,但生活消费支出的增长并未带来消费结构的升级。

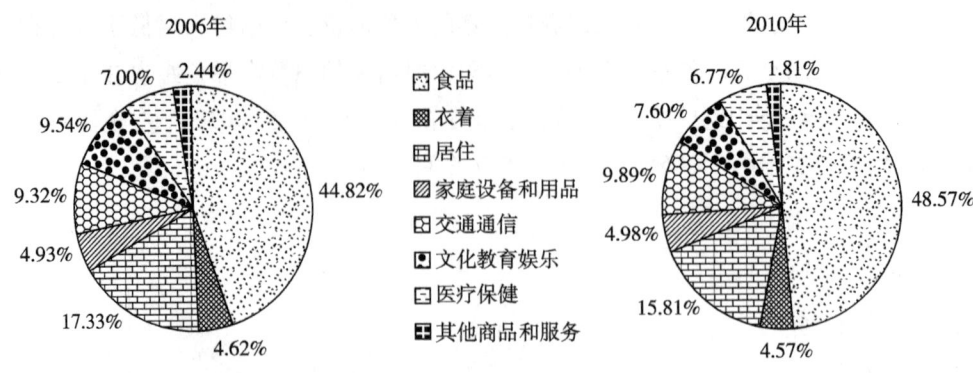

图3-5 2006年和2010年红河州农户家庭生活消费结构

(二) 农户家庭收入现状

近年来,农民增收问题引起了我国从上到下的注意。各种政策密集出台,支农惠农措施的大量实施,使得我国农民增收进入一个快车道。从图3-6看,农民人均纯收入一直保持着快速增长,从2006年开始,增长速度明显加快。受全球金融危机的影响,农村居民的人均纯收入的增速在2008年前后有所降低。2010年以后,收入的增长速度逐渐恢复。总体来说,中国农村居民的人均纯收入一直在持续快速地增长,已经从2005年的3255元增长到了2015年的11422元,净增了2.5倍。

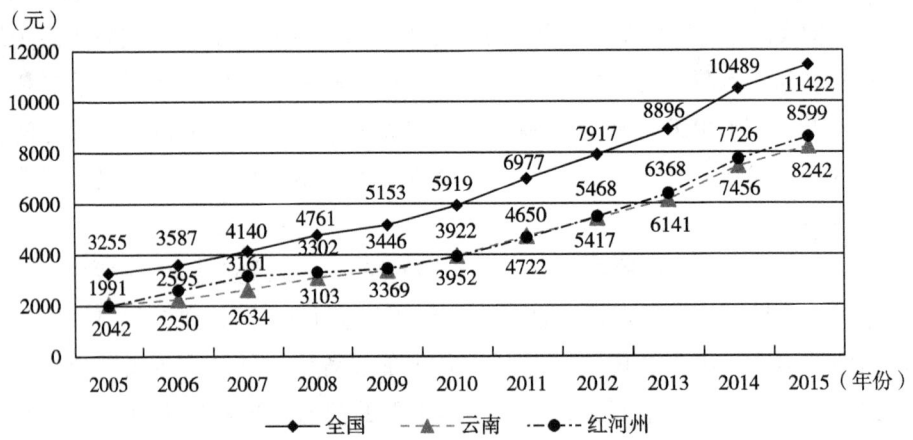

图3-6 全国、云南及红河州农村居民人均纯收入

数据来源:《中国统计年鉴》《云南统计年鉴》。

云南以及红河州的农民收入具有比较一致的变动趋势：2005~2009年，农民人均收入一直处于缓慢上升阶段，2010~2012年，农民人均收入进入加速上升阶段，2013年后，农民收入转入快速上升阶段。红河州农村居民的人均收入与云南农村居民的人均收入相差不大，在2005年、2011年和2012年，与云南农村居民几乎处于同一水平，但在2006~2009年略高于云南农村居民的平均水平。2012年后，红河州农村居民的收入增长更快，与云南农村居民的平均水平的差距正在逐步拉开。总体来说，2005~2015年，红河州农村居民的收入变化趋势和云南很相似，具有较好的代表性。

（三）农户家庭收入结构

农民收入持续上升的源泉在哪里？自20世纪80年代初期我国农村推行家庭联产承包责任制以后，农民开始了以家庭户为单位的农业生产活动。对一个农村家庭而言，其家庭的收入（2013年以前统计为纯收入，2013年开始统计为可支配收入）是指该家庭从各种渠道得到的总收入，扣除获得收入所发生的费用后的部分。农户家庭的收入按来源分为四部分：工资性收入、家庭经营性收入、财产性收入和转移性收入。其中，工资性收入指农村家庭的成员主要职业为第二职业、其他兼职和零星劳动中获得的劳动报酬；家庭经营性收入指农村住户以家庭为生产经营单位，进行农业、林业、牧业、渔业、工业、建筑业、交通运输业、邮电业、批发和零售贸易餐饮业、社会服务业、文教卫生业和其他家庭经营而获得的收入，并不局限于第一产业，强调以家庭为生产经营单位；财产性收入也称资产性收入，是指农村家庭通过资本、技术和管理等要素参与社会生产和生活活动所产生的收入，即家庭拥有的动产和不动产活动的收入，包括出让财产使用权所获得的利息、租金、专利收入，财产营运所获得的红利收入、财产增值收益等；转移性收入是指国家、单位、社会团体对居民家庭的各种转移支付和居民家庭间的收入转移，包括农村家庭从政府部门或乡村集体经济组织获得的财政补贴、救灾救济款、赔偿补偿款等，还包括亲友馈赠等。

根据红河州农村住户调查的微观数据，本书计算了2006~2010年红河州农户家庭的四种收入来源在其人均纯收入中的占比，如图3-7所示。从图中可以看出，家庭经营性收入在纯收入中的占比明显高于其他三种收入，达到了70%左右。工资性收入的占比居第二位，在家庭收入中占比在20%左右。财产性收入所占比例较低，仅有2%左右。转移性收入占比在2009年以前不足1%，但

2010年出现了大幅上升，达到了5.58%。这表明，红河州农户家庭的收入来源正在走向多元化，家庭经营收入下降，其他来源的收入上升，农民增收的渠道更宽了。

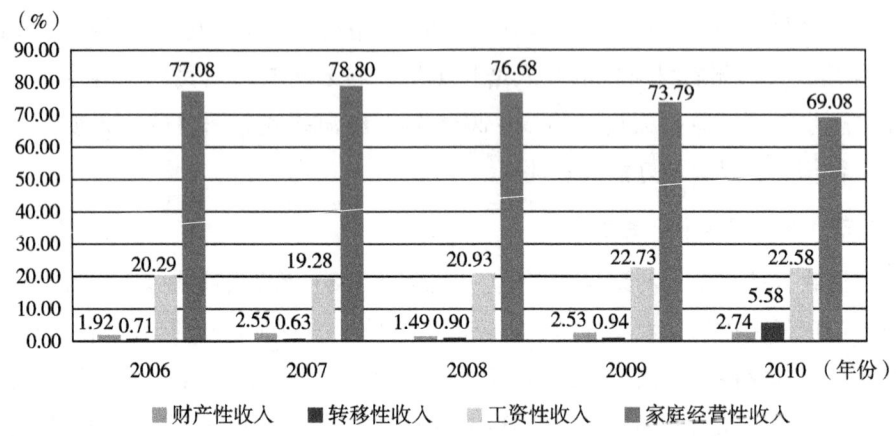

图3-7 红河州不同来源收入在农民人均纯收入中的占比

从2006~2010年红河州农户家庭收入中四种收入来源占比的变化趋势看，家庭经营性收入的占比呈现出缓慢减少的趋势，已经从2006年的77.08%下降到了2010年的69.08%，减少了8个百分点，而工资性收入的比重呈现出稳步上升的趋势，从2006年的20.29%上升到2010年的22.58%，上升了2.3个百分点。这两者比重的彼消此长表明在工业化和城市化推动的进程中，越来越多的农民开始脱离农业活动，转向乡镇企业就业或进城务工，劳动力逐步从农业转向非农业，工资性收入取代了家庭经营性收入，因而工资性收入比重上升，家庭经营性收入比重下降。农户家庭的财产性收入和转移性收入在收入中的地位一直比较低，尤其是边远贫困地区，但在最近几年，受惠于国家出台的一系列支农惠农政策，这两项收入出现了明显的上升势头。政府部门通过土地流转、粮食直补、三免一补等，加大了对西部民族贫困地区的扶持力度，通过转移支付，不断提升民族贫困地区农村居民的社会保障水平，大幅提高了农户家庭的转移性收入占比。同时，伴随西部地区经济的快速增长，农民的收入水平不断提高，农户家庭的财产性收入占比也有所提高。但总体来说，红河州农户的家庭经营性收入占比过大，是农户家庭的主要来源，收入结构呈现出单一化特征，甚至在全国出现进城务工的热潮下，该地区的工资性收入并未呈现出快速上涨的发展趋势，表明其经济的发展相对来说还处于传统的发展阶段，农户大多处于一种自给自足的生产状态。产生这一现象的原因不仅与其所处的经济发展阶段有关，而且与该地区的地理位置和少数民族聚集有着密切的关系。

第四章 西部地区的农户收入与消费支出

第一节 西部地区农村居民短期边际消费倾向分析

一、西部地区农村居民收入和消费的变化趋势分析

我国西部地区农村居民人均消费和人均纯收入一直保持着稳定增长的趋势。本章根据西部地区12个省（市、区）2006~2013年农村居民的人均消费支出和人均纯收入，均按照农村人口数进行加权计算，得到了这一时期西部地区全体农村居民的人均消费支出和人均纯收入，并做成如图4-1所示的趋势图。需要说明的是，由于自2014年起，我国农村居民的收入统计改为统计人均可支配收入，这和2014年之前的人均纯收入存在着统计口径差异，所以未列入2014年和2015年的数据。另外，为了方便探讨西部地区收入对消费支出的影响，本章将消费率定义为西部地区的人均消费支出除以人均纯收入。

从图4-1可以看出，我国西部地区农村居民的人均纯收入和人均消费支出具有同步增长的趋势，但在增长速度上，具有明显的阶段性。第一阶段为2006~2008年，人均消费支出和人均纯收入增长的速度较快，且步调比较一致，消费率逐渐减少；第二阶段为2008~2010年，人均纯收入的增长速度明显减慢，人均消费的增长速度相较于人均纯收入更快一些，消费率有所增加；第三阶段为

2010年后,中国经济进入新常态,虽然宏观经济的整体增长有所降低,但西部地区农村居民的人均收入和人均消费支出恢复了快速增长,增速明显快于前两个阶段,两者增长的速度比较接近,消费率降低。

从具体数据来看,西部地区农村居民人均消费由2006年的2197.32元增加至2013年的5574.48元,人均消费8年间总共增加3377.16元,年平均增长速度为12.34%;西部地区农村居民人均纯收入则由2006年的2589.198元增加至2013年的6854.361元,人均可支配收入8年间总共增加4265.163元,年平均增长速度为12.94%。西部地区人均可支配收入的年增长速度比人均消费的年增长速度高出0.6%,因此可以很明显的从图4-1看出,西部地区人均消费与人均纯收入差额越来越大,从2006年相差391.878元,到2013年相差1279.881元。再从消费率的角度看,西部地区农村居民的消费率由2006年的0.85降低至2013年的0.81。它进一步表明西部地区农村居民的消费力度相应越来越小,这可能是因为近几年宏观经济的波动越来越频繁剧烈,导致农村居民的预防性储蓄动机明显,消费行为越来越谨慎。

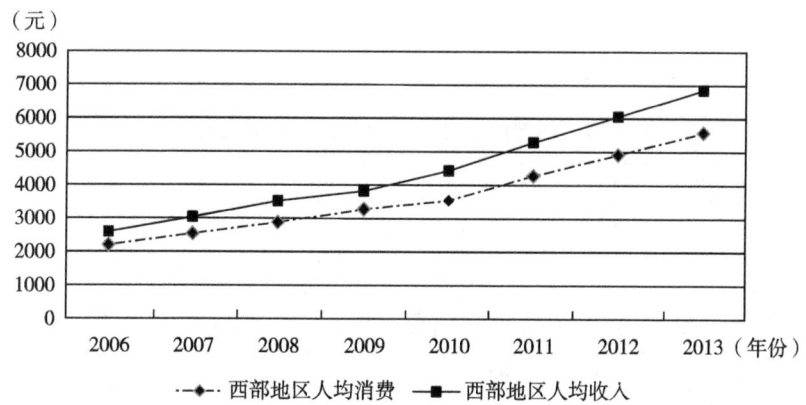

图4-1 西部地区农村居民人均消费和人均可支配收入趋势图

数据来源:《中国统计年鉴》,且经过农村人口加权计算后得到。

二、短期边际消费倾向的省际差异

通过上面的西部地区农村居民人均消费和人均纯收入的趋势图和消费率的分

析，可以看出西部地区农村居民具有很大的消费潜力。当然，仅仅通过西部地区消费率的走低，就认为其消费潜力大，略显粗糙。在消费函数中，我们最关注的莫过于边际消费倾向，它决定着未来的消费支出的变动趋势。下面我们着重分析西部地区农村居民的短期边际消费倾向。

从西部地区各省（市、区）的农村居民平均边际消费倾向看，各个省份之间的短期平均边际消费倾向存在着明显的差异。其中，青海和甘肃的农村居民边际消费倾向最高，分别为1.02和1.01；紧随其后的是贵州、宁夏、四川，它们的短期边际消费倾向均在0.9~1.0，分别为0.91、0.98和0.93；再次是内蒙古、陕西和新疆，它们有相同的短期边际消费倾向，均为0.88；广西、云南、重庆的短期平均边际消费倾向较低，它们均在0.6~0.7，分别为0.70、0.62和0.65；而西藏农村居民的短期边际消费倾向最低，仅0.38（见表4-1）。也就是说，西藏农村居民的短期边际消费倾向只有青海、甘肃农村居民短期边际消费倾向的1/3，一方面表明西藏农村居民收入的提高对人均消费的提升作用小，另一方面表明西部地区各省（市、区）之间短期边际消费倾向差距很大。产生这一差距的原因可能在于西部地区各个省（市、区）的地理位置、消费习惯、物价等差异。

表4-1 西部地区农村居民的短期边际消费倾向

省（市、区）	2006年	2007年	2008年	2009年	2010年	2011年	2012年	平均消费倾向
甘肃	0.83	0.97	1.43	0.39	1.49	0.81	1.17	1.01
广西	0.74	0.51	0.85	0.40	1.10	0.93	0.35	0.70
贵州	0.74	0.60	1.23	0.92	0.90	0.73	1.23	0.91
内蒙古	0.79	0.51	1.24	0.83	0.94	0.90	0.90	0.88
宁夏	0.67	1.13	0.69	1.06	0.97	0.81	1.52	0.98
青海	0.82	1.19	1.10	1.09	1.02	1.06	0.87	1.02
陕西	0.98	0.85	1.23	0.67	0.76	0.85	0.82	0.88
四川	0.65	0.66	2.97	-0.39	0.75	0.79	1.05	0.93
西藏	0.61	-0.05	0.56	0.44	0.10	0.28	0.71	0.38
新疆	0.71	1.07	0.68	0.67	1.18	0.95	0.91	0.88
云南	1.15	0.75	-0.25	0.81	0.78	0.81	0.25	0.62
重庆	0.51	0.58	0.73	0.60	0.73	0.57	0.82	0.65

数据来源：《中国统计年鉴》，且经过人口加权后得到，此处平均边际消费倾向是取西部各个省（市、区）7年边际消费倾向的平均。

三、短期边际消费倾向的年度差异

西部地区农村居民的短期边际消费倾向在各个省（市、区）之间存在的差异很大，那么西部地区农村居民的短期边际消费倾向是否在各个年份之间仍存在差异呢？为了进一步确定西部地区农村居民短期边际消费倾向的差异性，下面我们分析西部地区农村居民不同年份间的短期边际消费倾向。

从西部地区农村居民边际消费倾向年度平均数据看，2008 年西部地区农村居民短期边际消费倾向最高，为 1.04，2009 年其短期边际消费倾向最低，仅 0.63，大约是 2008 年边际消费倾向的 1/2。不难发现，2009 年前后农村居民边际消费倾向变化最大，其余年份西部地区农村居民的短期边际消费倾向均在 0.7~0.9 波动。产生这一现象的原因，一方面可能是因为 2009 年前后各地房价的突飞猛进，带动西部地区物价的飞涨，使得 2009 年的短期边际消费倾向猛增；另一方面可能是因为 2008 年的金融危机过后，西部地区农村居民预防性储蓄动机明显，消费行为更加谨慎，导致 2008 年后西部地区农村居民的平均短期边际消费倾向有所降低（见图 4-2）。很显然，西部地区农村居民每年的边际消费倾向存在明显的差异。

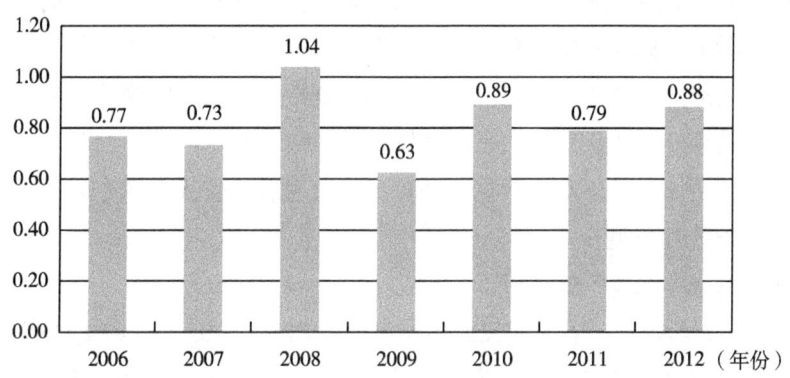

图 4-2　西部地区 2006~2012 年农村居民边际消费倾向

分析西部地区农村居民的短期边际消费倾向后发现，无论是西部地区各个省（市、区），还是各年之间，西部地区农村居民的短期边际消费倾向均存在明显的差异，这表明将西部地区各省（市、区）农村居民的边际消费倾向视为相同的、一成不变的是不合理的,有必要考虑改变参数模型来拟合西部农村居民的实际消费行为。

第二节 收入来源对农村居民消费的影响
——来自宏观数据的实证

一、理论分析和模型构建

(一) 基础模型

根据前文第二章的分析,农村居民一般性的消费函数可以写为:

$$C_t = f(Y_t, X) \tag{4-1}$$

式中,Y_t 为农村居民的当期收入,X 代表影响消费的其他因素。

将收入按照来源细分为工资性收入、家庭经营性收入、财产性收入和转移性收入。已有的研究表明不同的收入来源,具有不同的边际消费倾向。方福前和张艳丽(2011)对比研究后发现,农村居民不同收入来源的边际消费倾向中,生产性收入的边际消费倾向最低;储德银和刘宏志(2012)分析了不同收入来源对农村居民消费的影响,发现家庭经营性收入和工资性收入的边际消费倾向很小,财产性收入和转移性收入的短期边际消费倾向却很大。为了考察不同收入来源对西部地区农村消费增长的影响,根据上文提到的农村居民收入的四个来源,我们建立如下的基础线性模型:

$$y = \beta_0 + \beta_1 x_1 + \beta_2 x_2 + \beta_3 x_3 + \beta_4 x_4 + \mu \tag{4-2}$$

式中,y 为西部地区农村居民的人均消费支出,x_1、x_2、x_3 和 x_4 分别表示西部地区农村居民的工资性收入、家庭经营性收入、财产性收入和转移性收入,μ 为随机干扰项。

在式(4-2)中,将自发性消费 β_0 和收入的边际消费倾向 β_k($k=1$, 2, 3, 4)设置为常数不尽合理。从前文的分析可以看出,不同年份、不同地区的短期边际消费倾向是不同的,也就是说,边际消费倾向具有明显的对象间变异和时期变异。从已有的研究来看,这一点也被很多学者所认可。根据凯恩斯的绝对收入假说，边际消费倾向随绝对收入增加而递减，即不同的收入水平对应着不同的边际消费倾向，收入越高，边际消费倾向越低。对中国的实证研究也支持这一结论：刘长庚和吕志华（2005）在研究了改革开放后我国居民边际消费倾向的变化后认为，收入差距的不断扩大导致了我国居民边际消费倾向的下降；方福前和张艳丽（2011）认为，收入不同，边际消费倾向不同，并且边际消费倾向和收入的不确定性相关，某种收入不确定性越大，边际消费倾向越弱，并且不同收入的长期和短期边际消费倾向可能会不同。余杨、邓昂（2014）研究了改革开放后我国农村居民的边际消费倾向，发现它们呈"M"形波动轨迹。不同的收入结构，其边际消费倾向存在一定的差异。由于本书所选取的样本时间间隔较短，主要考虑短期消费函数，因此不考虑边际消费倾向随时间的变异，仅考虑边际消费倾向的个体差异，将 β_k（$k=1,2,3,4$）设为随个体变异的参数，模型如下：

$$y_{ij} = \beta_{0j} + \beta_{1j}x_{1ij} + \beta_{2j}x_{2ij} + \beta_{3j}x_{3ij} + \beta_{4j}x_{4ij} + e_{ij} \tag{4-3}$$

（二）边际消费倾向的变异来源

那么，β_j 的变异从何而来？或者说，是什么导致了边际消费倾向在个体间的差异？相关的经济理论和实证研究认为：经济发展水平、物价、消费结构、社会保障、收入差距和不确定性都会影响居民的边际消费倾向。

凯恩斯的绝对收入假说中关于边际消费倾向的论述，除了表明边际消费倾向介于 0~1，还表明边际消费倾向是递减的。换句话说，随着收入水平的提高，居民的边际消费倾向会越来越低。因为收入水平越高，生活必要消费占比越低，可以用于储蓄或投资的比例越大，边际消费倾向必然越低。鉴于收入水平和经济发展水平高度正相关，为了避免变量的重复，我们使用人均 GDP 代表一个地区的经济发展水平，用来度量收入水平对边际消费倾向的影响。

同样基于凯恩斯理论，刘长庚和吕志华（2005）认为，收入一定的条件下，国民收入分配的情况直接影响居民的消费倾向：国民收入分配的不公平，一方面导致大量货币财富集中在少数人手中，大部分居民可支配收入水平较低，从而导致我国整体消费率偏低；另一方面因为高收入阶层边际消费倾向低，财富过多地向高收入阶层集聚也导致了我国总体边际消费倾向的低下。因此，收入分配较公平的社会，居民收入差距小，社会的边际消费倾向高，反之则较低。

物价也是影响边际消费倾向的重要因素。由于消费的"棘轮效应"，一个地区的物价水平越高，为了保持生活水平不下降，收入不变的情况下，老百姓收入中的支出比例必然越高。因此物价对边际消费倾向有着正向影响。

消费结构对边际消费倾向有着一定的影响。刘强（2006）提出了消费结构变动与消费倾向之间的影响关系，由于相关政府政策支持力度的缺乏，我国居民在教育、医疗、住房等方面的负担过重，从而导致其他项目的消费受到抑制。事实是，消费结构越低的人群，其生活必需品的支出占比越高，他们在其他方面往往更加匮乏，收入增加后，改善生活提高消费水平的愿望更迫切，因而有着更高的边际消费倾向。

现代消费理论认为，预防性储蓄动机和流动性约束制约着消费。因此，不确定性及缓解不确定性的社会保障制度都是影响边际消费倾向的原因。刘长庚和吕志华（2005）认为，社会保障制度的不完善，社会体制的改革增加了居民收支预期的不确定性，进而降低了居民的边际消费倾向。李承政和杨泰杰（2011）对农村居民边际消费倾向与其影响因素关系的实证分析结果表明，消费习惯、实际收入增长率、不确定性和流动性约束是农村居民边际消费倾向的主要影响因素。

设影响边际消费倾向的变量为 $w_{mj}(m=1,2,\cdots,l)$，则边际消费倾向的变化可用如下模型来表示：

$$\beta_{kj} = \gamma_{k0} + \sum_{m=1}^{l}\gamma_{km}w_{mj} + \mu_{kj} \quad k = 0,1,2,3,4 \tag{4-4}$$

将式（4-4）代入式（4-3），得到总模型：

$$y_{ij} = \gamma_{00} + \sum_{m=1}^{l}\gamma_{0m}w_{mj} + \sum_{k=1}^{4}(\gamma_{k0} + \sum_{m=1}^{l}\gamma_{km}w_{mj})x_{kij} + \\ (\mu_{0j} + \mu_{1j}x_{1ij} + \mu_{2j}x_{2ij} + \mu_{3j}x_{3ij} + \mu_{4j}x_{4ij} + e_{ij}) \tag{4-5}$$

式（4-5）称1水平模型，描述了农村居民消费者个体的消费行为，并假设不同收入来源的边际消费倾向和自发性消费存在对象间变异。式（4-4）称2水平模型，表示第 j 个个体的边际消费倾向和自发性消费差异可以由个体的特征 w_{mj} 来解释。

二、多水平模型简介

分层数据经常出现于社会问题中，这些数据具有层次嵌套结构，如学生嵌套于学校，时间嵌套于个体。在许多经济数据的分析中，层次结构的数据也经常出现；如宏观经济测量数据中，城市嵌套于省区，乡镇嵌套于县市，不同省区或县市的测量指标数据的差异是非常明显的；在微观经济数据中，个体嵌套于乡村，乡村嵌套于县市,时间测量变量嵌套于个体等。传统的最小二乘估计(OLS)理论没有考虑到数据的层次结构,同时往往忽略层次上个体的差异,这样必然带来较大的估计误差,也不能很好地反映数据中存在的个体异质特征。多水平模型是近年提出的一种研究具有层次结构数据的统计模型,能够较好地处理数据中的组内同质或组间异质问题,从而保证了用模型估计参数进行统计推论的准确性。下面首先介绍多水平模型的简单模式——两水平统计分析模型。

两水平统计分析模型具有水平1(个体)和水平2(组)两个层次,个体是组的成员,相应地,水平1的数据单位嵌套于水平2中。

水平1:$y_{ij} = \beta_{0j} + e_{ij}$ (4-6)

水平2:$\beta_{0j} = \gamma_{00} + \mu_{0j}$ (4-7)

总模型:$y_{ij} = \gamma_{00} + u_{0j} + e_{ij}$ (4-8)

无条件两水平模型又称为空模型和截距模型,此时水平1与水平2均只具有截距项,没有加入解释变量。对于水平1,被解释变量 y_{ij} 由截距项 β_{0j} 与水平1残差项 e_{ij} 共同决定,其中 $e_{ij} \sim N(0, \sigma^2)$,为相互独立的水平1残差。水平2的被解释变量 β_{0j} 由截距项 γ_{00} 与水平2残差项 μ_{0j} 共同决定,其中 $\mu_{0j} \sim N(0, \sigma_{\mu 0}^2)$,为相互独立的水平2残差。建立无条件两水平模型的主要作用是为了检验数据中是否存在层次结构,从而确定是否使用多水平模型。

组内相关系数 ICC 被定义为组间方差与总方差之比,对于无条件两水平模型,其 ICC 计算方式为:

$$ICC = \sigma_{\mu 0}^2 / (\sigma_{\mu 0}^2 + \sigma^2)$$ (4-9)

组内相关系数既能反映组内个体水平间的相关程度,也能表示组间水平的变异程度,其范围在0~1,当组内相关系数趋近于1时,表示组间方差相对于组内方差非常大,具有组群效应,可考虑使用多水平模型;相反,当组内相关系数趋近于0时,说明所研究数据间组群效应不明显,此时则不适合采用两水平模型,对研究数据可以考虑使用简单的固定效应模型。

条件两水平模型即在无条件两水平模型的水平1模型或水平2模型上加入了解释变量,此时模型的具体函数形式可视具体研究对象而定,这里介绍其为线性函数时的简单形式。

在只有水平1存在解释变量时,模型为:

水平1:$y_{ij} = \beta_{0j} + \beta_{1j} x_{ij} + e_{ij}$ (4-10)

水平 2：$\beta_{0j} = \gamma_{00} + \mu_{0j}$，$\beta_{1j} = \gamma_{10} + \mu_{1j}$ (4-11)

总模型：$y_{ij} = \gamma_{00} + \gamma_{10}x_{ij} + (\mu_{0j} + \mu_{1j}x_{ij} + e_{ij})$ (4-12)

在总模型中，$\gamma_{00} + \gamma_{10}x_{ij}$ 称为固定效应部分，γ_{00} 为截距的平均水平，γ_{10} 为平均斜率，$\mu_{0j} + \mu_{1j}x_{ij} + e_{ij}$ 称为随机效应部分。

在水平 2 也存在解释变量时，模型为：

水平 1：$y_{ij} = \beta_{0j} + \beta_{1j}x_{ij} + e_{ij}$ (4-13)

水平 2：$\beta_{0j} = \gamma_{00} + \gamma_{01}\omega_{1j} + \mu_{0j}$，$\beta_{1j} = \gamma_{10} + \gamma_{11}\omega_{1j} + \mu_{1j}$ (4-14)

总模型：$y_{ij} = \gamma_{00} + \gamma_{01}\omega_{1j} + \gamma_{10}x_{ij} + \gamma_{11}\omega_{1j}x_{ij} + \mu_{0j} + \mu_{1j}x_{ij} + e_{ij}$ (4-15)

在总模型中，$\gamma_{00} + \gamma_{01}\omega_{1j} + \gamma_{10}x_{ij}$ 称为固定效应部分，γ_{00} 为截距项的平均水平，γ_{01} 为 2 水平解释变量 ω_{1j} 的主效应，γ_{10} 为 1 水平解释变量 x_{ij} 的主效应，γ_{11} 为 1 水平解释变量 x_{ij} 与 2 水平解释变量 ω_{1j} 的交互效应，$\mu_{0j} + \mu_{1j}x_{ij} + e_{ij}$ 称为随机效应部分。

多水平模型与普通多元线性回归模型不同，多水平模型有两个层次的多个方程，每个方程均有一个残差项，因而总体多水平模型的方程有一个复合残差结构。水平 1 模型的残差项代表组内变异，水平 2 模型的残差项分别代表水平 1 随机回归系数 β_{0j} 和 β_{kj} 的跨组或组间变异。其中，模型假设水平 1 残差符合正态分布，水平 2 残差符合多元正态分布，且水平 1 残差与水平 2 残差之间相互独立。具体假设可表述如下：

$$e_{tj} \sim N(0, \sigma^2)$$ (4-16)

$$\begin{bmatrix} \mu_{0j} \\ \cdots \\ \mu_{4j} \end{bmatrix} = N\left[\begin{pmatrix} 0 \\ \cdots \\ 0 \end{pmatrix} \begin{pmatrix} \sigma^2_{\mu 0} & \cdots & \sigma^2_{\mu 04} \\ \cdots & & \cdots \\ \sigma^2_{\mu 40} & \cdots & \sigma^2_{\mu 4} \end{pmatrix}\right]$$ (4-17)

$$\text{Cov}(e_{tj}, \mu_{kj}) = 0 \quad k = 0, 1, 2, 3, 4$$ (4-18)

式中，$\text{Cov}(e_{tj}, \mu_{kj}) = 0$ 表示水平 1 残差与水平 2 残差之间无相关关系，但是不同的宏观方程中的水平 2 残差之间可以存在相关关系，如 $\text{Cov}(\mu_{0j}, \mu_{1j}) = \sigma^2_{\mu 01}$。

在多水平模型中，由于考虑了层次结构，在方差解释比例上有两个统计量，一个是水平 1 方差可解释的比例（Raudenbush and Bryk，2002）：

$$R^2_1 = \frac{\hat{\sigma}^2(\text{零模型}) - \hat{\sigma}^2(\text{现模型})}{\hat{\sigma}^2(\text{零模型})} = 1 - \frac{\hat{\sigma}^2(\text{现模型})}{\hat{\sigma}^2(\text{零模型})}$$ (4-19)

在这里，零模型可假设为模型空模型，现模型假定为条件两水平模型，根据两个模型的水平 1 方差估计可以计算得到 R_1^2。在水平 2 上也可以类似定义方差可解释的比例，用来反映在水平 2 上引入解释变量得到的可解释比例。模型（4 - 15）中截距项引入解释性变量的方差比例贡献定义为：

$$R_{20}^2 = \frac{\hat{\sigma}_{\mu 0}^2(\text{零模型}) - \hat{\sigma}_{\mu 0}^2(\text{现模型})}{\hat{\sigma}_{\mu 0}^2(\text{零模型})} = 1 - \frac{\hat{\sigma}_{\mu 0}^2(\text{现模型})}{\hat{\sigma}_{\mu 0}^2(\text{零模型})} \qquad (4-20)$$

三、变量、数据与数据结构

（一）变量及变量的测量

在多水平模型分析中，结局变量是在个体水平测量的变量，而解释变量则既在个体变量（微观水平），也在组群水平（宏观水平）测量。在本节中，我们以西部省（市、区）为 2 水平，以各省（市、区）每年的观测值为 1 水平。结局变量为西部地区第 j 个省（市、区）农村居民第 i 年的人均消费支出，水平 1 解释变量为不同来源的人均收入：工资性收入、家庭经营性纯收入①、财产性收入、转移性收入。水平 2 解释变量是在组水平上测量的变量，也称为场景变量。场景变量可以是连续变量，也可以是分类变量。我们用各省（市、区）的人均 GDP（PGDP）代表收入水平，用各省（市、区）的消费者物价指数（CPI）代表物价水平，用各省（市、区）农村居民的恩格尔系数（ECF）代表该省（市、区）的农村居民的消费结构，用各省份农村居民的人均最低生活保障费（SS）代表社会保障水平，用 GINI 和 UCT 分别代表各省份农村居民内部收入差距和收入的不确定性。具体变量定义如表 4 - 2 所示。

表 4 - 2 变量的定义

变量		定义
结局变量	y_{ij}	第 j 个省（市、区）第 i 年农村居民人均消费支出
1 水平解释变量	x_{1ij}	第 j 个省（市、区）第 i 年农村居民工资性收入
	x_{2ij}	第 j 个省（市、区）第 i 年农村居民家庭经营性收入
	x_{3ij}	第 j 个省（市、区）第 i 年农村居民财产性收入
	x_{4ij}	第 j 个省（市、区）第 i 年农村居民转移性收入

---

① 2013 年之前农村仅统计家庭经营性纯收入。

续表

变量		定义
2 水平解释变量	$PGDP_j$	第 j 个省（市、区）的最近 10 年的平均人均 GDP
	CPI_j	第 j 个省（市、区）2015 年 CPI（2006 = 100）
	ECF_j	第 j 个省（市、区）最近 10 年的农村居民恩格尔系数均值
	SS_j	第 j 个省（市、区）最近 10 年农民的人均最低生活保障费均值
	$GINI_j$	第 j 个省（市、区）2010 年农村居民的基尼系数
	UCT_j	第 j 个省（市、区）最近 10 年的不确定性均值

在西方经济学中，度量收入差距的方法和指标很多，其中最常用的主要有三种：五等分比差法、洛伦茨曲线和基尼系数。其中，五等分比差法就是将所要分析的人口总体按收入多少五等分分组，计算各组收入占收入总额的比重，选取收入最高组人口（占人口总数的 20%）占有的收入比重与收入最低组人口（占人口总数的 20%）占有的收入比重相比较，并以前者相当于后者的倍数（此倍数被称为欧西玛指数）来说明总体内部收入分配差异的程度。两者相差的倍数越大，收入差距也就越大，反之，两者相差的倍数越小，收入差距就越小。洛伦茨曲线（Lorenz Curve），也译为"劳伦茨曲线"，就是在一个总体（国家、地区）内，以"最贫穷的人口计算起一直到最富有人口"的人口百分比对应各个人口百分比的收入百分比的点组成的曲线。设实际收入分配曲线和收入分配绝对平等曲线之间的面积为 A，实际收入分配曲线右下方的面积为 B。$A/(A+B)$ 表示不平等程度，称为基尼系数或劳伦茨系数。如果 A 为零，基尼系数为零，表示收入分配完全平等；如果 B 为零则系数为 1，收入分配绝对不平等。收入分配越是趋向平等，洛伦茨曲线的弧度越小，基尼系数也越小，反之，收入分配越是趋向不平等，洛伦茨曲线的弧度越大，那么基尼系数也越大。鉴于数据的可得性，本书根据分组资料，按几何图形分块近似逼近计算的方法来计算基尼系数。

不确定性是消费者的一种主观感受，每个人对不确定性的判断是不相同的。因此不确定性的测量一直是经济学界的一个难题。本书采用郭亚军（2008）的方法进行不确定性的测量。鉴于农村居民的收入具有较为稳定的增长率，所有首先采用指数模型估计各省（市、区）农村居民收入的变化趋势，得到农村居民收入的趋势值 $\bar{y}_t$。用 $|y_t - \bar{y}_t|$ 作为第 t 年收入不确定性的量化值，取各省最近 10 年的平均值作为该省农村居民收入不确定的度量。

(二) 数据

本书选择的数据包括西部地区12个省（市、区），由于2005年起各地区人口数据才开始按照常住人口口径统计，因此数据的时间跨度选为2006~2015年。数据主要来源于《中国统计年鉴》《中国农村统计年鉴》《中国农村住户调查年鉴》，部分数据来源于西部12个省（市、区）的统计年鉴。

各类变量的统计特征如表4-3所示。另外，在定义西部地区农村居民的人均消费和人均可支配收入的时候，会涉及人口加权问题。因此在做实证分析之前，首先根据西部地区12个省（市、区）的农村人口数据①做加权平均得到西部地区农村居民的人均消费支出、人均可支配收入（包括人均工资性收入、家庭经营性收入、财产性收入、转移性收入），分别用 y_i、x_{1i}、x_{2i}、x_{3i} 和 x_{4i} 表示。

表4-3 各变量的统计描述

变量	最大值	最小值	均值	标准差
y_{ij}	7268.3	1627.1	3608.909	1268.274
x_{1ij}	4089.15	254.07	1454.974	785.4991
x_{2ij}	5348.4	1112.81	2406.901	866.7473
x_{3ij}	370.99	19.49	114.1629	68.1459
x_{4ij}	1181.73	69.96	434.9915	255.2045

数据来源：根据历年《中国统计年鉴》计算整理后得到。

y_i 具体计算公式如下：

$$y_i = \sum_j w_{ij} y_{ij} \qquad (4-21)$$

式中，y_i 为第 i 年西部地区农村居民的人均消费支出，w_{ij} 为第 i 年第 j 个省（市、区）农村人口的比重（该省农村人口占西部农村总人口的比例），y_{ij} 为第 i 年第 j 个省（市、区）农村居民的人均消费支出。x_{1i}、x_{2i}、x_{3i} 和 x_{4i} 可类似计算得到。

模型中的2水平变量取值如表4-4所示。

---

① 农村人口数据根据总人口和城镇化率计算得到，西藏自治区2010年乡村人口数据缺失，采用前后两年数据加和后求平均得到。

表4-4 2水平变量数值

省（市、区）	$PGDP_j$ (元)	CPI_j (2005=100)	ECF_j	SS_j (元)	$GINI_j$	UCT_j (元)
甘肃	18005.77	42.44	0.4109	180.23	0.4428	116.93
广西	22548.61	27.36	0.4454	91.74	0.4591	182.76
贵州	16378.25	29.87	0.4505	169.4	0.4383	93.74
内蒙古	50071.08	28.15	0.3622	172.65	0.4149	138.49
宁夏	29002.06	42.59	0.3652	130.31	0.4016	79.89
青海	26876.97	44.73	0.3711	157.06	0.452	96.72
陕西	30683.07	32.51	0.3265	134.04	0.4377	113.42
四川	23791.17	29.15	0.4573	73.17	0.4569	112.13
新疆	27856.49	48.53	0.3794	111.36	0.427	126.03
云南	18418.18	35.43	0.4441	137.64	0.4253	79.39
重庆	31833.42	29.15	0.4668	66.34	0.4623	162.75
西藏	19919.87	20.51	0.5052	96.58	—	81.16

注：由于西藏缺少农村居民按收入分组的数据，因此无法计算基尼系数。

（三）对数据层次结构的检验——空模型

空模型也称截距模型或无条件均值模型。该模型是最简单的随机效应模型，即单因素随机效应方差分析。运行该模型的目的是评估组内同质性或组间异质性。在本节中，我们称其为多水平模型建立的第一个步骤，在本例中设定的空模型如下：

$$y_{ij} = \beta_{0j} + e_{ij} \quad (4-22)$$

$$\beta_{0j} = \gamma_{00} + \mu_{0j} \quad (4-23)$$

该模型的水平1和水平2均没有解释变量，$e_{ij} \sim N(0, \sigma^2)$ 为相互独立的水平1残差，$\mu_{0j} \sim N(0, \sigma_{\mu 0}^2)$ 为相互独立的截距项水平2残差，其中 $\mathrm{Cov}(\mu_{0j}, e_{tj}) = 0$。将模型（4-23）代入模型（4-22），得到一个具有随机效应的方差分析模型：

$$y_{ij} = \gamma_{00} + (\mu_{0j} + e_{ij}) \quad (4-24)$$

式中，$\sigma_{\mu 0}^2$ 反映了组间差异，而 σ^2 代表了组内测量数据之间的差异。

运用SAS9.2软件估计模型（4-24），输出的协方差参数估计部分报告了水平1随机截距方差和水平1残差方差估计：

$\hat{\sigma}_{\mu 0}^2 = 103190$,$P = 0.3341$

$\sigma^2 = 4434910$,$P < 0.0001$

二者中只有水平1残差方差显著,水平1随机截距并不显著,说明西部地区各省(市、区)农村居民的平均消费水平差异并不明显。如图4-3所示,消费随时间变化的趋势虽然有差异,但西部地区12个省(市、区)在2006年的消费支出相差不大,这也间接验证了水平1随机截距不显著的结论。

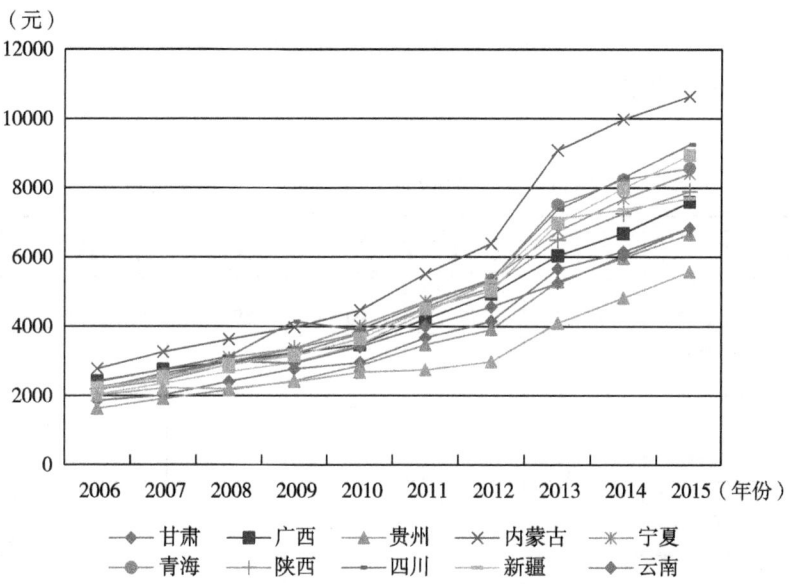

图4-3 西部各省(市、区)农村居民人均消费支出变动趋势

四、不同收入来源的多水平模型分析

(一)组水平变量的选择

从模型(4-24)的估计结果看,结局测量y_{ij}并不存在显著的组间变异,换言之,截距项的方差并不显著,也就是说自发性消费在各省之间不存在显著的差别。但是,从经济上考虑,自发性消费也是影响消费的重要因素,我们仍然引入场景变量来解释自发性消费在省际间的变化。引入2水平解释变量后的模型如下:

$$y_{ij} = \beta_{0j} + e_{ij} \quad (4-25)$$

$$\beta_{0j} = \gamma_{00} + \gamma_{01}PGDP_j + \gamma_{02}CPI_j + \gamma_{03}ECF_j + \gamma_{04}SS_j + \gamma_{05}GINI_j + \gamma_{06}UCT_j + \mu_{0j} \quad (4-26)$$

将式（4-26）代入式（4-25），得到如下混合模型：

$$y_{ij} = \gamma_{00} + \gamma_{01}PGDP_j + \gamma_{02}CPI_j + \gamma_{03}ECF_j + \gamma_{04}SS_j + \gamma_{05}GINI_j + \gamma_{06}UCT_j + \mu_{0j} + e_{ij} \quad (4-27)$$

估计模型（4-27），结果发现所有的2水平解释变量均不显著，考虑到模型的变量间可能存在一定的相关关系，改为分别引入2水平解释变量。使用SAS9.2软件估计的结果如表4-5所示。

表4-5　随机截距模型引入2水平解释变量后的固定效应

模型	模型1	模型2	模型3	模型4	模型5	模型6	模型7
截距项	2689.6** (593.65)	4061.2** (954.37)	7633.3** (1555.70)	4525.0** (790.74)	7119.79 (4894.45)	3518.3** (784.69)	3628.08 (2237.89)
$PGDP_j$	0.0684** (0.0214)						0.0624** (0.0255)
CPI_j		12.4550 (21.142)					
ECF_j			-7574.16* (3716.7)				-1880.53 (4322.31)
SS_j				-0.2988 (5.985)			
$GINI_j$					-5737.28 (11165)		
UCT_j						8.4037 (6.5643)	

注：*、**分别表示参数在10%、5%的显著性水平下显著。

根据表4-5可知，随机截距模型中加入2水平变量 PGDP 后显著，符号为正，表明人均GDP与自发性消费支出正相关，表明经济发展水平显著的影响农村居民的自发性消费，经济发展水平越高，农村居民的自发性消费越高。变量 ECF 在10%的显著性水平下显著，表明农村居民的消费结构对自发性消费有一个弱的影响，恩格尔系数越大，即居民的消费结构越低，自发性消费越低。在同

时引入 $PGDP$ 和 ECF 后，ECF 变得不显著，表明经济发展水平是影响自发性消费的最主要变量，消费结构对自发性消费的影响相对经济发展水平而言不显著。变量 CPI、SS、$GINI$ 和 UCT 不显著，表明物价指数、社会保障水平、收入差距和不确定性不影响自发性消费。

（二）随机斜率检验

相比自发性消费，我们更关注边际消费倾向。不同省（市、区）的农村居民是否有着不同的边际消费倾向，或者说模型的斜率是否存在对象间的变异？我们在模型（4-24）中纳入1水平解释变量，并检验1水平的解释变量是否具有随机斜率。

$$y_{ij} = \beta_{0j} + \beta_{1j}x_{1ij} + \beta_{2j}x_{2ij} + \beta_{3j}x_{3ij} + \beta_{4j}x_{4ij} + e_{ij} \quad (4-28)$$

$$\beta_{0j} = \gamma_{00} + \mu_{0j} \quad (4-29)$$

$$\beta_{kj} = \gamma_{k0} + \mu_{kj} \quad k = 1, 2, 3, 4 \quad (4-30)$$

将式（4-29）和式（4-30）代入（4-28）中，得到如下混合模型：

$$y_{ij} = \gamma_{00} + \gamma_{10}x_{1ij} + \gamma_{20}x_{2ij} + \gamma_{30}x_{3ij} + \gamma_{40}x_{4ij} +$$
$$(e_{ij} + \mu_{0j} + \mu_{1j}x_{1ij} + \mu_{2j}x_{2ij} + \mu_{3j}x_{3ij} + \mu_{4j}x_{4ij}) \quad (4-31)$$

式中，μ_{0j} 代表第 j 个个体的结局测量初始水平偏离模型估计的总体平均初始结局水平程度；μ_{kj} 代表第 k 个1水平解释变量的第 j 个个体的结局变化率偏离估计的总体平均结局变化率程度。

使用 SAS9.2 估计模型（4-31），模型估计不能收敛，表明将水平1截距和所有4个水平1斜率都设定为随机系数是不合理的。由此，在探索性建模中，我们逐步检验了四个解释变量水平1斜率的随机性，结果如表4-6所示。

表4-6 水平1随机斜率检验

参数	模型8	模型9	模型10	模型11
固定效应参数				
γ_{00}（截距项）	-92.83 (193.73)	-92.15 (160.70)	153.36 (169.17)	31.03 (180.88)
γ_{10}（x_{1ij}）	0.9890** (0.0891)	1.1151** (0.1454)	1.1931** (0.0983)	1.0414** (0.0914)
γ_{20}（x_{2ij}）	0.5312** (0.0853)	0.5297** (0.1039)	0.3301** (0.0928)	0.5126** (0.1070)

续表

参数	模型 8	模型 9	模型 10	模型 11
γ_{30} (x_{3ij})	5.6464**	4.4656**	4.4015**	3.4522**
	(0.8107)	(0.7873)	(1.2827)	(0.8840)
γ_{40} (x_{4ij})	1.0525**	1.0316**	1.1659**	1.2059**
	(0.1035)	(0.0933)	(0.1038)	(0.1715)
随机效应参数				
$\sigma^2_{\mu 0}$（2 水平）	199741**	54897	79653	101747**
	(92648)	(50667)	(63635)	(58339)
$\sigma^2_{\mu 1}$（2 水平）		0.1040**		
		(0.0549)		
$\sigma^2_{\mu 3}$（2 水平）			8.6957**	
			(5.0895)	
$\sigma^2_{\mu 4}$（2 水平）				0.1575**
				(0.0926)
σ^2（1 水平）	156206**	106853**	124924**	117623**
	(21599)	(15859)	(18063)	(17190)
$-2LL$	1799.4	1770.4	1782.1	1781.3
AIC	1803.4	1776.4	1788.1	1787.3
BIC	1804.4	1777.9	1789.6	1788.7

注：*、**分别表示参数在10%、5%的显著性水平下显著。

从表4-6可以看出，将变量x_{1ij}、x_{3ij}和x_{4ij}的斜率设为随机后，其方差均在5%的显著性水平下显著，且截距项的随机方差有所减小，模型的1水平残差方差也都有所减小。模型的拟合信息值$-2LL$、AIC和BIC均小于仅含随机截距模型的信息值，表明将x_{1ij}、x_{3ij}和x_{4ij}的斜率设为随机系数是合理的。但是，当把x_{1ij}、x_{3ij}和x_{4ij}中任意2个或3个解释变量斜率设定为随机系数时，不能得到合理或显著的估计结果，表明3个变量中设置1个随机斜率是最佳的。显然，将截距项和水平1解释变量x_{1ij}设为随机时的模型9，不仅能够收敛，随机截距的方差和水平1残差方差均减小得多，且有最小的信息准则值，是最佳模型。

从模型9的估计结果可以得到，随机截距方差估计为$\hat{\sigma}^2_{\mu 0} = 54897$，不显著，表明西部各省份农村居民的自发性消费水平不存在显著的差异。水平1解释变量x_{1ij}（工资性收入）的随机斜率的方差估计为$\hat{\sigma}^2_{\mu 1} = 0.1040$，在5%的显著性水平下显著，表明西部12个省（市、区）农村居民工资性收入的边际消费倾向存在显著的对象间变异。将残差方差结构设为 UN 时，可估计得到两者的协方差 $\hat{\sigma}^2_{u01} = -69.7711(P=0.2733)$，不显著，表明自发性消费和工资性收入的边际消费倾向之间存在负相关，即自发性消费越高的省（市、区），工资性收入的边际消费倾向越低，但这一关系并不显著。水平1残差方差 $\sigma^2 = 106853$，高度显著，表明西部地区各省（市、区）的农村居民人均消费支出存在显著的对象内变异。

模型的固定效应系数除截距项外均在5%的显著性水平下显著。截距项的估计值 $\gamma_{00} = -92.15$，表示西部12个省（市、区）农村居民的自发性消费均值为 -92.15 元，显然没有实际意义，也不显著。$\gamma_{10} = 1.1151$，表示西部地区农村居民工资性收入的边际消费倾向均值为1.1151，即在其他来源的收入保持不变的前提下，工资性收入每增加1元，西部地区农村居民的人均消费支出将增加1.1151元。$\gamma_{20} = 0.5297$，$\gamma_{30} = 4.4656$ 和 $\gamma_{40} = 1.0316$，分别表示西部地区农村居民的家庭经营性收入边际消费倾向、财产性收入边际消费倾向、转移性收入边际消费倾向的均值分别为0.5297、4.4656 和 1.0316。从数值大小看，财产性收入的边际消费倾向最大，其次是转移性收入，最后是工资性收入，边际消费倾向最低的是家庭经营性收入。这个结论和方福前和张艳丽（2011）、储德银和刘宏志（2012）的研究是一致的。

（三）跨层交互效应的估计

在模型（4-31）的基础上，继续引入2水平解释变量来解释工资性收入的边际消费倾向变化，因此可将最终模型设为：

$$y_{ij} = \beta_{0j} + \beta_{1j}x_{1ij} + \beta_2 x_{2ij} + \beta_3 x_{3ij} + \beta_4 x_{4ij} + e_{ij} \quad (4-32)$$

$$\beta_{0j} = \gamma_{00} + \gamma_{01} PGDP_j + \mu_{0j} \quad (4-33)$$

$$\beta_{1j} = \gamma_{10} + \gamma_{11} PGDP_j + \gamma_{12} CPI_j + \gamma_{13} ECF_j + \gamma_{14} SS_j + \gamma_{15} GINI_j + \gamma_{16} UCT_j + \mu_{1j} \quad (4-34)$$

将式（4-33）和式（4-34）代入式（4-32），得到如下混合模型：

$$y_{ij} = \gamma_{00} + \gamma_{01} PGDP_j + (\gamma_{10} + \gamma_{11} PGDP_j + \gamma_{12} CPI_j + \gamma_{13} ECF_j + \gamma_{14} SS_j + \gamma_{15} GINI_j + \gamma_{16} UCT_j)x_{1ij} + \gamma_{20} x_{2ij} + \gamma_{30} x_{3ij} + \gamma_{40} x_{4ij} + (e_{ij} + \mu_{0j} + \mu_{1j} x_{1ij}) \quad (4-35)$$

运用SAS9.2软件估计模型（4-35），很多2水平解释变量不能通过显著性检验，考虑到变量间可能存在相关关系，导致固定效应不显著，因此依次单个引入2水平变量，结果如表4-7所示。

表4-7 随机截距—斜率模型的估计结果

参数	模型12	模型13	模型14	模型15	模型16	模型17	模型18
固定效应参数							
γ_{00}（截距项）	297.23 (353.7)	12.6705 (292.0)	199.17 (272.9)	-5.6411 (322.5)	156.62 (236.8)	119.40 (331.7)	-111.49 (144.9)
γ_{01}（$PGDP_j$）	-0.01403 (0.0125)	-0.0056 (0.0105)	-0.01322 (0.0099)	-0.00306 (0.0116)	-0.01274 (0.0082)	-0.00871 (0.0119)	
γ_{10}（x_{1ij}）	0.5833 (0.3594)	0.2509 (0.4036)	3.0679** (0.6795)	0.3268 (0.2636)	2.7970 (1.8661)	1.0660 (0.4420)	-0.0106 (0.3155)
γ_{20}（x_{2ij}）	0.5309** (0.1088)	0.5757** (0.1014)	0.6052** (0.0959)	0.5159** (0.0968)	0.6529** (0.1091)	0.5514** (0.1119)	0.5408** (0.0865)
γ_{30}（x_{3ij}）	3.9378** (0.8414)	4.4270** (0.7824)	4.0965** (0.7788)	4.5415** (0.7720)	4.3339** (0.8876)	4.2609** (0.8086)	4.5984** (0.7514)
γ_{40}（x_{4ij}）	1.0419** (0.0937)	1.0097** (0.0931)	1.0066** (0.0919)	1.0409** (0.0912)	0.9912** (0.0959)	1.0249** (0.0943)	1.0247** (0.0903)
γ_{11}（$PGDP_j \times x_{1ij}$）	0.21E-4 (0.13E-4)						
γ_{12}（$CPI_j \times x_{1ij}$）		0.02409** (0.0109)					0.0145* (0.0086)
γ_{13}（$ECF_j \times x_{1ij}$）			-4.8453** (1.6272)				
γ_{14}（$SS_j \times x_{1ij}$）				0.0063** (0.0019)			0.0049** (0.0018)
γ_{15}（$GINI_j \times x_{1ij}$）					-3.9743 (4.1984)		
γ_{16}（$NCT_j \times x_{1ij}$）						0.0004 (0.0035)	
随机效应参数							
$\sigma_{\mu 0}^2$（2水平）	61393 (57565)	39022 (46816)	23876 (39856)	70560 (55837)	0 (.)	59780 (58946)	41729 (41322)
$\sigma_{\mu 1}^2$（2水平）	0.1080** (0.0575)	0.07798* (0.0496)	0.06567** (0.0367)	0.04688* (0.0350)	0.05385* (0.0305)	0.1348 (0.0753)	0.03423* (0.0252)
σ^2（1水平）	104919** (15433)	108430** (16391)	108775** (16299)	105912** (15634)	115208** (16814)	105599** (15626)	108621** (16086)
-2LL	1795.2	1780.2	1767.4	1779.8	1618.6	1786.6	1777.9
AIC	1801.2	1786.2	1773.4	1785.8	1622.6	1792.6	1783.9
BIC	1802.7	1787.6	1774.8	1787.2	1623.4	1794.1	1785.3

注：*、**分别表示在10%、5%的显著性水平下显著。

从引入 2 水平解释变量后模型的固定效应估计结果来看，人均 GDP 对工资性收入的影响不显著，表明经济发展水平的提高，并没有导致西部地区农村居民工资性收入的边际消费倾向增加。这与凯恩斯的理论不符，可能是因为西部地区农村居民的整体收入水平低，消费还处于初级阶段的缘故。CPI 对工资性收入的边际消费倾向影响显著为正，即物价水平越高的省（市、区），其工资性收入的边际消费倾向越大，这与我们的预期一致。恩格尔系数为负，在 5% 的显著性水平下显著，表明恩格尔系数越高（食品消费支出占比越大，消费结构越低）的省（市、区），其工资性收入的边际消费倾向越低，这与我们的预期不符，原因有待进一步的研究。SS 的系数显著为正，表明人均最低生活保障费用越高，工资性收入的边际消费倾向越高。因为社会保障提高了农村居民的收入，消除了部分的收入不确定性，因此社会保障水平的提高有助于提高消费的边际倾向，这和国内已有的研究结论是一致的。基尼系数（GINI）和收入的不确定性（NCT）均不显著，表明目前农村内部的收入差距和收入的不确定性并未影响其工资性收入的边际消费倾向。

将 CPI、ECF 和 SS 同时引入模型，并删除不显著的变量，得到最终模型 18。从模型 18 的估计结果看，变量 CPI 和 SS 显著，变量 ECF 和 PGDP 不显著。引入 2 水平变量 CPI 和 SS 后，$\sigma_{\mu 0}^2 = 41729$，不显著，$\sigma_{\mu 1}^2 = 0.03423$，显著性由原来的不显著变得在 5% 的水平下显著，表明截距项不存在显著的对象间变异，斜率 β_{1j} 存在显著的对象间变异，但可以用 SS 和 CPI 解释。$\sigma^2 = 108621$，在 5% 的水平下显著，但比空模型的 σ^2 有大幅的下降。这表明西部地区 12 个省（市、区）农村居民的人均消费支出中，自发性消费部分没有明显的省际差异，但工资性收入的边际消费倾向有着显著的对象间变异，这种变异可由各省的物价水平和社会保障水平解释。四种收入来源和物价水平、社会保障水平能够较好地解释西部地区农村居民的人均消费支出。

从模型 18 的固定效应参数大小看，截距项的估计值为 $\gamma_{00} = -111.49$，不显著，没有实际含义。财产性收入的边际消费倾向最高，$\gamma_{30} = 4.5984 (P < 0.005)$，表明其他来源的收入不变的情况下，农村居民的财产性收入每提高 1 元，西部地区农村居民的人均消费平均增加 4.5984 元；其次是转移性收入，$\gamma_{40} = 1.0247$（$P < 0.005$），即转移性收入每提高 1 元，西部地区农户的人均消费平均增加 1.0247 元；经营性收入的边际消费倾向较小 $\gamma_{20} = 0.5408 (P < 0.005)$，表明家庭

经营性收入每提高1元，西部地区农户的人均消费平均增加0.5408元。

工资性收入对西部地区农户人均消费的影响较大，在不考虑其省际间差异的情况下，$\gamma_{10}=1.1151$，表示工资性收入每提高1元，西部地区农村居民的人均消费平均增加1.1151元。但工资性收入的边际消费倾向受物价水平和社会保障的影响，人均最低生活保障费用每增加1元，工资性收入的边际消费倾向平均增加0.0049元，这一影响在5%的显著性水平下显著；物价水平每上升1个百分点，工资性收入的边际消费倾向平均增加0.0145，这一影响具有弱显著性，仅在10%的显著性水平下显著。

五、主要结论

本节利用省级宏观经济数据建立了西部地区农村居民人均消费支出的多水平模型，农村居民的四种收入来源以及物价、社会保障水平能较好地解释西部农村居民的人均消费支出差异。

多水平模型估计的随机效应部分显示，西部各省（市、区）的自发性消费水平不存在显著的差异，家庭经营性收入、财产性收入和转移性收入的边际消费倾向存在较小的对象间变异，而工资性收入的边际消费倾向存在显著的对象间变异。水平1残差方差高度显著，表明西部地区各省（市、区）的农村居民人均消费支出存在显著的对象内变异。

不同的收入来源有不同的边际消费倾向，其中财产性收入的边际消费倾向最大，达到了4.5984元，其次是转移性收入和工资性收入，在1元左右，最低的是家庭经营性收入，仅0.5408元。这是因为财产性收入是家庭已有固定资产的增值部分，相比于家庭经营性收入和工资性收入，不需要投入资金和劳动，且是一笔可以预计的稳定持久收入，因此消费者在花费时，顾虑小，边际消费倾向必然大。转移性收入来自于政府部门的转移支付，本书中用农村居民所获得的最低生活保障费用的均值代表，这部分收入也具有长期性、稳定性和规律性，一般按月领取，数额固定，对于农村居民来说，它也是一笔可预期的稳定收入，因此边际消费倾向较大。工资性收入通常来自农民兼职从事非农产业的劳动报酬，获取较为容易，但大多不稳定，投入的是自身劳动力，相当于额外的暂时收入，边际消费倾向也比较高。家庭经营性收入的边际消费倾向较低，这是因为家庭经营需要大量的资金投入，用于再生产或扩大规模等，因此农民一般会把新增的收入中相当大的一部分留存，作为自己继续经营生产的投入。

农村居民工资性收入的边际消费倾向有着显著的对象间变异，这种变异跟各省（市、区）的物价水平和社会保障水平差异显著相关，人均最低生活保障费用对工资性收入的边际消费倾向有着显著的正向影响，物价水平对工资性收入的边际消费倾向有一个弱显著的正向影响。因此，提高社会保障水平，或者物价上涨，都会导致西部地区农村居民的工资性收入的边际消费倾向上升。

第三节　收入来源对西部民族地区农户消费的影响
　　　　　　——以红河州为例

在上一节中，收入来源对消费的影响分析是基于西部地区的宏观数据，高度显著的对象间变异仅仅说明西部各省（市、区）农村居民的消费在不同年份间变化较大。使用各省（市、区）农村居民的人均数据做研究，抹平了省（市、区）内农户家庭之间的差异，忽略了农户家庭的个体异质性特征，也忽略了农户家庭都属于一个特定乡村地域的小型社会共同体的社会性。本节使用农户家庭的微观数据，继续研究不同收入来源对农户消费的影响，以期在宏观研究的基础上，进一步考虑农户家庭之间的异质性对农户消费的影响。

一、模型、数据与变量

在上一节中，我们基于宏观数据建立了西部地区农村居民的消费支出函数，定量分析了不同收入来源对于农村居民消费支出的影响。在本节，我们继续这一问题的探讨。不同的是，本节基于农户家庭的微观数据，农户的家庭特征以及这些特征如何影响不同来源的收入的边际消费倾向是我们考察的重点。

（一）模型

上一节构建了农村居民不同收入来源的基础消费模型（4-2）。对于农户而言，其收入一样也分为工资性收入、家庭经营性收入、财产性收入和转移性收入。同理，我们以下列模型作为农户家庭消费的基础线性模型：

$$y = \beta_0 + \beta_1 x_1 + \beta_2 x_2 + \beta_3 x_3 + \beta_4 x_4 + \mu \tag{4-36}$$

式中，y 为农户家庭的人均消费支出，x_1、x_2、x_3 和 x_4 分别表示农户家庭的人均工资性收入、人均家庭经营性收入、人均财产性收入和人均转移性收入，μ 为随机干扰项。

农户作为家庭消费的微观决策个体，其决策不可避免地受到自身家庭结构特征的影响。通常一个家庭的人口越多，抚养比越高，其人均消费支出相应地越低；家庭已经积累的财富越多，经济基础越好，其当期的人均消费支出越高。换句话说，家庭的结构特征、经济基础影响着消费的边际消费倾向。经济欠发达的西部少数民族地区，其农户的消费是否也符合这样的规律呢？

一般而言，短期内农户家庭的结构特征和经济基础不会有明显的变化，而收入和消费是时变的。以农户家庭为研究个体，不同年份的收入和消费观测与短期内不变的家庭结构特征和经济基础形成了一个2水平的数据结构。据此，可以构建一个农户消费的两水平模型：

$$水平1：y_{ij} = \beta_{0j} + \beta_{1j}x_{1ij} + \beta_{2j}x_{2ij} + \beta_{3j}x_{3ij} + \beta_{4j}x_{4ij} + e_{ij} \qquad (4-37)$$

$$水平2：\beta_{kj} = \gamma_{k0} + \sum_{m=1}^{l} \gamma_{km} w_{mj} + \mu_{kj} \quad k = 0,1,2,3,4 \qquad (4-38)$$

式中，第 j 个农户家庭的自发性消费 β_{0j} 和边际消费倾向 $\beta_{kj}(k=1,2,3,4)$ 是不同的，存在对象间变异，而不同农户间的这种差异可以用农户家庭的结构特征和经济基础 w_{mj} 来解释。

(二) 数据

纵向数据（面板数据）可以看成一批个体多次重复测量所获得的数据。这类数据也可以看成是嵌套数据，不同时间的重复测量嵌套与个体中，形成了个体——时间的分层数据。对于单个个体的重复测量，实际上是一个变量的时间序列，表现为个体的某个指标随时间变化的轨迹，因此将这类模型称为发展模型。在传统的纵向数据分析中，通常使用单因素或多因素的方差分析，也讨论个体间差异和个体内差异，但单因素方差分析通常假设个体效应是随机的，时间效应和其他效应是固定的，并由此设定残差的协方差结构，多因素方差分析必须满足最小二乘估计的系列假设，这往往与实际不相符。多水平模型对此没有要求，而且可以处理有缺失的非平衡数据。

本节的数据来源于云南红河哈尼族彝族自治州统计局 2006~2010 年对 3000 个农户的跟踪调查数据，该数据包含全州 13 个县、市，298 个行政村，对全州各个县、市的农户均有涉及，采用分层随机抽样从每个行政村随机抽取 10~15 户农户,进行了为期五年的跟踪调查,非常具有代表性。由于在农户的跟踪调查中,有少量样本进行过轮换,因此我们首先对收集到的数据进行预处理,删除了中间轮换的样本,保留了具有3~5年观察的农户样本,这些观察可能连续,也可能不连续,是一个非平衡的纵向数据集。

(三) 变量

云南红河州是一个地处中国南部、多山、多民族、贫困人口多的地区,其农民人均纯收入低于云南平均水平,也远远低于全国平均水平。一般农户家庭的收入分为四类,分别为家庭经营性收入、工资性收入、转移性收入、财产性收入。此外,我们还考虑了家庭的人口数,家庭的财富积累,家庭的结构,这些家庭特征对农户家庭的人均消费支出也具有一定的影响。因此,本书以农户家庭的人均消费支出作为被解释变量,以家庭经营性收入、工资性收入、转移性收入、财产性收入、家庭常住人口、家庭期末存款、家庭赡养比这七项指标作为解释变量,利用云南红河州统计局的跟踪调查数据构成的纵向数据集,对红河州3000户农村住户进行建模,来考察农户家庭间差异对其消费支出的影响。

具体变量如下所示:

结局测量变量:

y_{it}:农户家庭的人均消费支出(生活消费支出/家庭常住人口数,单位:元)。

水平1解释变量:

x_{1it}:农户家庭的年人均工资性收入;

x_{2it}:农户家庭的年人均经营性收入;

x_{3it}:农户家庭的年人均财产性收入;

x_{4it}:农户家庭的年人均转移性收入。

水平2解释变量:

z_{1i}:农户家庭的常住人口数;

z_{2it}:农户家庭的期末人均存款;

z_{3it}:农户家庭的赡养比(家庭人口数/家庭劳动力人口数)。

分别求农户家庭的期末人均存款(z_{2it})、农户家庭的赡养比(z_{3it})在五年调查期间的均值,依次产生变量z_{2i}、z_{3i},连同农户家庭的常住人口数(z_{1i})一起作为水平2的解释变量。构建模型中采用的变量所代表的具体含义如表4-8所示。

表4-8 变量的含义

变量	变量具体含义
y_{it}	第i个农户在第t个时期的家庭人均消费支出（单位：元）
x_{1it}	第i个农户在第t个时期的家庭人均工资性纯收入（单位：元）
x_{2it}	第i个农户在第t个时期的家庭人均经营性纯收入（单位：元）
x_{3it}	第i个农户在第t个时期的家庭人均财产性纯收入（单位：元）
x_{4it}	第i个农户在第t个时期的家庭人均转移性纯收入（单位：元）
z_{1i}	第i户家庭的常住人口数（单位：人）
z_{2i}	第i户家庭的期末人均存款（单位：元）
z_{3i}	第i户家庭的赡养比

二、模型估计与检验

（一）数据结构的检验

在建立多水平模型之前，要对数据进行检验，观察整个调查期间不同农户家庭的人均消费支出随时间变化的趋势，分析在不同农户家庭间是否存在明显差异，判断建立多水平发展模型是否是可行的。

为了分析不同个体之间的差异性，确定建立多水平发展模型的可行性，在此从近3000个样本中随机选取了4个样本，分别是样本1、样本28、样本866与样本875，对其生活消费支出随时间变化的趋势绘制了散点图，具体变化趋势如图4-4所示。从图中可以看出，研究对象样本1在2006~2010年这一调查期间内消费水平呈现出了明显的上升趋势；而样本28在调查期间其消费支出却呈现了下降趋势，尤其是在2006~2007年急剧下降；样本866在调查期间的变化并未出现剧烈的波动；样本875在2006~2007年出现了明显的下降，而在2007~2008年又出现了明显的上升，之后一直处于上升的趋势；以上这些变化的趋势都充分说明了不同个体之间的差异性是明显存在的，如果用传统的方法建立线性增长模型，则无法反映个体间的异质性。因此，在传统的线性增长模型的基础上考虑个体间的差异性，建立一个线性时间发展模型更符合实际。

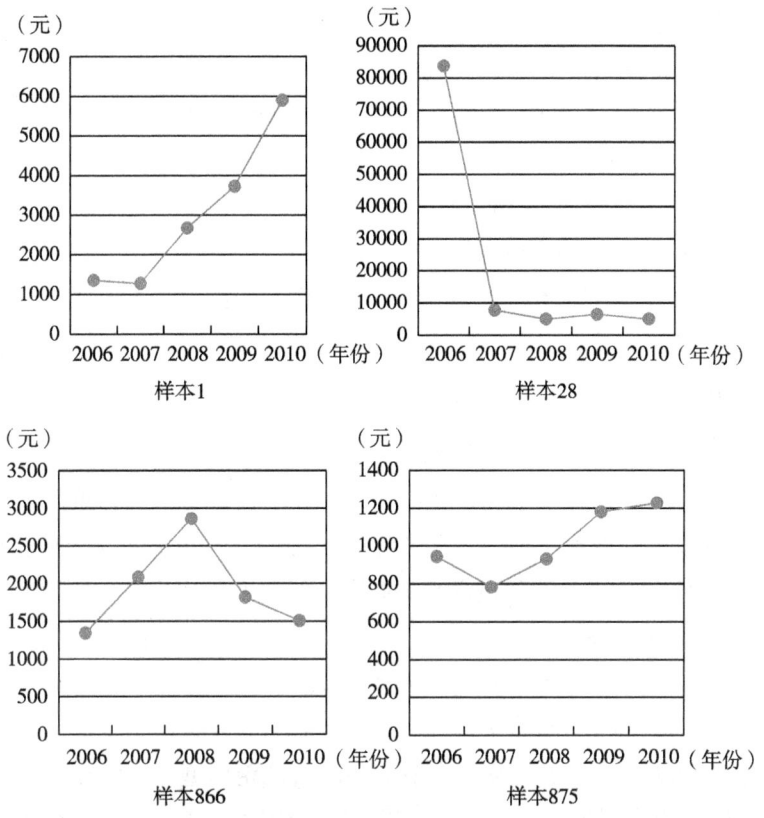

图 4-4 不同个体其被解释变量随时间变化的趋势

不同农户家庭之间存在着差异,本书调查的对象是农村住户,这一研究对象的年消费水平不仅与当年家庭的收入水平这一因素有关,还与其自身的家庭特征有着密切的联系。为了检验研究对象(农户家庭)之间是否存在这种组内同质、组间异质的现象,需要建立无解释变量的如下模型(模型1),根据模型运行结果计算组内相关系数 ICC,从而确定该数据是否存在层次结构,能否建立多水平发展模型。

水平1: $y_{ij} = \beta_{0j} + e_{ij}$ (4-39)

水平2: $\beta_{0j} = \gamma_{00} + \mu_{0j}$ (4-40)

总模型1: $y_{ij} = \gamma_{00} + (\mu_{0j} + e_{ij})$ (4-41)

在总模型1中,$\sigma_{\mu 0}^2$ 反映了组间差异,σ^2 则表示组内测量数据之间的差异。通过模型(4-41)在 SAS 软件中运行的结果可以计算出组内相关系数 ICC 的值,从而确定建立多水平发展模型是否可行。

根据模型的运行结果可以得知:该空模型经过两次迭代就达到收敛状态。从参数估计结果可以得到：

$\sigma_{\mu 0}^2 = 3423226 (P < 0.0001)$（代表组间结局测量的差异）

$\sigma^2 = 6172359 (P < 0.0001)$（代表组内结局测量的差异）

从而可以计算得到：

$$ICC = \frac{\sigma_{\mu 0}^2}{\sigma_{\mu 0}^2 + \sigma^2} = \frac{3423226}{3423226 + 6172359} = 0.3675$$

根据计算结果可以得到总变异中约有 36.75% 是由研究对象（农村住户）个体间的异质性引起的，并且根据运行结果可以看到组间方差 $\sigma_{\mu 0}^2$ 也是通过了显著性检验，由此可以确定建立多水平发展模型是可行的。

（二）引入场景变量后的随机截距多水平模型

空模型的检验结果显示数据存在显著组间异质性，为了解释组间异质性，在空模型中加入 2 水平变量。加入 2 水平变量家庭常住人口数（z_{1i}）、期末人均存款（z_{1i}）、赡养比（z_{3i}），来预测随机水平 1 截距的组间变异。

水平 1：$y_{it} = \beta_{0i} + e_{it}$ （4 - 42）

水平 2：$\beta_{0i} = \gamma_{00} + \gamma_{01} z_{1i} + \gamma_{02} z_{2i} + \gamma_{03} z_{3i} + \mu_{0i}$ （4 - 43）

总模型 2：$y_{it} = \gamma_{00} + \gamma_{01} z_{1i} + \gamma_{02} z_{2i} + \gamma_{03} z_{3i} + (\mu_{0i} + e_{it})$ （4 - 44）

该模型可称为带宏观解释变量主效应的随机截距模型。与空模型相比，该模型具有相同的随机效应（$\mu_{0i} + e_{it}$），但其固定效应不同。下面是总模型 2 在 SAS 软件中的部分运行结果：

表 4 - 9 显示了总模型 2 使用限制的极大似然估计（REMLE）方法，在 SAS 软件中运行得到的结果。根据表 4 - 9 可以得到随机截距发展模型中，在考虑显著性水平为 0.01 的检验下，研究对象（农村住户）的组内方差和组间方差估计值为：$\sigma_{\mu 0}^2 = 2141951 (P < 0.0001)$、$\sigma^2 = 6175040 (P < 0.0001)$，由 P 值大小可以看出两者均通过了显著性检验，因此我们可以确定，该模型的截距在不同个体之间存在明显的异质性，也就是说在不同的农户家庭，其生活消费支出（y）的平均值存在明显差异，这一点从对不同个体所做出的散点图也可以得到证实。从参数的极大似然估计的结果可以看到，结局变量 y 的平均值为 4925.73。加入 2 水平解释变量后，水平 1 的随机截距方差 $\sigma_{\mu 0}^2$ 降到了 2141951，水平 2 总变异量的缩减比例为 37.43%（缩减比例 $\sigma_{\mu 0}^2 = 1 - 2141951/3423446$），3 个变量解释了水平 2 总变异的 37.43%。

表 4-9 随机截距模型参数的 REMLE 估计

参数	估计	标准误	t 值	P 值
固定效应参数				
γ_{00}（常数项）	4925.73	134.90	36.52	<0.0001
γ_{01}（z_{1i}）	-226.46	63.89	-3.56	<0.0001
γ_{02}（z_{2i}）	-466.59	27.56	-17.00	<0.0001
γ_{03}（z_{3i}）	0.05	0.002	21.67	<0.0001
随机效应参数				
水平 2				
$\sigma^2_{\mu 0}$	2141951	93352	22.94	<0.0001
水平 1				
σ^2	6175040	84043	73.47	<0.0001
-2ln（likelihood）	252964.4			
AIC	252976.4			
BIC	253011.9			

图 4-5 是被解释变量的个体与平均发展趋势，图中线条代表研究对象的平均水平，即农户的平均生活消费支出趋势线。可以看出，农户的总体平均生活消费支出明显偏低，这说明红河州地区的农户生活消费支出处于低水平的比重较大，消费需求严重不足；红河州农户的消费支出总体上呈线性增长趋势，将消费支出模型设置为时间 t 的线性函数是合适的，且不同的农户之间，增长趋势的差异较大，存在明显的对象间变异。

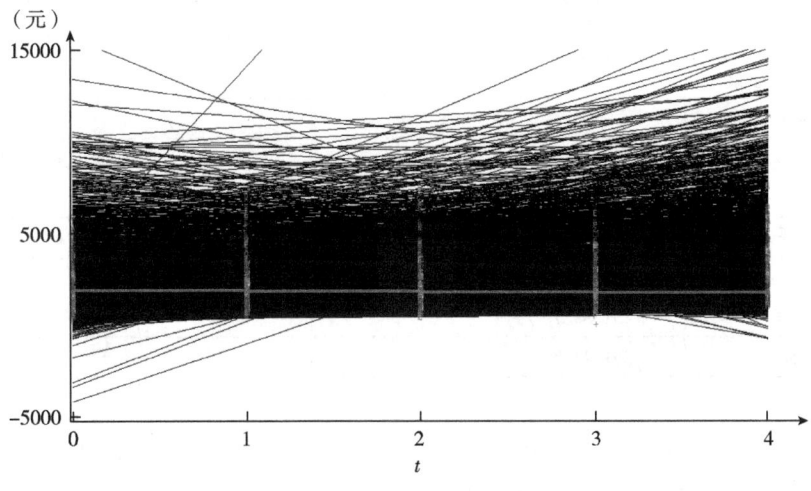

图 4-5 被解释变量的个体和平均发展趋势

(三) 引入一水平变量后的多水平模型

在总模型 2 中，检验组结局均数与组水平变量之间的关系时没有控制个体特征，即水平 1 解释变量，因此将水平 1 解释变量加入模型，并将所有的水平 1 斜率看作是固定斜率。具体的模型如下：

水平 1： $y_{it} = \beta_{0i} + \beta_{1i}x_{1it} + \beta_{2i}x_{2it} + \beta_{3i}x_{3it} + \beta_{4i}x_{4it} + e_{it}$ (4-45)

水平 2： $\beta_{0i} = \gamma_{00} + \gamma_{01}z_{1i} + \gamma_{02}z_{2i} + \gamma_{03}z_{3i} + \mu_{0i}$ (4-46)

总模型 3： $y_{it} = \gamma_{00} + \gamma_{01}z_{1i} + \gamma_{02}z_{2i} + \gamma_{03}z_{3i} + \beta_{1i}x_{1it} +$
$\beta_{2i}x_{2it} + \beta_{3i}x_{3it} + \beta_{4i}x_{4it} + (\mu_{0i} + e_{it})$ (4-47)

总模型 3 与总模型 2 具有相同的随机效应 $(\mu_{0i} + e_{it})$，但其固定效应不同。表 4-10 是总模型 3 在 SAS 软件中的部分运行结果。

表 4-10 模型参数的 REMLE 估计

参数	估计	标准误	t 值	P 值
固定效应参数				
γ_{00}（常数项）	3003.52	125.11	24.01	<0.0001
γ_{01} (z_{1i})	-122.37	53.97	-2.27	0.0233
γ_{02} (z_{2i})	-286.21	23.82	-12.02	<0.0001
γ_{03} (z_{3i})	0.029	0.002	14.78	<0.0001
β_{1i} (x_{1it})	0.4243	0.020	20.60	<0.0001
β_{2i} (x_{2it})	0.2749	0.009	30.15	<0.0001
β_{3i} (x_{3it})	0.2169	0.021	10.15	<0.0001
β_{4i} (x_{4it})	0.6953	0.0397	17.48	<0.0001
随机效应参数				
水平 2				
$\sigma_{\mu 0}^2$		70279	17.54	<0.0001
水平 1				
σ^2		81019	72.87	<0.0001
-2ln（likelihood）	251563.7			
AIC	251583.7			
BIC	251642.8			

从表 4-10 的估计结果可以得到，随机截距的方差估计为 $\sigma_{\mu 0}^2 = 1232800$ ($P < 0.0001$)，在显著性水平 0.01 下，本书研究的个体与个体之间的差异性 $\sigma_{\mu 0}^2$ 通过

了显著性检验；固定效应部分的截距项的估计值为 $\gamma_{00}=3003.52(P<0.0001)$，固定效应的参数 γ_{00} 通过了显著性检验，表明在 2006 年红河州农户家庭总体平均消费水平为 3003.52 元。此外，与固定斜率的发展模型相比，其参数估计的误差有缩减，并且这两项的估计值与总模型 2 的估计值相同，这说明，加入随机斜率项仅仅提高了模型对个体数据的拟合程度，降低了估计误差，并没有对估计值造成影响。另外，从用于模型间比较模型的拟合效果的统计量的运行结果可以看到，模型 3 的拟合统计量 $-2\ln$（likelihood）的值从总模型 2 的 252964.4 减小到 251563.7，差值为 84386.4，这说明与总模型 2 相比，总模型 3 对研究对象的信息量提取有所提高，拟合效果有了显著改善。

（四）水平一随机斜率的检验

经过总模型 3 的建立以及对其运行结果的分析可以看出，截距变量在不同个体间存在明显区别，接下来应该尝试找出某些可以解释这一差异的变量，总模型 4 由此产生。总模型 4 中，通过在 β_{0j} 中加入了变量 z_{1i}、z_{2i}、z_{3i}，综合可以得到一个反映发展模型的截距与影响变量的回归模型，据此可以有效地检验和估计影响农村住户生活消费支出的影响因素，评估 3 个 2 水平变量对生活消费支出的效应。

水平 1：$y_{it}=\beta_{0i}+\beta_{1i}x_{1it}+\beta_{2i}x_{2it}+\beta_{3i}x_{3it}+\beta_{4i}x_{4it}+e_{it}$ （4-48）

水平 2：$\beta_{0i}=\gamma_{00}+\gamma_{01}z_{1i}+\gamma_{02}z_{2i}+\gamma_{03}z_{3i}+\mu_{0i}$ （4-49）

$\beta_{ki}=\gamma_{k0}+u_{ki}(k=1,2,3,4)$ （4-50）

将式（4-49）和式（4-50）代入式（4-48），得到：

总模型 4：$y_{it}=\gamma_{00}+\gamma_{01}z_{1i}+\gamma_{02}z_{2i}+\gamma_{03}z_{3i}+\gamma_{10}x_{1it}+\gamma_{20}x_{2it}+\gamma_{30}x_{3it}+$
$\gamma_{40}x_{4it}+(\mu_{0i}+\mu_{1i}+\mu_{2i}+\mu_{3i}+\mu_{4i}+e_{it})$ （4-51）

表 4-11 是总模型 4 在 SAS 软件中的部分运行结果：

表 4-11 模型参数的 REMLE 估计

参数	估计	标准误	t 值	P 值
固定效应参数				
γ_{00}（常数项）	3005.26	121.13	24.81	<0.0001
γ_{01}（z_{1i}）	-115.55	51.977	-12.51	0.0262
γ_{02}（z_{2i}）	-287.82	23.001	13.68	<0.0001
γ_{03}（z_{3i}）	0.028	0.020	-2.22	<0.0001

续表

参数	估计	标准误	t 值	P 值
γ_{30} (x_{3it})	0.427	0.125	20.81	0.0006
γ_{40} (x_{4it})	0.885	0.095	30.40	<0.0001
β_{1i} (x_{1it})	0.409	0.019	3.42	<0.0001
β_{2i} (x_{2it})	0.265	0.009	9.34	<0.0001
随机效应参数				
水平 2				
$\sigma^2_{\mu 0}$	1297394	78467	16.53	<0.0001
$\sigma^2_{\mu 1}$	2.951	0.531	5.56	<0.0001
$\sigma^2_{\mu 2}$	2.800	0.314	8.91	<0.0001
水平 1				
σ^2	4911606	70172	68.57	<0.0001
$-2\ln$ (likelihood)	249987.0			
AIC	250001.0			
BIC	250042.4			

从表 4-11 可以看出，固定效应部分的截距项的估计值 $\gamma_{00} = 3005.26$ ($P < 0.0001$)，表示农户的生活消费支出的平均值为 3005.26 元，水平 1 中变量 x_{3it}、x_{4it} 通过随机斜率检验，表明 1 水平 4 个解释变量中有 2 个变量为随机斜率，另外 2 个变量是固定斜率。变量 x_{3it} 的系数估计值 $\gamma_{30} = 0.427$ ($P = 0.0006$)，表明财产性收入每增加 1 元，农户平均生活消费支出会增加 0.427 元，变量 x_{4it} 的估计值 $\gamma_{40} = 0.885$ ($P < 0.0001$)，表明转移性收入每增加 1 元，农户平均生活消费支出会增加 0.885 元。且不同的农户之间财产性收入与转移性收入对农户生活消费支出的影响不同。变量 x_{1it} 的系数估计值 $\beta_{1i} = 0.409$ ($P < 0.0001$)，说明工资性收入每增加 1 元，农户平均生活消费支出会增加 0.409 元；变量 x_{2it} 的系数估计值 $\beta_{2i} = 0.265$ ($P < 0.0001$)，表明家庭经营性收入每增加 1 元，农户平均生活消费支出会增加 0.265 元，且不同的农户之间工资性收入与家庭经营性收入对生活消费支出的影响相同。此外，与总模型 3 相比，总模型 4 的拟合统计量 $-2\ln$ (likelihood) 减小为 249987.0，模型对研究对象的信息提取量明显得到提高，这进一步说明了通过所选取的变量建立的模型对数据的解释更为合理。

（五）跨水平交互效应的检验

由总模型 4 得出的结论可知，水平 1 变量中 x_{3it}、x_{4it} 是随机斜率变量，因此可将其作为宏观模型中组水平解释变量（z_{1i}、z_{2i}、z_{3i}）的函数，在组水平解释其组间变异。模型扩展为：

水平 1：$y_{it} = \beta_{0i} + \beta_{1i}x_{1it} + \beta_{2i}x_{2it} + \beta_{3i}x_{3it} + \beta_{4i}x_{4it} + e_{it}$ （4-52）

水平 2：$\beta_{0i} = \gamma_{00} + \gamma_{01}z_{1i} + \gamma_{02}z_{2i} + \gamma_{03}z_{3i} + \mu_{0i}$ （4-53）

$\beta_{ki} = \gamma_{k0} \ (k = 1, 2)$ （4-54）

$\beta_{ki} = \gamma_{k0} + \gamma_{k1}z_{1i} + \gamma_{k2}z_{2i} + \gamma_{k3}z_{3i} + \mu_{ki} \ (k = 3, 4)$ （4-55）

总模型 5：$y_{it} = \gamma_{00} + \gamma_{01}z_{1i} + \gamma_{02}z_{2i} + \gamma_{03}z_{3i} + \gamma_{10}x_{1it} + \gamma_{20}x_{2it} + (\gamma_{30} + \gamma_{31}z_{1i} + \gamma_{32}z_{2i} + \gamma_{33}z_{3i})x_{3it} + (\gamma_{40} + \gamma_{41}z_{1i} + \gamma_{42}z_{2i} + \gamma_{43}z_{3i})x_{4it} + (\mu_{0i} + \mu_{3i} + \mu_{4i} + e_{it})$ （4-56）

总模型 5 在 SAS 软件中的部分运行结果如表 4-12 所示：

表 4-12 模型参数的 REMLE 估计

参数	估计	标准误	t 值	P 值
固定效应参数				
γ_{00}（常数项）	3002.99	127.60	23.53	<0.0001
γ_{01}（z_{1i}）	-121.13	56.54	-2.14	0.0322
γ_{02}（z_{2i}）	-285.74	24.48	-11.67	<0.0001
γ_{03}（z_{3i}）	0.028	0.0021	12.98	<0.0001
γ_{30}（x_{3it}）	0.6073	0.48	1.27	0.2029
γ_{31}（$x_{3it} \times z_{1i}$）	-0.1618	0.22	-0.73	0.4651
γ_{32}（$x_{3it} \times z_{2i}$）	0.0085	0.11	0.08	0.9353
γ_{33}（$x_{3it} \times z_{3i}$）	0.000002	0.00004	0.40	0.6913
γ_{40}（x_{4it}）	0.89	0.34	2.59	0.0095
γ_{41}（$x_{4it} \times z_{1i}$）	0.068	0.19	0.37	0.714
γ_{42}（$x_{4it} \times z_{2i}$）	-0.021	0.081	-0.26	0.7975
γ_{43}（$x_{4it} \times z_{3i}$）	-0.000002	0.00004	-0.57	0.5675
β_{1i}（x_{1it}）	0.4098	0.19	20.81	<0.0001
β_{2i}（x_{2it}）	0.2648	0.0087	30.33	<0.0001
随机效应参数				
水平 2				
$\sigma_{\mu 0}^2$	1298366	78530	16.53	<0.0001

续表

参数	估计	标准误	t 值	P 值
$\sigma_{\mu 3}^2$	3.4050	0.5426	5.61	<0.0001
$\sigma_{\mu 4}^2$	2.8364	0.3187	8.90	<0.0001
水平 1				
σ^2	4808985	70143	68.56	<0.0001
$-2\ln$ (likelihood)	250050.5			
AIC	250054.5			
BIC	250095.9			

由表 4-12 可以得到，将组水平变量（z_{1i}、z_{2i}、z_{3i}）引入到模型中，交互效应的参数（γ_{31}、γ_{32}、γ_{33}、γ_{41}、γ_{42}、γ_{43}）均没有通过检验，且总模型 3 中原本显著的解释变量（x_{3it}）由显著变得不显著，因此最终模型为总模型 4。由前文所示的运行结果得到最终模型结果：

$$y_{it} = 3005.26 - 287.82z_{1i} - 115.55z_{2i} + 0.02773z_{3i} + 0.4097x_{1it} + 0.2652x_{2it} + 0.4274x_{3it} + 0.8848x_{4it} + (e_{it} + \mu_{3i} + \mu_{4i}) \quad (4-57)$$

三、结果讨论与分析

由前文的阐述可以发现，多水平模型的建立是一个循序渐进的过程；首先是建立一个空模型，来检验该研究对象组成的数据在不同个体间是否存在差异，是否适合建立多水平发展模型；其次是在传统线性模型的基础上，通过引入随机截距和斜率项，构建一个随机截距—斜率发展模型，并以此模型为最终模型的基础；最后在此模型的基础上，通过不断地引入 1 水平解释变量与 2 水平变量，并将未通过显著性检验的解释变量删除，最终建立一个具有混合效应的两水平发展模型。该模型将数据中所有能够通过检验的变量均包含其中，从而大大地增加了模型对数据信息的提取程度以及精确程度，在分析不同农户之间存在的差异性、层次性以及农户消费支出的发展趋势等问题上得到很好的结论，找出了仅仅依靠建立传统的线性发展模型不能发现的影响消费支出的变量。此外，与传统模型对数据的严格要求相比，该模型不要求数据是平衡面板。

本节利用多层统计分析模型建立了云南红河州少数民族地区农村住户生活消费支出的两水平发展模型。这一具有混合效应的多变量两水平模型在分析不同农户之间的差异性和层次性有更好的效果,通过调查数据对该地区的农户进行分析发现,该模型在原有单一层次研究的基础上进行了改进,相对于传统研究方法有了很大程度的改善,同时也为这一问题的研究提供了新的方法。由最终建立的混合效应的多变量两水平发展模型 4 可得如下结论:

第一,截距项中所包含的解释变量与斜率项中包含的解释变量:工资性收入、经营性收入、财产性收入、常住人口数、期末存款额、家庭赡养比均与农户家庭的人均生活消费支出显著相关。

第二,在影响农户平均生活消费支出的因素中,转移性收入贡献最大为 0.8848,其次是财产性收入,其贡献为 0.4274;工资性收入的贡献为 0.4096;家庭经营性收入的贡献最小为 0.2652。转移性收入与财产性收入的边际消费倾向大于工资性收入与经营性收入的边际消费倾向,表明农户的经营性收入更多的是考虑投入到下一年的生产性消费而不是生活消费,而对于转移性收入与财产性收入则没有这种动机,更多的是将获得的转移性收入与财产性收入投入到生活消费中。也就是说农户的转移性收入和财产性收入越多,边际消费倾向也就越高。

第三,农户的自发性消费水平与农户的赡养比(家庭人口数/家庭整半劳动力)、家庭常住人口呈负相关,与期末存款额呈正相关,这也与现实相符。农户家庭的赡养比越高,常住人口越多,其所担负的生活压力越大,因此自发性消费水平越低。反之,期末存款额越高,农户的自发性消费水平也就越高。

第四节 西部民族地区农户收入增长的影响因素分析

收入是影响农户消费的最主要因素,那么,哪些因素影响农户的收入呢?本节试图从西部民族地区农户自身的条件出发,研究农户家庭的物质资本、人力资本以及就业结构对其家庭人均收入及其增长的影响。

一、理论分析与模型构建

(一)农户模型

一直以来,对农户经济学的专门研究很少。传统的经济学在分析小农经济行为时存在较多的缺陷，比如企业理论和消费理论。农户是发展中国家最为主要的经济组织，他的生产、消费乃至劳动力供给以家庭为单位，因此决策间的相关性很强，在分析农户的经济行为时，必须考虑生产、消费和劳动力供给之间的相互作用。农户经济学考虑了农户决策时的发展关联，以及政策在相关联时的影响。在农户经济学的基础上形成的农户模型是用来描述农户内部各种关系的一种与一般经济理论原理相一致的经济模型，从传统意义上来说，农户模型是用来分析农户的生产、消费和劳动力供给决策（即农户生产函数、消费函数和劳动力供给函数等）的行为模型①。后经苏联经济学家切亚诺夫（Chayanov）、日本经济学家纳卡吉马（Nakaiima）、巴呐姆（Barnum）和斯奎尔（Squire）的发展，农户模型终于能被用于描述农户更广泛的特征，并且可以用来作大量的政策分析。

农户模型的基本假设是：农户是一个效用最大化的追求者，农户效用受农户收入、生产效益和农户休闲需求等因素影响。农户的决策行为受到农户现金、劳动力和技术等资源的限制。多年来，研究者们从各个不同的侧面设计了可用来反映农户的生产、消费和劳动力供给的微观经济模型。下面仅介绍斯恩（Singh）、斯奎尔（Squire）和斯特拉斯（Strauss，1986）的农户基本模型。

对于任何一个生产周期来说，农户的行为可以用下列表达式反映：

$$\max \quad U = U(X_1, X_2, X_3) \tag{4-58}$$

$$\text{S. t.} \quad Q = Q(A, L, K) \tag{4-59}$$

$$T = X_3 + T_1 \tag{4-60}$$

$$P_2 X_2 = P_1(Q - X_1) - w(L - T_1) - P_3 K \tag{4-61}$$

式（4-58）为农户的目标函数——最大化总效应。U 表示农户的总效应；X_1 表示农户自产自销的产品；X_2 表示农户从市场上购进的商品；X_3 表示农户对休闲时间的需求，农户的总效用取决于农户自产自销的产品量、市场上购进的商品数量和休闲时间。

式（4-59）为农户的生产限制方程，Q 表示农户的总生产量，取决于农户物质投入 K，农户的劳动力供给 L（按农户生产的总劳动时间计算）以及农户耕种的土地面积 A。

式（4-60）为农户的时间限制方程，T 为农户的总劳动时间储备；T_1 为农户生产的时间。

---

① 张林秀. 农户经济学基本理论概述 [J]. 农业技术经济，1996 (3).

式（4-61）为农户的现金收入限制方程，P_1 为农产品价格，P_2 为购进商品的价格；w 为雇工工资；P_2X_2 为农户购进商品的现金支出；$P_1(Q-X_1)$ 为农户出售自销外的产品所获得的现金收入，$w(L-T_1)$ 为生产活动雇佣工人支付的现金（正值表示雇佣工时，负值表示出售工时），P_3 为物质投入物价格，P_3K 表示物质投入的现金支出。

对于单个农户而言，P_1、P_2、P_3 和 w 是由市场决定的，A、K、T 在一个生产周期中可以视为固定不变的，他所能决定的是 X_1、X_2 和 T_1。因此，模型的均衡解是农产品供给、生产资料需求和劳动力供给需求的函数，农户的决策依赖于 P_1、P_2、P_3 和 w 这些市场价格以及农户拥有的 A、K、T 的数量。

就生产而言：$Q=Q(A, L, K)$，即农户的产出是物质投入 K、劳动力供给 L 和土地面积 A 以及技术的函数。

（二）国内对农户收入理论的改进

在研究全国乃至西部地区农户收入的增长问题方面，国内许多学者进行了卓有成效的研究，提出了许多可供借鉴的结论。杜旭宇等（2006）认为，资源禀赋的先天不足制约了农户收入的增长；郭志仪等（2007）、崔俊富等（2009）则认为，人力资本积累的严重不足导致了经济增长的"贫困陷阱"；王春超（2008）和阳俊雄（2001）则认为，农业劳动力转移是影响农户收入增长的重要因素；还有一些学者从农业结构调整（郑宝华，2005）、农业生产内部（卢启程等，2008）、土地使用权流转（郑建华等，2004）等诸多方面探讨了这些因素对农户或农民收入增长的影响。

总体来说，国内对农户收入的纯理论研究较少，大多数在实证中采用生产函数模型，或者采用生产函数模型的改进模型。改进的角度大约涉及以下几个方面：一是从资源禀赋的角度，纳入了耕地以外的资源，比如山地、林地资源；二是从刘易斯的二元经济理论出发，把农业资源尽快转移到非农业部门，以此来加速经济发展和提高农民收入水平，具体而言，就是要积极调整农业生产结构，实现农业产业化经营；三是费景汉（John C. H. Fei）和古斯塔夫·拉尼斯（Gustav Ranis）的二元模式的改良，推动劳动力从农业向工业部门的转移；四是根据西奥多·W. 舒尔茨（Thodore W. Schults）的"人力资本论"和"理性小农说"，提高农民的受教育程度，通过技术进步，将传统农业转变为现代农业。

（三）模型构建

综合农户模型及国内的研究，首先我们假设农户的当期收入水平取决于两点：基期的收入水平和收入随时间的变化率，即初始收入水平和收入的增长速度。设 INC_{ij} 为第 j 个农户第 i 期（$i=0,1,2,4,5$）的收入水平，则有

$$INC_{ij} = \beta_{0j} + \beta_{1j}t_{ij} + \varepsilon_{ij} \qquad (4-62)$$

式中，$\beta_{0j} = INC_{0j}$ 表示第 j 个农户的初始收入水平，β_{1j} 表示第 j 个农户的收入增长率，用来反映收入增长的速度。与传统的线性模型不同，这里 β_{0j}，β_{1j} 与 j 有关，表示不同农户之间可能存在差异性。

本书建模所用的数据是具有层次结构的微观数据，对于同一个地区的农户来说，他们面临的外部环境是相同的；而且，在较短的一段时间内，制度不会发生大的变化，因此本书不考虑外部环境以及制度的影响，仅仅讨论农户自身因素对其家庭人均收入的影响。根据经济增长的有关理论，我们假设收入增长受到农户家庭所拥有的物质资本 K 和人力资本 L 以及农户家庭的就业结构 S 的影响，即

$$\beta_{1j} = f(K_j, L_j, S_j) + \mu_{1j} \qquad (4-63)$$

假设在最开始的阶段（1978 年），农户家庭的初始收入是无差异的。对于基期（2006 年）农户家庭初始收入水平的差异，可以看成是前期收入增长差异导致的结果。因此，初始收入水平同样也应该是物质资本 K、人力资本 L 以及就业结构 S 的函数：

$$\beta_{0j} = g(K_j, L_j, S_j) + \mu_{0j} \qquad (4-64)$$

将式（4-62）、式（4-63）、式（4-64）联立，或者将式（4-63）和式（4-64）代入模型（4-62），我们可以得到一个两水平的发展模型（Multilevel Growth Models）：

$$INC_{ij} = g(K_j, L_j, S_j) + f(K_j, L_j, S_j) \cdot t_{ij} + (\mu_{0j} + \mu_{1j}t_{ij} + e_{ij}) \qquad (4-65)$$

模型中，式（4-62）称为水平 1 模型，式（4-63）和（4-64）称为水平 2 模型。式中，$e_{ij} \sim N(0, \sigma^2)$ 为相互独立的水平 1 残差，表示随机因素对第 j 个农户第 t 期收入的影响；$\mu_{0j} \sim N(0, \sigma_{\mu 0}^2)$ 为相互独立的截距项水平 2 残差，表示随机因素对第 j 个农户初始收入水平的影响；$\mu_{1j} \sim N(0, \sigma_{\mu 1}^2)$ 为相互独立的斜率项水平 2 残差，表示随机因素对第 j 个农户收入增长的影响。假设水平 1 和水平 2 的残差无关联，即 $\mathrm{Cov}(\mu_{0j}, e_{ij}) = 0$，$\mathrm{Cov}(\mu_{1j}, e_{ij}) = 0$。一般情况下，我们考虑 f，g 为线性函数，此时模型（4-65）变为两水平线性模型。通过对该函数中系数的检验，可以研究物质资本、人力资本以及就业结构对农户基期发展水平（β_{0j}）和农户收入增长速度（β_{1j}）的影响情况。

二、数据说明和变量定义

（一）数据说明

本节研究所用数据来自云南红河哈尼族彝族自治州统计局2006~2010年对3000个农户的跟踪调查数据。在样本户中，少数民族户占76%，汉族户占24%。居住在山地的样本户占81.5%，居住在平原的样本户占18.5%。对样本户的从业类型（按劳动力从业比重计算）的统计显示：农业户占86.8%，农业兼业户占5.7%，非农业兼农业户占5.4%，纯粹的非农业户仅占2.1%。样本户人均生产性固定投资为2.15千元，人均经营的土地面积为2.24亩，户均劳动力2.92个。在所有的劳动力中，受过培训的约占26.19%，外出务工的劳动力约占1.08%。劳动力的受教育程度情况如表4-13所示：

表4-13 劳动力受教育程度的分布　　　　　　　　　　　　　　　　　　单位:%

受教育程度	文盲	小学	初中	高中	中专	大专及以上
百分比	15.35	36.06	40.57	5.52	1.86	0.66

从上述描述可以看出：云南红河哈尼族彝族自治州是一个多山地、少数民族聚集、贫困人口多的地区。红河州农户的人均纯收入低于云南省平均水平，也远远低于全国平均水平；该地区的大部分劳动力以从事传统农业为主，人均拥有的物质资本较匮乏，劳动力的受教育程度普遍较低，农业劳动力转移的程度较低，具有西部民族贫困地区的典型特征。因此，研究该地区农户的收入增长及其影响因素对了解我国西部民族地区农民收入状况，制定科学的"三农"政策具有重要的现实意义。

（二）有关变量

本书研究中所涉及的变量或指标如下：

被解释变量：

INC_{ij}：第j个农户家庭第i年的人均纯收入（全年纯收入/常住人口数[①]，单

[①] 根据统计指标的解释，全年纯收入是指农户当年从各个来源得到的总收入相应地扣除所发生的费用后的收入总和；常住人口指全年经常在家或在家居住6个月以上，而且经济和生活与本户连成一体的人口。外出从业人员在外居住时间虽然在6个月以上，但收入主要带回家中，经济与本户连为一体，仍视为家庭常住人口。

位：元）。

1 水平解释变量：

t（time）：观测时间，其中 0~4 分别表示 2006~2010 年。

2 水平解释变量：为第 i 个农户家庭相应指标 2006~2010 年均值。

$ASSET_j$：农户家庭人均生产性固定资产原值（生产性固定资产原值①/常住人口数，单位：元）。

$AREA_j$：人均实际经营的土地面积（[（期初+期末实际经营的土地面积）/2]/常住人口数，单位：亩）。

$ECONAREA_j$：人均经济作物播种面积（经济作物播种面积/常住人口数，单位：亩）。

$LABOR_j$：整半劳动力人数②。

AGE_j：劳动力的平均年龄（单位：岁）。

EDU_j：劳动力的平均受教育年限，其中文盲为 0 年，小学程度为 6 年，初中程度为 9 年，高中或中专程度为 12 年，大专及以上程度为 15 年。

$TRAIN_j$：劳动力中受过培训的比例（受过专业培训 X 的人数/整半劳动力人数）。

$TYPE_j$：调查户从业类型③，其中 1 表示非农业为主的农户，包括非农业户和非农业兼业户，0 表示农业为主的农户，包括农业户和农业兼业户。

$OUTRAT_j$：外出劳动力比例（外出的劳动力数/整半劳动力数）。

在上述指标中，ASSET、AREA 为物质资本（K）指标；LABOR、AGE、EDU、TRAINRAT 为人力资本（L）指标；ECONAREA 反映了农户生产经营结构；OUTRAT 和 TYPE 则反映了农户的就业结构（S）。剔除部分不可用数据，共得到包含 2981 个个体的样本，14231 条记录，其中包括部分缺失一年或两年的样本，因此

---

① 农户家庭使用的固定资产是指使用年限在两年以上，单位价值在 50 元以上，并在使用过程中保持原有物质形态的资产。

② 整半劳动力人数是指调查期内本户家庭常住人口中年龄（16 周岁）以上、能够经常参加生产经营活动的人。其中：整劳动力指男子 18~50 周岁，女子 18~45 周岁，能够经常参加劳动的人。半劳动力指男子 16~17 周岁，51~60 周岁；女子 16~17 周岁，46~55 周岁，同时具有劳动能力的人。

③ 本书中调查户从业类型是按照家庭劳动力从事农业劳动的时间占全部劳动时间的比例分类的。调查户分为 4 个类型：农业户是指农户家庭中农业劳动时间占总劳动时间 95% 以上的农户；农业兼业户是指第一产业劳动时间占总劳动时间 50%~95% 以上的农户；非农业兼业户是指第一产业劳动时间占总劳动时间 5%~50% 以上的农户；非农户是指第一产业时间占 5% 以下的农户。

是一个非平衡的多层结构数据。

三、收入影响因素的多水平模型建模及分析

我们用下标 ij 表示第 j 个个体（农户）在时间 $i(0，1，2，3，4)$ 上的测量指标。图 4-6 给出了三个不同个体的 y_{ij} 与 t_{ij} 散点图。从图中可以看出，个体农户 1（样本序号 1）的家庭人均收入在 2006~2010 年呈直线上升趋势，而个体农户 2（样本序号 1441）的家庭人均收入在调查期间呈缓慢下降的趋势，个体农户 3（样本序号 1467）的家庭人均收入在调查期内一直保持在稳定水平，没有明显的变化趋势。

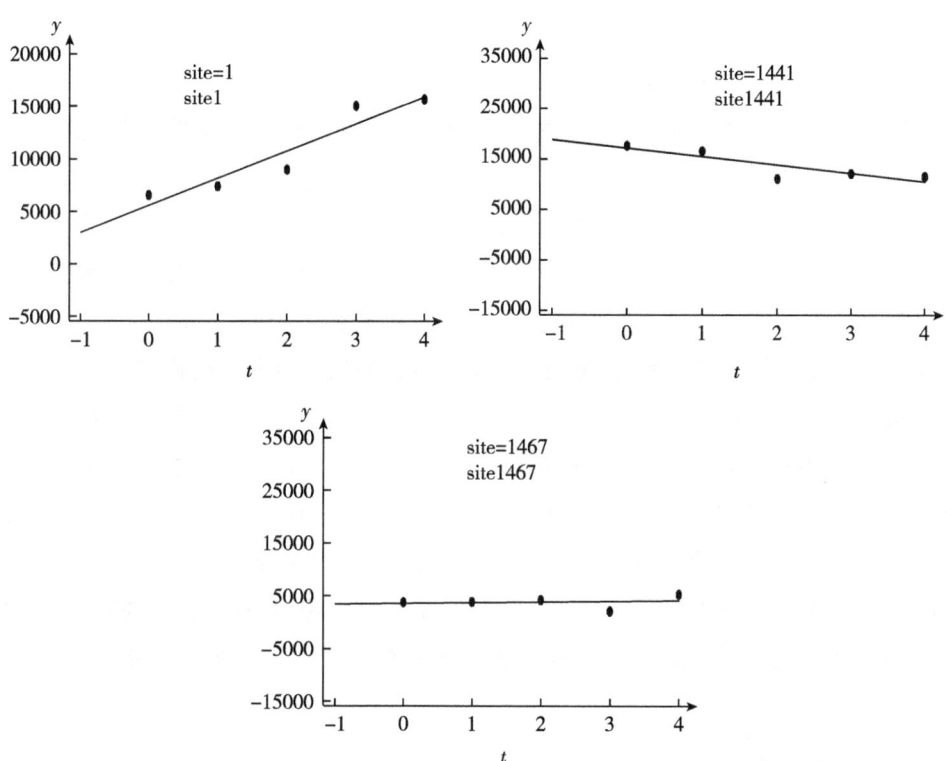

图 4-6　个体 1、个体 1441、个体 1467 随时间变化的增长轨迹

图 4-7 给出了所有农户家庭人均收入的个体趋势线，可以发现，农户家庭人均收入的总体水平呈逐年增长趋势，但个体差异比较明显，且增长轨迹也有差异，因此不适合用传统的线性增长模型进行分析。

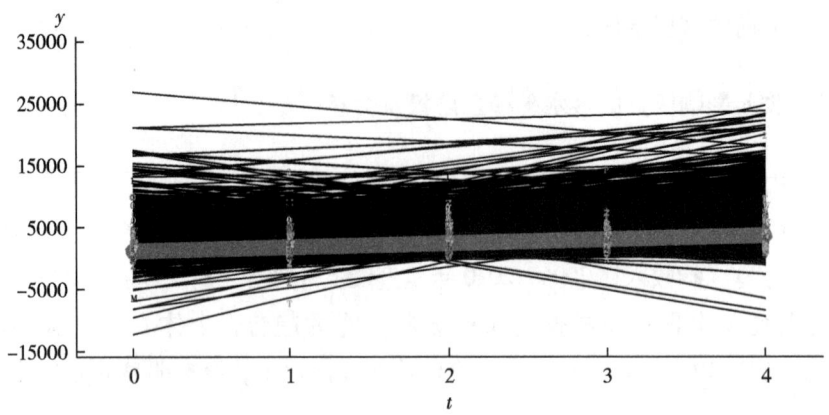

图4-7 不同个体随时间变化的趋势线

（一）对数据层次结构的检验——空模型

为了检验数据中是否存在层次结构，我们考虑如下的无解释变量的空模型

$$y_{ij} = \beta_{0j} + e_{ij} \tag{4-66}$$

$$\beta_{0j} = \gamma_{00} + \mu_{0j} \tag{4-67}$$

该模型的水平1和水平2均没有解释性变量，$e_{ij} \sim N(0, \sigma^2)$为相互独立的水平1残差，$\mu_{0j} \sim N(0, \sigma_{\mu 0}^2)$为相互独立的截距项水平2残差，$\text{Cov}(\mu_{0j}, e_{ij}) = 0$。将式(4-67)代入式(4-66)，得到一个具有随机效应的方差分析模型

$$y_{ij} = \gamma_{00} + \mu_{0j} + e_{ij} \tag{4-68}$$

在该模型中，$\sigma_{\mu 0}^2$反映了组间差异，而σ^2代表了组内测量数据之间的差异。计算可得$\sigma_{\mu 0}^2 = 3621323(P\text{-}value < 0.0001)$，$\sigma^2 = 6188642(P\text{-}value < 0.0001)$，两者均统计显著，表明农户家庭的人均纯收入的初始水平显著不同，且存在显著的对象内变异。组内相关系数$ICC = \sigma_{\mu 0}^2/(\sigma_{\mu 0}^2 + \sigma^2) = 0.3691$，表明约有37%的总变异是由研究对象（农户家庭）个体间的异质性引起的。因此应考虑对其进行多水平模型分析。

（二）无条件两水平发展模型

首先考虑两水平的无条件发展模型（或随机系数模型）

$$y_{ij} = \beta_{0j} + \beta_{1j} t_{ij} + e_{ij} \tag{4-69}$$

$$\beta_{0j} = \gamma_{00} + u_{0j}, \quad \beta_{1j} = \gamma_{10} + \mu_{1j} \tag{4-70}$$

模型（4-69）称为水平1模型，模型（4-70）称为水平2模型，$e_{ij} \sim N(0, \sigma^2)$为相互独立的水平1残差，$\mu_{0j} \sim N(0, \sigma_{\mu 0}^2)$为相互独立的截距项

水平 2 残差，$\mu_{1j} \sim N(0, \sigma_{\mu 1}^2)$ 为相互独立的斜率项水平 2 残差，$\text{Cov}(\mu_{0j}, \mu_{1j}) = \sigma_{u01}$；不同水平残差间相互独立。该模型有如下的解释：①由于个体（农户）之间的差异，回归系数 β_{0i} 及 β_{1i} 反映了这种差异；但如果将其看成固定效应，一是参数较多，二是没有较好的统计解释。因此将其设为随机参数是合理的，水平 2 残差的方差大小反映了这种差异。②β_{1i}（或 γ_{10}）反映了农户人均收入的增长率。当 $t_{ij}=0$（即 2006 年），$y_{ij}=\beta_{0i}+e_{ij}$，因此 β_{0i} 反映了基期农户的人均收入。③如果水平 2 残差的方差为零，即 $\sigma_{\mu 0}^2 = \sigma_{\mu 1}^2 = 0$，则模型(4-69)为传统增长模型，其参数估计使用 OLS 估计理论。将模型(4-70)代入模型(4-69)，得到

$$y_{ij} = \gamma_{00} + \gamma_{10} t_{ij} + (\mu_{0j} + \mu_{1i} t_{ij} + e_{ij}) \tag{4-71}$$

模型（4-71）实际上是一个混合线性模型（Mixed Linear Models）。注意到其残差部分 $(\mu_{0j}+\mu_{1j}t_{ij}+e_{ij})$ 在不同个体之间是独立的，但同一个体的不同观测值是相关的，且相关程度依赖时间变量。因此多水平模型还反映了某种异方差结构，并能得到明确的方差协方差分解。

模型（4-71）中参数的估计一般使用极大似然估计（MLE）或限制极大似然估计（REMLE）方法，由于估计结果能够通过现有的一些统计软件获得，这里不再详细介绍，读者可看相关文献（Goldstein，1995；Randenbush and Bryk，2002；石磊，2008；王济川等，2008）。表 4-14 给出了模型（4-71）的参数估计及模型拟合统计量，并考虑 5% 的置信水平进行检验；固定效应参数 γ_{10} 显著，表明农户人均收入在 2006~2010 年有显著增长，且农户家庭的人均纯收入每年平均增加 483.03 元；$\gamma_{00}=2130.53$，表示农户家庭的人均纯收入的总体平均初始值（即 2006 年的农民人均纯收入）为 2130.53 元。随机截距的方差 $\sigma_{\mu 0}^2$ 及时间变量的随机斜率的方差 $\sigma_{\mu 1}^2$ 估计非常显著，表明发展模型的截距和斜率在农户间有明显的异质特征，即农户的人均纯收入随时间的变化率在农户家庭间也是不同的。$\sigma_{\mu 01}>0$ 表明农户家庭的人均纯收入初始水平越高，则其人均纯收入随着时间推移的增长率越高。

表 4-14 无条件两水平发展模型（4-71）参数的 MLE 及 OLS 估计

参数	估计	标准误	t 值	P 值
固定效应参数				
γ_{00}（常数项）	2130.53	48.73	52.83	<0.0001
γ_{10}（t_{ij}）	483.03	16.96	28.48	<0.0001

续表

参数	估计	标准误	t值	P值
随机效应参数				
水平2				
$\sigma_{\mu0}^2$	1967216	142138	13.84	<0.0001
$\sigma_{\mu1}^2$	239340	21663	11.05	<0.0001
$\sigma_{\mu01}$	217103	42979	5.05	<0.0001
水平1				
σ^2	5049922	77512	65.15	<0.0001
$-2\log$（likelihood）	265228.9			
AIC	265236.9			
BIC	265260.9			
R_{10}^2	0.1840			

在多水平模型中，由于考虑了层次结构，在这里，零模型可假设为模型（4-68），现模型假定为模型（4-71），计算可得 $R_{10}^2 = 0.1840$，因此，模型（4-71）中的时间回归项可解释的方差比例为18.40%。

（三）用2水平变量解释初始收入水平的差异

我们考虑影响 β_{0j} 的因素，引入全部的2水平变量，来解释截距系数的变化，我们得到一个多变量的两水平发展模型：

$$y_{ij} = \beta_{0j} + \beta_{1j}t_{ij} + e_{ij} \qquad (4-72)$$

$$\beta_{0j} = \gamma_{00} + \gamma_{01}ASSET_j + \gamma_{02}AREA_j + \gamma_{03}ECONAREA_j + \gamma_{04}LABOR_j +$$
$$\gamma_{05}AGE_j + \gamma_{06}EDU_j + \gamma_{07}TRAIN_j + \gamma_{08}TYPE_j + \gamma_{09}OUTRAT_j + \mu_{0j} \qquad (4-73)$$

将式（4-73）代入式（4-72），得

$$y_{ij} = \gamma_{00} + \gamma_{10}t_{ij} + \gamma_{01}ASSET_j + \gamma_{02}AREA_j + \gamma_{03}ECONAREA_j + \gamma_{04}LABOR_j +$$
$$\gamma_{05}AGE_j + \gamma_{06}EDU_j + \gamma_{07}TRAIN_j + \gamma_{08}TYPE_j + \gamma_{09}OUTRAT_j + \mu_{0j} + e_{ij},$$
$$(4-74)$$

使用SAS9.2软件估计上述模型，得到的估计结果如表4-15所示。

表4-15 多变量两水平条件发展模型（4-74）的ML估计

参数	估计	标准误	t值	P值
固定效应参数				
γ_{00}（常数项）	-1296.60	307.65	-4.21	<0.0001

续表

参数	估计	标准误	t 值	P 值
γ_{10} (t_{ij})	484.21	16.34	29.63	<0.0001
γ_{01} ($ASSET_i$)	0.10	0.01	9.52	<0.0001
γ_{02} ($AREA_j$)	120.37	18.08	6.66	<0.0001
γ_{03} ($ECONAREA_j$)	54.51	11.84	4.60	<0.0001
γ_{04} ($LABOR_j$)	-110.21	34.80	-3.17	0.0016
γ_{05} (AGE_j)	75.85	6.10	12.43	<0.0001
γ_{06} (EDU_j)	199.30	14.95	13.33	<0.0001
γ_{07} ($TRAIN_j$)	741.79	150.41	4.93	<0.0001
γ_{08} ($TYPE_j$)	1006.99	135.14	7.45	<0.0001
γ_{09} ($OUTRAT_j$)	-774.58	366.50	-2.11	0.0346
随机效应参数				
水平 2				
$\sigma_{\mu 0}^2$	1368919	128472	10.66	<0.0001
$\sigma_{\mu 1}^2$	240980	21701	11.10	0.3037
$\sigma_{\mu 01}$	44142	42916	1.03	<0.0001
水平 1				
σ^2	5047353	77445	65.16	<0.0001
-2log(likelihood)	264338.3			
AIC	264346.3			
BIC	264370.3			

从表 4-15 的估计结果可以看出,引入的 2 水平变量均在 5% 的显著性水平上显著,随机截距的方差 $\sigma_{\mu 0}^2$ 由 1967216 降到了 1368919,缩减了 0.3041,表明这 9 个变量可以解释水平 2 方差的 30.41%,即解释农户初始收入水平差异的 30.41%。

从水平 2 解释变量的回归系数看,人均生产性固定资产原值 ASSET、人均经营的土地面积 AREA、人均经济作物种植面积 ECONAREA、劳动力的平均年龄 AGE、平均受教育程度 EDU、受过培训的劳动力比例 TRAIN、农户的从业类型 TYPE 与农户的初始收入水平正相关,而劳动力数量 LABOR、外出就业的劳动力比例与农户的初始收入水平负相关。

(四) 用 2 水平变量解释收入增长率的差异

我们考虑影响 β_{1j} 的因素,引入全部的 2 水平变量,来解释斜率系数的变化,我们得到一个多变量的两水平发展模型：

$$y_{ij} = \beta_{0j} + \beta_{1j}t_{ij} + e_{ij} \tag{4-75}$$

$$\begin{aligned}\beta_{1j} = &\gamma_{10} + \gamma_{11}ASSET_j + \gamma_{12}AREA_j + \gamma_{13}ECONAREA_j + \gamma_{14}LABOR_j + \\ &\gamma_{15}AGE_j + \gamma_{16}EDU_j + \gamma_{17}TRAIN_j + \gamma_{18}TYPE_j + \gamma_{19}OUTRAT_j + \mu_{1j}\end{aligned} \tag{4-76}$$

将式（4-76）和式（4-73）代入式（4-75）得到一个混合效应线性模型：

$$\begin{aligned}y_{ij} = &\gamma_{00} + \gamma_{10}t_{ij} + (\gamma_{11}ASSET_j + \gamma_{12}AREA_j + \gamma_{13}ECONAREA_j + \gamma_{14}LABOR_j + \\ &\gamma_{15}AGE_j + \gamma_{16}EDU_j + \gamma_{17}TRAIN_j + \gamma_{18}TYPE_j + \gamma_{19}OUTRAT_j) \times t_{ij} + \\ &(\mu_{0j} + \mu_{1j}t_{ij} + e_{ij})\end{aligned} \tag{4-77}$$

使用 SAS9.2 软件估计上述模型，得到的估计结果如表 4-16 所示。

表 4-16 多变量两水平条件发展模型（4-77）的 ML 估计

参数	估计	标准误	t 值	P 值
固定效应参数				
γ_{00}（常数项）	2305.39	42.18	54.65	<0.0001
γ_{10}（t_{ij}）	-661.86	124.51	-5.32	<0.0001
γ_{11}（$t_{ij} \times ASSET_j$）	0.04	0.00	9.61	<0.0001
γ_{12}（$t_{ij} \times AREA_j$）	56.98	7.33	7.77	<0.0001
γ_{13}（$t_{ij} \times ECONAREA_j$）	15.05	4.79	3.14	0.0017
γ_{14}（$t_{ij} \times LABOR_j$）	-58.76	14.12	-4.16	<0.0001
γ_{15}（$t_{ij} \times AGE_j$）	24.27	2.47	9.85	<0.0001
γ_{16}（$t_{ij} \times EDU_j$）	58.70	6.03	9.74	<0.0001
γ_{17}（$t_{ij} \times TRAIN_j$）	155.64	63.52	2.45	0.0143
γ_{18}（$t_{ij} \times TYPE_j$）	254.45	54.63	4.66	<0.0001
γ_{19}（$t_{ij} \times OUTRAT_j$）	-335.37	146.47	-2.29	0.0221
随机效应参数				
水平 2				
$\sigma_{\mu0}^2$	1966440	142305	13.82	<0.0001
$\sigma_{\mu1}^2$	235803	22234	10.61	<0.0001
$\sigma_{\mu01}$	-50613	46533	-1.09	0.2767
水平 1				
σ^2	5050935	77550	65.13	<0.0001
-2log（likelihood）	264622.9			
AIC	264630.9			
BIC	264654.9			

模型（4-77）的估计结果显示，引入的 2 水平变量均在 5% 的显著性水平上显著。从水平 2 解释变量的回归系数看，人均生产性固定资产原值 ASSET、人均经营的土地面积 AREA、人均经济作物种植面积 ECONAREA、劳动力的平均年龄 AGE、平均受教育程度 EDU、受过培训的劳动力比例 TRAIN、农户的从业类型 TYPE 与农户收入的增长率正相关，而劳动力数量 LABOR、外出就业的劳动力比例与农户收入的增长率负相关。

（五）多变量两水平条件发展模型

我们考虑影响 β_{0j} 及 β_{1j} 的因素，得到一个多变量的两水平发展模型：

$$y_{ij} = \beta_{0j} + \beta_{1j} t_{ij} + e_{ij} \qquad (4-78)$$

$$\beta_{0j} = \gamma_{00} + \gamma_{01} ASSET_j + \gamma_{02} AREA_j + \gamma_{03} ECONAREA_j + \gamma_{04} LABOR_j +$$
$$\gamma_{05} AGE_j + \gamma_{06} EDU_j + \gamma_{07} TRAIN_j + \gamma_{08} TYPE_j + \gamma_{09} OUTRAT_j + \mu_{0j} \qquad (4-79)$$

$$\beta_{1j} = \gamma_{10} + \gamma_{11} ASSET_j + \gamma_{12} AREA_j + \gamma_{13} ECONAREA_j + \gamma_{14} LABOR_j +$$
$$\gamma_{15} AGE_j + \gamma_{16} EDU_j + \gamma_{17} TRAIN_j + \gamma_{18} TYPE_j + \gamma_{19} OUTRAT_j + \mu_{1j} \qquad (4-80)$$

将式（4-79）和式（4-80）代入式（4-78）得到一个混合效应线性模型：

$$y_{ij} = \gamma_{00} + \gamma_{10} t_{ij} + \gamma_{01} ASSET_j + \gamma_{02} AREA_j + \gamma_{03} ECONAREA_j + \gamma_{04} LABOR_j +$$
$$\gamma_{05} AGE_j + \gamma_{06} EDU_j + \gamma_{07} TRAIN_j + \gamma_{08} TYPE_j + \gamma_{09} OUTRAT_j +$$
$$(\gamma_{11} ASSET_j + \gamma_{12} AREA_j + \gamma_{13} ECONAREA_j + \gamma_{14} LABOR_j + \gamma_{15} AGE_j +$$
$$\gamma_{16} EDU_j + \gamma_{17} TRAIN_j + \gamma_{18} TYPE_j + \gamma_{19} OUTRAT_j) \times t_{ij} + (\mu_{0j} + \mu_{1j} t_{ij} + e_{ij})$$
$$(4-81)$$

使用 SAS9.2 软件估计上述模型，得到的估计结果如表 4-17 所示。

表 4-17 多变量两水平条件发展模型（4-81）的 ML 估计

参数	估计	标准误	t 值	P 值
固定效应参数				
γ_{00}（常数项）	-594.55	367.10	-1.62	0.1054
γ_{10}（t_{ij}）	-24.55	148.51	-0.17	0.8687
γ_{01}（$ASSET_i$）	0.06	0.01	5.02	<0.0001

续表

参数	估计	标准误	t 值	P 值
γ_{02} ($AREA_j$)	60.61	21.70	2.79	0.0053
γ_{03} ($ECONAREA_j$)	48.16	13.93	3.46	0.0006
γ_{04} ($LABOR_j$)	-44.09	41.51	-1.06	0.2883
γ_{05} (AGE_j)	60.76	7.32	8.3	<0.0001
γ_{06} (EDU_j)	169.69	17.90	9.48	<0.0001
γ_{07} ($TRAIN_j$)	806.32	179.02	4.5	<0.0001
γ_{08} ($TYPE_j$)	943.28	161.87	-5.83	<0.0001
γ_{09} ($OUTRAT_j$)	-391.29	449.84	-0.87	0.3845
γ_{11} ($t_{ij} \times ASSET_j$)	0.03	0.01	5.35	<0.0001
γ_{12} ($t_{ij} \times AREA_j$)	42.97	8.80	4.88	<0.0001
γ_{13} ($t_{ij} \times ECONAREA_j$)	5.03	5.64	0.89	0.3726
γ_{14} ($t_{ij} \times LABOR_j$)	-49.82	16.85	-2.96	0.0031
γ_{15} ($t_{ij} \times AGE_j$)	10.89	2.96	3.68	0.0002
γ_{16} ($t_{ij} \times EDU_j$)	21.42	7.22	2.97	0.003
γ_{17} ($t_{ij} \times TRAIN_j$)	-28.51	75.58	-0.38	0.7061
γ_{18} ($t_{ij} \times TYPE_j$)	43.24	65.45	-0.66	0.5089
γ_{19} ($t_{ij} \times OUTRAT_j$)	-233.99	179.80	-1.3	0.1932
随机效应参数				
水平 2				
$\sigma_{\mu 0}^2$	1316632	126255	10.43	<0.0001
$\sigma_{\mu 1}^2$	207570	20917	9.92	<0.0001
$\sigma_{\mu 01}$	87367	41370	2.11	<0.0001
水平 1				
σ^2	5046956	77445	65.17	<0.0001
-2log (likelihood)	264151.1			
AIC	264159.1			
BIC	264183.1			

该模型的参数估计及相关检验统计量列于表 4-17 中。可以看出，影响农户基期平均收入的因素（7 个）明显多于影响农户平均收入增长的因素（5 个）。与模型（4-75）和模型（4-77）相比，模型（4-81）相对应的 AIC 及 BIC 均显著减小；似然比统计量显著，表明模型（4-81）有较大的改善。假设模型（4-77）为零模型，模型（4-81）为现模型，我们可以计算水平 2 上方差解释比例贡献的大小，此时

$$R_{20}^2 = 1 - \frac{1316632}{1967216} = 0.3307, \quad R_{21}^2 = 1 - \frac{207570}{239340} = 0.1327$$

因此农户间平均收入增长率（斜率）的差异 13.27% 可以通过解释变量来解释，表明随机斜率模型拟合非常好。在随机截距模型中，农户间基期平均收入变异的 33.07% 可以通过引入变量来解释，虽然比例不是很高，但比原来固定效应的假设有较大的改善。因此，能否找到其他更好的解释变量刻画随机截距，将是需要进一步研究的课题。

（六）残差方差/协方差结构的选择

在模型构建中我们设定随机截距——斜率，分析了被解释变量初始水平和变化率的个体变异。下面我们通过设定适当的残差方差/协方差结构来分析个体内变异。常见的残差方差/协方差结构有 5 种，分别是：①非结构性残差方差/协方差结构（UN）；②复合对称残差方差/协方差结构（CS）；③一阶自回归残差方差/协方差结构（AR（1））；④ Toeplitz 残差方差/协方差结构（TOEP）；⑤Huynh – Feldt 残差方差/协方差结构（HF）。UN 设定一个非特定的残差方差/协方差结构，其所有残差方差/协方差参数具有不同的估计值。CS 假设所有方差和协方差分别相等，仅需估计两个参数——共同方差和共同协方差。AR（1）确定的是一阶自回归结构，它是时间序列数据中很常见的一种残差方差/协方差结构，它假设残差方差相等，以及时滞残差间的相关系数随时间推移呈指数衰减。TOEP 适合于共同方差，但任意时滞相关残差的时间序列结构，其不假定序列相关系数随时间衰减，因此比 AR（1）局限性小。HF 设定值符合对称残差方差/协方差结构，其假设残差方差不同，每个协方差由两个相关方差的均值减去一常数参数取得。

在 SAS9.2 中设定不同的残差方差/协方差结构，估计后的信息准则值如表 4 – 18 所示。

表 4 – 18　不同残差方差/协方差结构模性的拟合信息值比较

残差方差/协方差结构	– 2LL	AIC	AICC	BIC
AR（1）	264276.7	264280.7	264280.7	264292.7
UN	264151.1	264159.1	264159.1	264183.1
CS	264276.7	264280.7	264280.7	264292.7
HF	264151.1	264159.1	264159.1	264183.1
TOEP	264262.1	264268.1	264268.1	264268.1

从表 4-18 中可以看出，残差方差/协方差结构为 UN 或 HF 时，$-2LL$、AIC、$AICC$ 和 BIC 值均是最小的，因此可选择残差方差/协方差结构为 UN 或 HF 的模型作为最终模型。设定残差方差/协方差结构为 UN，逐步剔除不显著的变量，得到模型（4-81）的最终估计，如表 4-19 所示。

表 4-19 模型 (4-81) 的最终估计结果

参数	估计	标准误	t 值	P 值
固定效应参数				
γ_{00}（常数项）	-750.17	320.95	-2.34	0.0195
γ_{10}（t_{ij}）	-14.43	131.16	-0.11	0.9124
γ_{01}（$ASSET_j$）	0.06	0.01	5.09	<0.0001
γ_{02}（$AREA_j$）	65.11	21.40	3.04	0.0024
γ_{03}（$ECONAREA_j$）	54.98	11.84	4.64	<0.0001
γ_{05}（AGE_j）	61.98	7.24	8.56	<0.0001
γ_{06}（EDU_j）	171.21	17.54	9.76	<0.0001
γ_{07}（$TRAIN_j$）	768.22	150.18	5.12	<0.0001
γ_{08}（$TYPE_j$）	1003.34	134.69	-7.45	<0.0001
γ_{11}（$t_{ij} \times ASSET_j$）	0.03	0.01	5.48	<0.0001
γ_{12}（$t_{ij} \times AREA_j$）	41.07	8.49	4.84	<0.0001
γ_{14}（$t_{ij} \times LABOR_j$）	-60.16	14.10	-4.27	<0.0001
γ_{15}（$t_{ij} \times AGE_j$）	10.67	2.93	3.64	0.0003
γ_{16}（$t_{ij} \times EDU_j$）	21.14	6.86	3.08	0.0021
γ_{17}（$t_{ij} \times TRAIN_j$）	323.84	146.16	-2.22	0.0268
γ_{19}（$t_{ij} \times OUTRAT_j$）	-750.17	320.95	-2.34	0.0195
随机效应参数				
水平 2				
$\sigma_{\mu 0}^2$	1315640	126189	10.43	<0.0001
$\sigma_{\mu 1}^2$	207088	20895	9.91	<0.0001
$\sigma_{\mu 01}$	87851	41332	2.13	0.0335
水平 1				
σ^2	5047212	77450	65.17	<0.0001
$-2\log$ (likelihood)	264203.6			
AIC	264211.6			
BIC	264235.6			

四、主要结论

从模型（4-81）及表 4-19 可得到如下结论：

第一，农户基期平均收入（截距参数）与人均生产性固定资产原值 ASSET、人均经营的土地面积 AREA、人均经济作物播种面积 ECONAREA、农户家庭劳动力的平均年龄 AGE、平均受教育程度 EDU、劳动力培训比例 TRAIN、从业类型 TYPE 显著相关。也就是说：农户家庭的人均纯收入的初始差异是由资本、土地资源、劳动的投入差异以及就业结构的差异造成的，资本资源投入越多，初始收入越高；劳动力的素质越高，初始收入越高；非农业比例越高、传统农业比例越低，初始收入越高。

第二，劳动力人数 LABOR 的系数为负，即表明劳动力越多，平均初始收入反而越低。但这一影响并不显著。这说明农户家庭存在劳动力过剩，表明在云南边疆少数民族地区，剩余劳动力的转移并不很成功，仍然存在劳动力过剩的现象。

第三，农户平均收入的增长率与人均生产性固定资产原值 ASSET、人均经营的土地面积 AREA、劳动力人数 LABOR、农户家庭劳动力的平均年龄 AGE、平均受教育程度 EDU 显著相关。人均生产性固定资产原值 ASSET、人均经营的土地面积 AREA、农户家庭劳动力的平均年龄 AGE、平均受教育程度 EDU 的系数为正，表明随着资本、土地资源投入和人力资本的增加，收入的增长率将增加。劳动力人数 LABOR 和劳动力外出比例 OUTRAT 的系数为负，说明劳动力人数的增加和劳动力外出比例的增加反而会使人均收入的增长率下降，表明西部民族地区的劳动力过剩，增加劳动力所带来的收入不足抵消劳动力增长对收入的平均效应，且劳动力的转移不成功，外出的劳动力由于种种原因没有给家庭带来相应的收入增长，甚至还可能会带走部分家庭收入。

第四，在多水平模型中，$\sigma_{\mu 01}$ 的估计显著为正，说明随机截距与随机斜率正相关，即表明基期农户人均收入越高，其增长能力越强。因此，表明农户人均收入在少数民族地区可能不存在趋同特征，需要进一步研究。

第五章 西部民族地区的消费环境与农户消费

许多国内学者认为，影响我国农户消费需求增长的因素除了收入、价格和消费观念外，农村消费环境差且长期得不到改善也是一大"瓶颈"。它对农户消费需求增长形成的束缚链条，不利于农村消费市场的繁荣。农村的消费环境不如人意，表现在生态环境、社会文化环境和市场环境等方面，主要原因在于农村基础设施薄弱、消费侵权现象普遍、农村市场体系建设滞后。因此，优化农村消费环境，释放农村消费潜能，扩大农民消费需求，是扩大内需的重要方面。本章将利用农户家庭的微观数据，建立多水平统计分析模型，测度微观外部环境对西部民族地区农户家庭消费支出的影响。

第一节 西部民族地区农户的消费环境问题及现状分析

一、农户的消费环境问题

中国是一个农村人口占大多数的国家，根据 2010 年人口普查结果显示，居住在农村的人口占 50.32%，是最大的消费群体，但农村消费支出只占全国消费支出的 25% 左右。农村消费水平低的原因，一是收入绝对水平低，二是农村消费环境欠佳。我国广袤的西部民族地区，由于自然环境恶劣、社会发展滞后、市场发育不足，人民的收入和消费水平受环境的制约更大。因此，优化农村消费环境，释放农村居民的消费潜能，不仅是提高西部民族地区居民生活质量的需要，也是扩大内需、促进西部经济良性循环和健康发展的重要方面。

关于消费环境对农村居民消费支出的影响，学者们从消费环境的方方面面进行了研究。他们的主要观点基本一致，均认为农村的消费环境不如人意，制约了农村消费需求的增长，表现在生态环境、社会文化环境和市场环境等方面。生态环境方面，胡雪萍（2003），刘湖（2006），汤跃跃、张毓雄（2006）就空气、水源、土壤污染，植被破坏等进行了分析；社会文化环境方面，韩留富、王丽琦（2010），陈奇（2011）等就基础设施、公共服务、消费观念、社会保障、治安环境等对消费支出的影响进行了理论探讨；市场环境方面，王明祥、周建华（2004），李璐（2010）和农村消费问题研究课题组（2007）就流通渠道、市场秩序、消费侵权、市场体系建设等进行了分析。在实证研究方面，冯晓燕、刘兆征（2008）以农村电网改造为例，分析了消费硬件环境的改善对农村居民消费需求的影响；王新利、吕火花（2006）则通过建立回归模型验证了农村流通体系与农村居民消费的相关关系。

现有文献为我们研究消费环境对农户消费支出的影响提供了基础。但这些研究基本上以定性分析为主，缺少消费环境对消费支出影响的定量研究。少数的定量分析（冯晓燕和刘兆征①，2008；王新利和吕火花②，2006）中消费环境的指标单一，对消费环境的代表性不足；且以宏观数据为主的研究，忽略了农户家庭作为决策个体的作用；而以微观调研数据为基础的研究，使用的估计方法（OLS）都没有考虑数据的层次结构。一般而言，居住在同一区域的农户，他们所面临的消费环境是相同的，消费的差异主要来自收入。农户居住的不同区域会形成数据的层次结构（农户—区域），同一区域的农户消费具有较高的相似性，而不同区域的农户消费具有较大的差异性（异质性）。对于这种存在层次结构的数据，传统的OLS估计由于模型的高斯假设不再成立，其估计的系数标准误会产生偏倚，导致统计检验的错误和推断错误。

本书在已有研究的基础上，利用现有的农村住户调查数据集，对消费环境的

---

① 冯晓燕，刘兆征. 消费环境对农村居民消费的影响——以农村电网改造为例 [J]. 农业经济问题，2008（6）.

② 王新利，吕火花. 农村流通体系对农村消费的影响 [J]. 农业经济问题，2006（3）.

指标进行了梳理,将消费环境分解为地理环境、基础设施、文化传统和市场距离,选择这四类指标的代表变量综合表征消费环境;同时,采用分层线性回归模型的估计方法,反映数据的层次结构和聚集特征,以便更准确地测量西部民族地区农户所面临的消费环境对其消费支出的影响。

二、农户的消费环境分析

消费环境泛指影响居民消费的外部因素,广义上消费环境包括自然环境、社会文化环境和市场环境。我国是一个地域辽阔的多民族国家,各地自然条件、风俗习惯差异较大,农村消费环境的差别更为明显。考虑到数据的可得性,本书从地理位置、基础设施、市场距离和文化传统四个方面考察云南红河州农户的微观消费环境。

红河州位于云南南部,总体上看,是一个以山地为主的地区。根据2009年的抽样数据,该州68.3%的农户居住在山地,11.7%的农户居住在丘陵,仅有20%的农户居住地为平原。在全部298个调查村中,仅有13.3%的村为郊区村。距离县城在20千米以上的行政村占多数,为70.8%,距离县城在10千米以下的村仅占14.5%。

虽然最近几年来,西部农村地区的基础设施建设有了较大的进展,但总体上还是处于比较落后的状况。2009年,红河州的农村调查户中,还有1%的村庄没有通公路,0.3%的村庄没有电,3.3%的村庄没有固定电话,3%的村庄不能收看到电视节目;仅有46.7%的农户能够饮用到自来水,63.5%的农户家庭的户外道路为水泥或柏油路面。

西部民族地区的农村市场发展滞后。农民多采用赶集的方式去购买自己的生产生活资料,或者出售自己的部分农产品。通常一周一个赶集天,集市一般设置在乡镇政府所在地。因此距离乡镇政府的距离也就代表了农户到市场的距离。抽样结果显示:42%的农户到乡镇政府的距离在5千米以内,24.7%的农户距离乡镇政府在5~10千米,但仍然有33.4%的农户到乡镇政府的距离在10千米以外。如果乡镇一级的市场满足不了需求,农户只能到县城一级的市场。乡县二级市场是农村居民消费的主要市场。同时,乡镇政府所在地也是学校、邮局和卫生所等所在地。统计检验结果表明:农户到乡镇政府的距离与到小学的距离、到初中的距离、到邮局的距离、到卫生所的距离(距离按远近依次定义为5类)均高度正相关（相关性检验的 Gamma 系数均在 1% 的水平下显著），表明现阶段，乡镇政府所在地是农村居民的集贸市场和公共设施集中所在。

三、农户的消费现状

农户家庭的生活消费水平较低，食品消费支出的比例过大。2009 年，红河州农户的人均生活性消费支出为 2864.54 元，其中人均食品消费支出 1360.52 元，占人均生活消费支出的 47.5%。其次是居住和交通通信支出，分别为 449.46 元和 306.57 元，占 15.7% 和 10.7%。文化教育和医疗保健的消费支出相差不多，分别为 211.72 元和 209.73 元，占人均生活消费支出的 7.4% 和 7.3%。农户家庭生活消费支出较小的项目是家庭设备（138.74 元）、衣着（127.53 元）和其他商品（60.28 元），分别占 4.8%、4.5% 和 2.1%。

农户家庭的人均生活消费支出受地理环境的影响较大。平原地区农户的人均消费支出最高，为 4336.95 元，丘陵地区的人均消费支出相对较低，为 3459.48 元，而居住在山地的农户，其人均消费支出最低，仅为 2724.75 元。郊区村农户人均消费支出为 4111.76 元，而非郊区村农户的人均消费支出仅 2982.31 元。

交通等基础设施对农户家庭的人均生活消费支出影响明显。户外道路为水泥或柏油路面的农户家庭人均消费支出为 3503.90 元，户外路面为沙石泥土的农户家庭人均消费支出为 2486.54 元，两者相差 1017.36 元。距离乡镇政府 10 千米以内的农户家庭人均消费支出为 3358.89 元，而 10 千米以外的农户家庭人均消费支出为 2680.93 元。

对于西部民族地区，文化传统和风俗习惯也是影响消费的重要因素，尤其是少数民族的农村居民，其生活习惯、风俗传统明显地不同于汉族。在红河州，76% 的农户为少数民族村农户，他们的消费不可避免地要受到少数民族文化传统的影响。民族文化传统不同，农户家庭的消费水平不同。汉族村的农户人均消费支出为 3847.36 元，而少数民族村的农户人均消费支出仅 2907.29 元。

第二节 消费环境影响农户消费支出的实证分析

一、数据、变量与模型

（一）数据来源

本书所用的数据来自云南红河哈尼族彝族自治州统计局 2009 年对该州的农村住户所做的调查数据。红河州统计局的农村住户调查覆盖了全州 13 个县市，随机抽取了 298 个行政村，每村取样 10~15 户，总样本容量为 3000 户。调查数据包括了农户收入、支出的方方面面，还包括了农户所在行政村的地理环境、基础建设和社会发展状况等。本书使用的是一个具有分层结构的数据库，将 3000 个农户按行政村分层，形成一个两层（农户—行政村）结构的数据库，其中水平 1 为农户，水平 2 为行政村。

（二）变量定义

在本书中，我们用农户家庭的人均生活消费支出作为被解释变量，影响生活消费支出的收入和消费环境作为解释变量。收入的度量使用农户家庭的人均纯收入。对于消费环境，可以采用农户居住地的地势及是否为郊区村来表示地理环境；由于云南红河州的绝大多数农村地区已经通了电和路，移动通信网络也已经覆盖云南全省，这些基础设施在村庄之间几乎没有差异，因此选用农户家庭户外的路面状况、是否饮用自来水、是否能收看到电视节目来代表其基础设施状况；对于市场环境，现有的数据缺少合适的度量，鉴于农村的市场多集中在县城或乡镇政府所在地，因此选用行政村到县城的距离和到乡镇政府的距离来代表农户距离市场的远近。事实上，乡镇政府所在地不仅是农村的集贸市场所在地，也是中小学、邮局、卫生所的所在地。因此，到乡镇政府的距离不仅意味着到最近市场的距离，也意味着农户是否能方便地享受到已有的公共设施。模型中涉及的变量的具体定义如表 5-1 所示。

表 5-1 模型涉及的变量定义与数据描述

变量	变量组别	定义	均值	标准差
Y_{ij}	农户消费	农户家庭的人均消费支出（元）	3132.91	3201.52
X_{1ij}	农户收入	农户家庭的人均纯收入（元）	3715.85	3307.25
X_{2ij}	基础设施	户外路面状况 $X_2 = \begin{cases} 1 & 水泥或柏油路面 \\ 0 & 沙石或泥土路面 \end{cases}$	0.6353	0.4814
X_{3ij}	基础设施	农户家庭饮用水源状况 $X_3 = \begin{cases} 1 & 自来水 \\ 0 & 其他 \end{cases}$	0.4670	0.4990
Z_{1j}	基础设施	是否能接收到电视节目 $Z_1 = \begin{cases} 1 & 是 \\ 0 & 否 \end{cases}$	0.9700	0.1706
Z_{2j}	地理环境	地势 $Z_{21} = \begin{cases} 1 & 平原 \\ 0 & 其他 \end{cases}$, $Z_{22} = \begin{cases} 1 & 丘陵 \\ 0 & 其他 \end{cases}$	0.2000 0.1167	0.4001 0.3211
Z_{3j}	地理环境	是否郊区村 $Z_3 = \begin{cases} 1 & 是 \\ 0 & 否 \end{cases}$	0.1333	0.3400
Z_{4j}	文化传统	是否民族村 $Z_4 = \begin{cases} 1 & 是 \\ 0 & 否 \end{cases}$	0.7600	0.4272
Z_{5j}	市场距离	到最近乡镇政府的距离 $Z_5 = \begin{cases} 1 & 小于10公里 \\ 0 & 10公里以外 \end{cases}$	0.6667	0.4715
Z_{6j}	市场距离	到最近县城的距离 $Z_6 = \begin{cases} 1 & 小于20公里 \\ 0 & 20公里以外 \end{cases}$	0.2917	0.4546

注：变量的下标 ij 代表该样本取自第 j 个行政村的第 i 个农户，标识下标 ij 的变量为 1 水平变量，仅有下标 j 的为 2 水平变量。

（三）模型构建

关于居民的消费行为理论，目前具有代表性的观点有：绝对收入消费理论、相对收入消费理论、生命周期消费理论、持久收入消费理论、随机游走消费理论、预防性储蓄消费理论、流动性约束消费理论和缓冲库存储蓄理论。大量的实证研究表明，绝对收入理论比较符合亚洲国家尤其是我国的发展轨迹（罗云毅[①]，1999）。绝对收入理论是由西方著名的经济学家凯恩斯提出来的，其基本观点是：消费支出是当期可支配收入的稳定函数，在短期内人们的消费主要取决

---

① 罗云毅. 投资消费比例关系理论研究回顾 [J]. 宏观经济研究，1999（12）.

于当期收入的多少,随着收入的增加,人们的消费也增加,但边际消费倾向递减,且平均消费倾向大于边际消费倾向。对于我国的农村居民,尤其是西部的农村居民,由于其绝对收入水平较低,可支配收入几乎是影响消费支出的唯一重要因素。根据绝对收入理论:

$$消费 = f(收入) \qquad (5-1)$$

在控制了收入对消费支出的影响后,再考虑消费环境对消费支出的影响,假设消费支出是收入和消费环境(包括基础设施、地理环境和市场距离)的函数,为了反映民族文化传统对农户消费的影响,体现少数民族与汉族在消费上的区别,我们引入了一个反映民族传统文化的虚变量(民族村),将模型(5-1)扩展为:

$$消费 = f(收入,基础设施,地理环境,市场距离,民族村) \qquad (5-2)$$

(四)数据结构检验

通常同村的农户面临的消费环境是相同的,而且同村的农户消费受"示范效应"和"攀附性"的影响,有趋同的趋势,不同村之间的农户,由于相距较远,相互的影响小,消费的差异比较大,因此农户的消费支出具有村内同质、村间异质的特征。可以运用空模型

$$Y_{ij} = \gamma_0 + \mu_{0j} + e_{ij} \qquad (5-3)$$

来检验农户家庭消费支出的这种村内同质、村间异质性质。运用 SAS9.2(下文中模型的估计均采用该软件)对空模型进行估计,结果显示:水平 1 随机截距方差($\sigma_{\mu 0}^2 = 1877055$,$P < 0.0001$)和水平 1 残差方差估计($\sigma^2 = 7549126$,$P < 0.0001$)均显著,表明各村的人均消费支出水平有显著差异,其组内相关系数

$$ICC = \frac{\sigma_{\mu 0}^2}{\sigma_{\mu 0}^2 + \sigma^2} = 0.1991 \qquad (5-4)$$

显著,表明在家庭的人均生活消费支出中约有 19.91% 的总变异是由村与村之间的消费环境等不同所引起的。因此,该数据适合用多水平模型进行分析。

二、微观环境模型的估计和检验

(一)用组水平变量解释截距变异

由于家庭的人均消费支出存在显著的村间变异,首先用 2 水平的变量来解释这种变异。在空模型(5-3)中纳入 2 水平的解释变量:

水平 1：$Y_{ij} = \beta_{0j} + e_{ij}$ (5-5)

水平 2：$\beta_{0j} = \gamma_{00} + \gamma_{01}Z_{1j} + \gamma_{02}Z_{21j} + \gamma_{03}Z_{22j} + \gamma_{04}Z_{3j} + \gamma_{05}Z_{4j} + \gamma_{06}Z_{5j} + \gamma_{07}Z_{6j} + \mu_{0j}$ (5-6)

将式（5-6）代入式（5-5），得到总模型：

$Y_{ij} = \gamma_{00} + \gamma_{01}Z_{1j} + \gamma_{02}Z_{21j} + \gamma_{03}Z_{22j} + \gamma_{04}Z_{3j} + \gamma_{05}Z_{4j} + \gamma_{06}Z_{5j} + \gamma_{07}Z_{6j} + \mu_{0j} + e_{ij}$ (5-7)

模型（5-7）的估计结果如表 5-2 所示。

表 5-2 纳入 2 水平解释变量后的模型估计

参数	估计	标准误	t 值	P 值
固定效应参数				
γ_{00}	1284.09	517.47	2.48	0.0136
γ_{01} (Z_{1j})	941.17	484.74	1.94	0.0523
γ_{02} (Z_{21j})	1240.39	258.44	4.80	<0.0001
γ_{03} (Z_{22j})	444.24	296.73	1.50	0.1345
γ_{04} (Z_{3j})	733.30	260.42	2.82	0.0049
γ_{05} (Z_{4j})	-477.83	224.46	-2.13	0.0334
γ_{06} (Z_{5j})	269.09	182.09	1.48	0.1396
γ_{07} (Z_{6j})	83.01	216.86	0.38	0.7019
随机效应参数				
Var (e_{ij})：σ^2	7547592	205339	36.76	<0.0001
Var (μ_{0j})：$\sigma^2_{\mu 0}$	1227907	163359	7.52	<0.0001
-2log (likelihood)	56312.7			
AIC	56332.7			
BIC	56369.7			

估计结果显示：Z_1、Z_{21}、Z_3、Z_4 在 5% 的显著性水平下显著，Z_{22}、Z_5 和 Z_6 不显著，表明农户居住地的基础设施情况、地理环境和到市场的距离大小对于各村的农户人均消费支出水平有显著影响。但是，就居住地的地势而言，丘陵村和山地村没有显著差别。市场距离中，到乡镇的距离显著，而到县城的距离并不显著，表明农户的主要消费市场在乡镇一级。$\gamma_{00} = 1284.09$，即 Z_1、Z_{21}、Z_{22}、Z_3、Z_4、Z_5、Z_6 都取值为 0 时相应的总体均数结局的估计值。即位于山区的非郊区

非少数民族村，不能接收到电视节目，且距离乡镇政府的距离大于10千米，距离最近县城的距离大于20千米的农户家庭人均消费支出为1284.09元。γ_{01} = 941.17，表示其他条件相同的情况下，相比不能接收到电视节目的行政村，能接收到电视节目的行政村的农户的人均消费支出平均高出941.17元，但这个差异仅有弱显著性($P = 0.0523$)。$\gamma_{02} = 1240.39$，$\gamma_{03} = 444.24$，表明其他条件相同的情况下，平原村的人均消费支出最高，比山区村高出1240.39元，其次是丘陵村，比山区村高出444.24元，平原村与山区村的人均消费支出差异显著，丘陵村与山区村的人均消费支出差异不显著。郊区村比非郊区村的人均消费支出高出733.30元，民族村比非民族村的人均消费支出低477.83元，差异均是显著的。$\gamma_{06} = 269.09$，$\gamma_{07} = 83.01$，表明行政村距离乡镇政府和县城的距离越近，其人均消费支出越高，但这种差异不具有显著性。

加入2水平的解释变量后，随机截距方差 $\hat{\sigma}_{\mu 0}^2$ 从1877055降到了1466248，水平2总变异量的缩减比例为21.89%(缩减比例 = 1 − 1466248/1877055)，表明这几个变量解释了水平2总变异的21.89%。水平1残差方差 $\sigma^2 = 7547592$，略有减少，两者仍然显著(P 均小于0.0001)，表明水平2解释变量可以解释部分组间差异，但不能解释组内变异。纳入水平2解释变量后，−2LL 从56397.8降至56314.6，故LR检验的卡方值为83.2，自由度 df = 7，相应的 $P < 0.0001$，表明带着随机截距和组水平解释变量的模型拟合数据比空模型好。纳入协变量后的组内相关系数(ICC)被称为条件组内相关系数，反映控制水平2解释变量后的组内同质性或组间异质性。可计算现有模型的条件组内相关系数为：

$$ICC = \frac{\hat{\sigma}_{\mu 0}^2}{\hat{\sigma}_{\mu 0}^2 + \hat{\sigma}^2} = \frac{1240524}{1240524 + 7547543} = 0.1412$$

相比空模型时的无条件组内相关系数0.1991，下降了近0.06，表明消费环境变量的引入降低了模型的组间异质性。

(二) 纳入水平1解释变量

随后，在模型中纳入水平1的解释变量 X_1、X_2 和 X_3，相应的模型为：

水平1：$Y_{ij} = \beta_{0j} + \beta_1 X_{1ij} + \beta_2 X_{2ij} + \beta_3 X_{3ij} + e_{ij}$ (5 − 8)

水平2：$\beta_{0j} = \gamma_{00} + \gamma_{01} Z_{1j} + \gamma_{02} Z_{21j} + \gamma_{03} Z_{22j} + \gamma_{04} Z_{3j} + \gamma_{05} Z_{4j} + \gamma_{06} Z_{5j} + \gamma_{07} Z_{6j} + \mu_{0j}$

(5 − 9)

总模型：$Y_{ij} = \gamma_{00} + \gamma_{01} Z_{1j} + \gamma_{02} Z_{21j} + \gamma_{03} Z_{22j} + \gamma_{04} Z_{3j} + \gamma_{05} Z_{4j} +$

$$\gamma_{06}Z_{5j} + \gamma_{06}Z_{6j} + \beta_1 X_{1ij} + \beta_2 X_{2ij} + \beta_3 X_{3ij} + \mu_{0j} + e_{ij} \qquad (5-10)$$

模型（5-10）的估计结果如表5-3所示。

表5-3 纳入1水平解释变量后的模型估计

参数	估计	标准误	t值	P值
固定效应参数				
γ_{00}	596.68	447.92	1.33	0.1839
γ_{01} (Z_{1j})	445.31	420.82	1.06	0.2901
γ_{02} (Z_{21j})	681.38	232.26	2.93	0.0034
γ_{03} (Z_{22j})	258.30	256.14	1.01	0.3133
γ_{04} (Z_{3j})	127.27	228.64	0.56	0.5778
γ_{05} (Z_{4j})	-492.64	193.28	-2.55	0.0109
γ_{06} (Z_{5j})	287.47	157.47	1.83	0.0680
γ_{07} (Z_{6j})	137.42	186.76	0.74	0.4619
β_1 (X_{1ij})	0.3093	0.0165	18.76	<0.0001
β_2 (X_{2ij})	346.70	151.19	2.29	0.0129
β_3 (X_{3ij})	-12.65	142.83	-0.09	0.9294
随机效应参数				
Var (e_{ij}): σ^2	6888474	187476	36.74	<0.0001
Var (μ_{0j}): $\sigma^2_{\mu0}$	779080	121800	6.40	<0.0001
-2log (likelihood)	55976.1			
AIC	56002.1			
BIC	56050.2			

从模型（5-10）估计的结果看，加入1水平解释变量后，Z_1和Z_3变得不显著。水平1的解释变量X_1和X_2显著，X_3不显著，表明农户家庭是否饮用自来水对人均消费支出没有明显的影响，户外的路面状况对家庭人均消费支出的影响显著，且使得能否收看电视节目和是否在郊区村对农户消费支出的影响变得不显著。

纳入1水平变量后，水平1残差方差σ^2从7547592降到了6888474，水平1总变异量的缩减比例为0.0873（缩减比例=1-6888474/7547592），表明水平1的三个解释变量解释了水平1总变异的8.73%。随机截距方差$\sigma^2_{\mu0}$从1227907降到了779080,水平2总变异量的缩减比例为0.3720(缩减比例 = 1 - 779080/1240524),表明纳入水平1解释变量后,水平2总变异缩减了37.20%,表明农户家庭的收入水平和户外交通设施状况不仅影响消费的村内差异,也是村与村之间消费水平差异的重要原因。

(三)随机斜率检验

下面我们讨论水平1解释变量对结局测量的效应是否随组群变化,即检验水平1斜率在组间是否有显著变化。检验的结果有助于确定在最终模型中哪些水平1斜率应设为固定系数,哪些应设为随机系数。

检验的零假设是 H_0: $\text{Var}(\beta_{qj}) = 0$ 或 $\sigma_{uq}^2 = 0$。

如果检验结果拒绝原假设 H_0,则水平1斜率 β_{qj} 被确定为随机斜率。一旦水平1斜率被设为随机斜率,则须在相应的宏观模型中加入水平2解释变量来解释其变异。

先将变量 X_1、X_2 和 X_3 的斜率设为随机斜率,相应的模型如下:

水平1: $Y_{ij} = \beta_{0j} + \beta_{1j}X_{1ij} + \beta_{2j}X_{2ij} + \beta_{3j}X_{3ij} + e_{ij}$ (5-11)

水平2: $\beta_{0j} = \gamma_{00} + \gamma_{01}Z_{1j} + \gamma_{02}Z_{21j} + \gamma_{03}Z_{22j} + \gamma_{04}Z_{3j} + \gamma_{05}Z_{4j} + \gamma_{06}Z_{5j} + \gamma_{07}Z_{6j} + \mu_{0j}$

(5-12)

$\beta_{kj} = \gamma_{k0} + u_{kj}(k = 1, 2, 3)$ (5-13)

将式(5-12)和式(5-13)代入式(5-11),得

总模型: $Y_{ij} = \gamma_{00} + \gamma_{01}Z_{1j} + \gamma_{02}Z_{21j} + \gamma_{03}Z_{22j} + \gamma_{04}Z_{3j} + \gamma_{05}Z_{4j} + \gamma_{06}Z_{5j} + \gamma_{07}Z_{6j} + \gamma_{10}X_{1ij} + \gamma_{20}X_{2ij} + \gamma_{30}X_{3ij} + \mu_{0j} + \mu_{1j}X_{1ij} + \mu_{2j}X_{2ij} + \mu_{3j}X_{3ij} + e_{ij}$

(5-14)

运用SAS9.2估计模型(5-14),结果如表5-4所示。

表5-4 设为随机斜率后的模型估计

参数	估计	标准误	t值	P值
固定效应参数				
γ_{00}	930.52	586.92	1.59	0.1400
γ_{01} (Z_{1j})	484.03	318.18	1.52	0.1283
γ_{02} (Z_{21j})	682.58	238.77	2.86	0.0043
γ_{03} (Z_{22j})	307.21	228.77	1.34	0.1791

续表

参数	估计	标准误	t值	P值
γ_{04} (Z_{3j})	278.91	228.59	1.16	0.2478
γ_{05} (Z_{4j})	-484.35	241.29	-2.73	0.0064
γ_{06} (Z_{5j})	-26.87	177.66	-0.55	0.5826
γ_{07} (Z_{6j})	-30.75	48.87	-0.34	0.7345
β_1 (X_{1ij})	0.3135	90.66	19.05	<0.0001
β_2 (X_{2ij})	396.99	0.0165	2.78	0.0090
β_3 (X_{3ij})	-31.89	143.01	-0.25	0.8066
随机效应参数				
Var (e_{ij}): σ^2	6902485	188176	36.68	<0.0001
Var (μ_{0j}): σ_{u0}^2	7631.28	104156	0.07	0.4708
Var (μ_{2j}): σ_{u2}^2	1199885	223704	5.36	<0.0001
Var (μ_{3j}): σ_{u3}^2	0	.	.	
-2log (likelihood)	55951.7			
AIC	55979.7			
BIC	56031.5			

在仅考虑各随机斜率的方差时,将 X_1 斜率设为随机后模型不收敛,表明不应将 X_1 的系数设为随机系数。X_3 的系数的方差估计值为 0,表明应设为非随机系数。X_2 斜率方差的估计($\sigma_{\mu2}^2 = 1199885$,$P<0.0001$)显著,而水平 1 随机截距方差($\sigma_{\mu0}^2 = 763.28$,$P = 0.4708$)变得不显著。最后加入随机截距和 X_2 的随机斜率之间的协方差项,检验结果显示:随机截距的方差不显著($\sigma_{\mu0}^2 = 103635$,$P = 0.1902$),X_2 斜率的方差估计 $\sigma_{\mu2}^2 = 0$,但两者的协方差显著($\sigma_{\mu02} = 613258$,$P<0.0001$)。这表明:农户的边际消费倾向(X_1 的斜率)不具有随机性,X_2 和各村人均消费支出的平均水平正相关,X_2 和水平 2 的解释变量一起解释了水平 2 总变异的 92%。换句话说,农户家庭户外的路面状况是影响各村平均消费水平的主要因素,不仅在个体水平,而且也在村组水平上影响家庭的人均消费支出。

(四)估计最终模型

根据上述检验结果,将最终模型设定为:

水平 1:$Y_{ij} = \beta_{0j} + \beta_1 X_{1ij} + \beta_{2j} X_{2ij} + \beta_3 X_{3ij} + e_{ij}$ (5-15)

水平 2:$\beta_{0j} = \gamma_{00} + \gamma_{01} Z_{1j} + \gamma_{02} Z_{21j} + \gamma_{03} Z_{22j} + \gamma_{04} Z_{3j} +$
$\gamma_{05} Z_{4j} + \gamma_{06} Z_{5j} + \gamma_{07} Z_{6j} + \mu_{0j}$ (5-16)

$$\beta_{2j} = \gamma_{20} + \gamma_{21}Z_{1j} + \gamma_{22}Z_{21j} + \gamma_{23}Z_{22j} + \gamma_{24}Z_{3j} +$$
$$\gamma_{25}Z_{4j} + \gamma_{26}Z_{5j} + \gamma_{27}Z_{6j} + \mu_{2j} \tag{5-17}$$

总模型：

$$Y_{ij} = \gamma_{00} + \gamma_{01}Z_{1j} + \gamma_{02}Z_{21j} + \gamma_{03}Z_{22j} + \gamma_{04}Z_{3j} + \gamma_{05}Z_{4j} + \gamma_{06}Z_{5j} + \gamma_{07}Z_{6j} + \beta_1 X_{1ij} +$$
$$(\gamma_{20} + \gamma_{21}Z_{1j} + \gamma_{22}Z_{21j} + \gamma_{23}Z_{22j} + \gamma_{24}Z_{3j} + \gamma_{25}Z_{4j} + \gamma_{26}Z_{5j} + \gamma_{27}Z_{6j})X_{2ij} +$$
$$\beta_3 X_{3ij} + (\mu_{0j} + \mu_{2j}X_{2ij} + e_{ij}) \tag{5-18}$$

模型（5-18）实际上是一个混合线性模型，其残差结构（$e_{ij} + \mu_{0j} + X_{2ij}\mu_{2j}$）设定为非结构性残差方差—协方差结构，其在不同村庄之间是独立的，但在同一村庄的不同农户家庭的观测值是相关的。因此，两水平模型反映了数据的层次结构，在参数估计中很好地解决了残差的异方差问题，能够避免 OLS 估计中由于违背高斯假设所造成的偏倚。

运用 SAS9.2 软件，采用限制性最大似然法（REML）估计模型（5-18），并逐步剔除不显著的变量，最终结果如表 5-5 所示。

表 5-5 农户家庭消费支出的两水平模型估计结果

参数	估计	标准误	t 值	P 值
固定效应参数				
γ_{00}	1079.09	189.63	5.69	<0.0001
γ_{02} (Z_{21j})	507.76	168.13	3.02	0.0027
γ_{05} (Z_{4j})	-415.31	118.32	-3.51	0.0005
γ_{06} (Z_{5j})	310.63	136.24	2.28	0.0233
β_1 (X_{1ij})	0.3948	0.0202	19.52	<0.0001
β_2 (X_{2ij})	304.01	101.34	3.00	0.0028
随机效应参数				
Var (e_{ij}): σ^2	6903128	188219	36.68	<0.0001
Var (μ_{0j}): $\sigma^2_{\mu 0}$	30297	106382	0.28	0.3879
Var (μ_{2j}): $\sigma^2_{\mu 2}$	1167255	221291	5.27	<0.0001
-2log (likelihood)	55954.5			
AIC	55972.5			
BIC	56005.7			

从模型拟合的检验看，变量 Z_{21}、Z_4、Z_5 和 X_1、X_2 均在 5% 的显著性水平上显著，表明村庄的地理环境、是否民族村、距离最近乡镇政府的距离、农家户家

庭的收入水平、农户户外的交通状况对农户家庭的人均消费支出有着显著的影响。模型的随机效应参数为：$\sigma_{\mu 0}^{2} = 30297$，$\sigma_{\mu 2}^{2} = 1167255$，其合计数相比空模型的 $\sigma_{\mu 0}^{2} = 1877055$，缩减了 36.20%，$\sigma^{2} = 6903128$，相比空模型的 $\sigma^{2} = 7549126$ 缩减了 8.56%，表明 1 水平变量和 2 水平变量一起解释了组间差异的 36.20%，组内差异的 8.56%。最终模型的 $-2LL$ 为 55954.5，和空模型相比，$-2LL$ 减少了 443.3（似然比检验统计量 LR），模型显著（$P<0.0001$），表明在考虑了消费环境的村间异质性后，多水平模型显著地改善了模型的拟合程度，能较好地反映消费环境对农户家庭消费支出的影响。

第三节 结果分析与主要结论

一、结果分析

（1）收入对农户家庭消费支出的影响。从回归系数看，X_1（农户家庭的人均纯收入）的系数为正，在 1% 的水平下显著，表明收入仍然是影响农户消费支出的最重要因素。X_1 的系数为 0.3948，表明农户家庭的人均纯收入每增加 1 元，家庭的人均消费支出平均增加 0.3948 元，也就是说该地区农户家庭的平均边际消费倾向为 0.3948 元。X_1 的斜率不具有随机性，意味着农户的边际消费倾向比较稳定，不受消费环境的影响。

（2）消费环境对农户家庭消费支出的影响。X_2（户外路面状况），Z_{21}（地势），Z_4（民族村）和 Z_5（到乡镇政府的距离）中除 Z_4 的系数为负外，其余系数均为正，且均在 5% 的水平下显著。X_2 的系数为 304.01，表明户外路面为水泥或柏油的农户，其自发性消费比户外路面为沙石泥土的农户平均高出 304.01 元；Z_{21} 的系数为 507.76，表明居住在平原地区的农户家庭，其自发性消费比居住在丘陵和山区的农户家庭平均高出 507.76 元；Z_4 的系数为 -415.31，表明民族传统文化对农户家庭消费支出有显著的负向影响，民族村农户的人均自发性消费比汉族村农户平均低 415.31 元；Z_5 的系数为 310.63，表明距离乡镇政府 10 千米以内的农户家庭，其自发性消费比距离乡镇政府 10 千米以外的农户家庭平均高出

310.63元。随机效应中,随机截距和 X_2 的随机斜率方差均不显著,但二者之间的协方差为正,且在1%的水平下显著。表明,户外路面状况的影响和行政村里农户的自发性消费水平高度正相关,或者说,村与村之间农户家庭的自发性消费水平差异主要是由交通状况的差异造成的。

二、主要结论

本章的主要结论:

第一,现阶段收入仍然是制约西部民族地区农户消费的主要因素,红河州农户的边际消费倾向较稳定,不受消费环境的影响。红河州农户2009年的边际消费倾向仅为0.3948元,比较低,表明农户作为生产者和消费者的统一,消费决策和生产决策相互影响,因此积累的比例相对较高。

第二,地理环境和交通状况对农村居民的自发性消费影响显著,居住在平原地区的农户人均生活消费支出显著高于山区和丘陵的农户;户外道路为水泥或柏油路面的农户家庭,其人均生活消费支出显著高于户外道路为沙石泥土的农户。

第三,农村的消费市场主要是乡镇一级的市场,到县城的距离远近对农户家庭的人均消费支出影响不显著。红河州的农户大多依山而居,交通基础设施建设比较落后,传统的生产生活方式也使得农民的生产和消费产品的市场化程度比较低。一般每个村一个星期只有一个赶集天,农民会将自己生产的农产品在这一天拿到集市上出售,并在集市上购买自己需要的物品。乡镇一级的集市是距离他们最近的市场,是农户买和卖的主要场所。可即便如此,不少农户依然距离市场较远,不通公路,导致这部分农户难以参与到市场化的活动中来。县城一级的市场,商品化程度高,距离更远,农户想要在市场上出售产品相对更困难,因此农户在县级市场上以购买为主,通常仅购买乡镇一级市场上没有的产品。农民通常也没有品牌意识,不会认为县级市场上的商品优于乡镇市场。因此,乡镇一级市场对农户生产生活的影响要大于县级市场。

第四,民族村的农户人均生活消费支出显著低于汉族村的农户,这一方面源于少数民族的市场观念淡薄,另一方面还和民族地区传统的自给自足的生产生活方式有关。红河州是哈尼族彝族自治州,哈尼族和彝族都是以农业为主的山地民族,生活方式比较传统,以自给自足为主,市场化程度比较低,农户的收入和消费都处于较低的水平。

第六章　社会保障对西部民族地区农户消费的影响分析

第一节　农村居民的社会保障与消费

投资过热和消费不足是当前中国经济发展中的突出问题,近几年我国的最终居民消费率仍在不断下降,2013年中国的最终消费率仅有36%,远远低于世界平均60%以上的水平,因此,启动国内消费、扩大内需成为中国今后经济增长的关键和社会关注的焦点。然而,教育、医疗、养老等支出的不确定性和相关的社会保障不健全,使得居民储蓄率一直居高不下,是居民消费支出增长缓慢的重要原因之一。中国社会保障体系正经历由传统型向现代型的转变,而这种转变必然会影响到决定居民消费行为的各种因素,包括对可支配收入预期、未来不确定性的风险、对私人养老储蓄的替代、预防性储蓄以及遗赠储蓄等诸多方面。

我国特殊的城乡二元结构体制,导致了两种完全不同的资源配置制度,随着我国城镇化进程的加快,截至2014年,农村人口占总人口比减少到了45.23%。但从总量上看,近1/2的农村人口的消费总额却只占全部居民消费总额的1/4,从人均水平来看,农村居民的消费水平也只有城镇居民消费水平的1/3。由于高收入群体比低收入群体的边际消费倾向低,而合理的社会保障制度有利于国民收入的二次分配,缩短贫富差距,使具有高消费倾向的低收入群体有能力实现自己的消费欲望,从而使全社会的消费需求增大。因此,扩大内需,目前最重要的是建立合理的农村社会保障制度,满足低收入的农民群体的有效消费需求。那么,现今推行的农村社会保障制度是否有效地刺激了农民消费呢？

一、西部地区农村居民社会保障的基本情况

近年来，我国农村的社会保障制度经过不断健全和完善，目前已经建立了相对比较全面的社会保障制度，主要包括四个方面：农村社会保险、农村社会救助、农村社会福利、农村社会优抚。我国当前主要实施的社会保障制度有社会救助、养老保险及新型农村合作医疗，其具体发展情况如下：

（一）社会救助情况

社会救助也称为社会救济，是社会保障体系的一个组成部分。社会救助主要是对生活陷入困境的公民，给予物资帮助，保障其最低生活需要。社会救助主要包括城市低保、农村低保、城市"三无"救济和农村五保。表6-1给出了自2004年以来我国社会救助的情况。截至2017年，我国城市居民最低生活保障的人数为1261.0万人，农村居民最低生活保障的人数为4045.2万人，农村五保供养人数为466.9万人。

表6-1　社会救助情况　　　　　　　　　　　　　单位：万人

年份	城市居民最低生活保障人数	农村居民最低生活保障人数	农村五保供养人数
2004	2205.0	488.0	228.7
2005	2234.2	825.0	300.0
2006	2240.1	1593.1	503.3
2007	2272.1	3566.3	531.3
2008	2334.8	4305.5	548.6
2009	2345.6	4760.0	553.4
2010	2310.5	5214.0	556.3
2011	2276.8	5305.7	551.0
2012	2143.5	5344.5	545.6
2013	2064.2	5388.0	537.2
2014	1877.0	5207.2	529.1
2015	1701.1	4903.6	516.8
2016	1480.2	4586.5	496.9
2017	1261.0	4045.2	466.9

数据来源：中国民政部《2011年社会服务发展统计公报》《2017年社会服务发展统计公报》。

从最低生活保障人数的变动趋势看,城市居民的最低生活保障人数总体呈持续走低态势,从2004年的2205.0万人上升到2009年的最高峰2345.6万人,此后逐年下降至2017年的1261.0万人,相比2004年已经净减944.0万人,减少了42.81%。与此相反,农村居民最低生活保障人数却呈"倒U型"变化。2004～2013年,农村居民最低生活保障人数快速地从488.0万人攀升至5388.0万人,净增了10倍多,此后缓慢下降至2017年的4045.2万人,相比最高峰时期减少了1342.8万人(见图6-1)。由此可以看出,我国早期的社会救助,集中在城市的低收入人群,从2007年开始,对农村贫困人群的救助力度逐渐加大。经过近几年大力的农村扶贫开发,农村的贫困人口大幅减少,农村居民最低生活保障人数也进入下降通道。

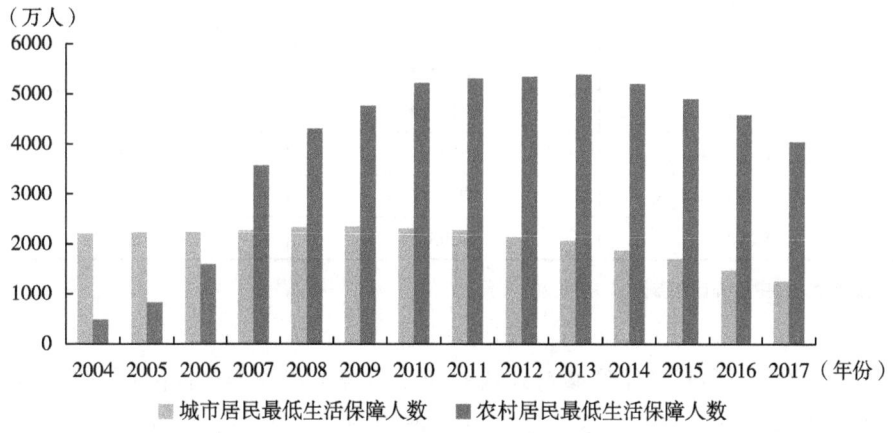

图6-1 2004～2017年居民最低生活保障人数

(二)养老保险情况

我国自20世纪90年代开始实施企业职工的养老保险制度,逐步建立起多层次的养老保险体系。截至2009年,我国参与城镇职工基本养老保险的人数达到了23549.9万人。2009年开始我国将农村居民逐步纳入到社会基本养老保险中来,并将城镇职工基本养老保险推广到城镇居民。2012年底,养老保险实现了两项制度的全覆盖。因此,城乡居民的基本养老保险从无到有,从2010年的10276.8万人迅速增至2017年的51255.0万人。合并城镇职工的基本养老保险参保人数40293.3万人,截至2017年底,我国基本养老保险参保人数为91548.3

万人，基本实现了城乡居民全覆盖（见表6-2）。

表6-2 养老保险情况　　　　　　　　单位：万人

年份	年末参加基本养老保险人数	城镇职工基本养老保险参保人数	城乡居民基本养老保险参保人数
2004	16352.9	16352.9	
2005	17487.9	17487.9	
2006	18766.3	18766.3	
2007	20136.9	20136.9	
2008	21891.1	21891.1	
2009	23549.9	23549.9	
2010	35984.1	25707.3	10276.8
2011	61573.3	28391.3	33182.0
2012	78796.3	30426.8	48369.5
2013	81968.4	32218.4	49750.1
2014	84231.9	34124.4	50107.5
2015	85833.4	35361.2	50472.2
2016	88776.8	37929.7	50847.1
2017	91548.3	40293.3	51255.0

数据来源：《中国统计年鉴》（2018）。

图6-2中两项养老保险参与人数的变化体现了我国养老保险制度在最近十多年的变革与发展，表明我国的城乡养老保险制度正逐步走向成熟。从图6-2中可以看出，我国城镇职工基本养老保险的参与人数呈直线上升趋势，城乡居民的基本养老保险参与人数在2012年前呈快速增长的趋势，此后步入低速稳步增长的阶段。

（三）医疗保险情况

20世纪50年代初建立的职工医疗保险（公费医疗和劳保医疗）是我国最早的医疗保险。在20世纪末我国陆续对公费医疗制度和劳保医疗制度进行了改革，并建立起全国城镇职工基本医疗保险制度。截至2006年，我国职工基本医疗保险年末参保人数仅为1.57亿人。而改革开放后的农村，医疗保险长期缺位。直至2002年，才明确提出建立由政府组织、引导、支持，农民自愿参加，个人、集体和政府多方筹资，以大病统筹为主的新型农村合作医疗制度，简称新农合。

2009年，新农合被确立为农村基本医疗保障制度。2016年，根据《国务院关于整合城乡居民基本医疗保险制度的意见》，城镇居民基本医疗保险和新型农村合作医疗两项制度整合，建立起统一的城乡居民基本医疗保险制度。

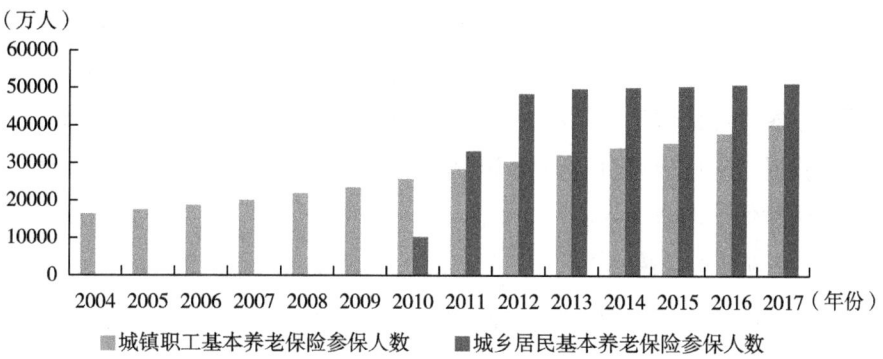

图6-2 2004~2017年参加基本养老保险人数

表6-3 医疗保险情况

年份	参加新农合人数（亿人）	参合率（%）	补偿受益人次（亿人次）	基本医疗保险参保人数（亿人）	职工基本医疗保险年末参保人数（亿人）	城乡居民基本医疗保险年末参保人数（亿人）
2004	0.80	75.20	0.76	1.24	1.24	
2005	1.79	75.66	1.22	1.38	1.38	
2006	4.10	80.66	2.72	1.57	1.57	
2007	7.26	86.2	4.53	2.23	1.80	0.43
2008	8.15	91.5	5.85	3.18	2.00	1.18
2009	8.33	94.2	7.59	4.01	2.19	1.82
2010	8.36	96.0	10.87	4.33	2.37	1.95
2011	8.32	97.5	13.15	4.73	2.52	2.21
2012	8.05	98.3	17.45	5.36	2.65	2.72
2013	8.02	98.7	19.42	5.71	2.74	2.96
2014	7.36	98.90	16.52	5.97	2.83	3.15
2015	6.70	98.80	16.53	6.66	2.89	3.77
2016	2.75	99.36	6.57	7.44	2.95	4.49
2017				11.77	3.03	8.74

数据来源：《中国卫生和计划生育统计年鉴》（2005~2018）。

表6-3中各项指标的变动不仅反映了我国医疗保险制度的变革,也反映了我国医疗保障事业快速发展的趋势。截至2017年,我国城镇职工基本医疗保险参保人数为3.03亿人,是2003年职工参保人数的2.44倍,城乡居民基本医疗保险年末参保人数8.74亿人,两项合计11.77亿人,已经覆盖了我国同期总人口的84.35%。新农合从2003年开始试点,从2004年的0.80亿人至2010年的峰值的8.36亿人,到2013年参加人数8.02亿人,补偿受益人次19.42亿人,极大地缓解了农村居民看病贵的压力。随着城乡居民基本医疗保险制度的建立,新农合也逐步退出了历史舞台。截至2017年,新农合的参保人已经全部转为城乡居民基本医疗保险的参保人。

(四)其他社会保险

除了养老保险和医疗保险外,社会保险还包括失业保险、生育保险和工伤保险。从表6-4看,三大保险覆盖的人群相对较少,且集中在城市。截至2017年,我国失业保险参保人数18784.2万人,生育保险参保人数19300.2万人,工伤保险年末参保人数22723.7万人。这三种保险对于居住在农村的农户家庭影响很小。

表6-4 其他社会保险情况   单位:万人

年份	参加失业保险人数	参加生育保险人数	工伤保险年末参保人数
2004	10583.9	4383.8	6845.2
2005	10647.7	5408.5	8478.0
2006	11186.6	6458.9	10268.5
2007	11644.6	7775.3	12173.3
2008	12399.8	9254.1	13787.2
2009	12715.5	10875.7	14895.5
2010	13375.6	12335.9	16160.7
2011	14317.1	13892.0	17695.9
2012	15224.7	15428.7	19010.1
2013	16416.8	16392.0	19917.2
2014	17042.6	17038.7	20639.2
2015	17326.0	17771.0	21432.5
2016	18088.8	18451.0	21889.3
2017	18784.2	19300.2	22723.7

数据来源:《中国统计年鉴》(2018)。

二、西部地区农村社会保障现状

西部地区由重庆、四川、贵州、云南、广西、陕西、甘肃、青海、宁夏、西藏、新疆、内蒙古12个省、直辖市和自治区组成。目前，随着我国农村社会保障的迅速发展，西部地区形成了以基本社会养老保险、合作医疗、最低生活保障、五保供养、医疗救助等方面为主要内容的农村社会保障体系，各项制度有从无到有、从不完善到完善，初步建立了保障农村群众的基本生活需要的体系。但中国西部的农村，不仅是少数民族的主要居住地，而且还集中了中国绝大多数的贫困人口，乡村人口比例远高于全国水平。2017年，全国乡村人口数占总人口的41.48%，西部地区的乡村人口比例则为48.35%，占全国乡村人口的31.61%，高比例的乡村人口数也使西部的农村社会保障的有效实施显得尤为重要。

从农村居民人均可支配收入看（见图6-3），2017年西部的农村居民人均可支配收入只有10818.6元/人，与其他地区相比有明显差距，而与东部地区的差距尤甚，相差6003.5元/人，其相差额接近于西部农村居民人均可支配收入的55%。可见西部地区农民的经济水平远落后于其他地区。

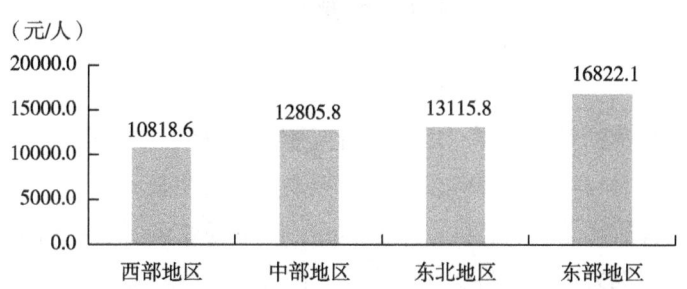

图6-3　各地区农村居民人均可支配收入

数据来源：《中国统计年鉴》（2018）。

表6-5为西部地区农村社会保障的基本情况，截至2014[①]年，西部地区参加新农合26944.0万人，占全国的36.6%；补偿受益人次共计53784.5万人次，

---

① 最近年份的社会保险参保人已经不区分城乡。

占全国的32.6%;农村居民最低生活保障人数2564.5万人,占全国的49.2%;城乡居民基本养老保险参保人数14393.2万人,占全国的28.7%。其中,由西部地区农村居民最低生活保障人数占全国地区将近一半,可见西部农村地区贫困人口众多。

表6-5 2014年西部地区农村社会保障基本情况

地区	参加新农合人数（万人）	补偿受益人次（万人次）	农村居民最低生活保障人数（万人）	农村五保人数（万人）	城乡居民基本养老保险参保人数（万人）
全国	73627.3	165220.6	5207.2	529.1	50107.5
西部	26944.0	53784.5	2564.5	176.7	14393.2
西部所占比例（%）	36.6	32.6	49.2	33.4	28.7

数据来源:《中国卫生和计划生育统计年鉴》。

第二节 西部地区农户消费与社会保障的典型调查分析

由于我国特殊的经济体制,城乡间社会保障制度存在差异。由于起点不同,政策不同,我国农村社会保障制度的地区性差异也很明显。无论是历史上还是现代,西部因其自然环境恶劣,生态系统脆弱,自我更新的社会能力差,相对中部和东部来说一直都未进入经济文化的中心。因此,本书从微观个体角度,选取了经济环境和社会保障制度较为相似的西部地区,深入调查了农村居民对于本地社会保障的看法及其消费行为,以期了解西部地区农村社会保障存在的问题。

一、数据来源

本部分数据是课题组2014年在云南、四川、贵州、重庆等西部地区不同省市的农村地区,利用分层随机抽样方法实地调研所得。为全面体现此次问卷调查的结果,被调查对象年龄为16周岁以上的农村户籍居民,各个年龄段在调查中均有涉及。最终共收回1129份问卷,其中有效问卷共927份,问卷有效率达82%。

如表6-6所示,在所调查的927份有效问卷中,在家庭人口数方面,被调查人的家庭人口数在4~6人的占样本总数的76.59%;在年龄构成方面,21~30岁、31~40岁、41~50岁占样本总数相当,均在25%左右;在家庭人均年收入方面,31.28%的农村居民的家庭人均年收入在4000元及以下;在家庭人均年支出方面,36.46%的农村居民的家庭人均年支出在4000元及以下。

表6-6 样本基本特征

项目	指标	比例(%)
家庭人口数	1~3人	17.26
	4~6人	76.59
	7人及以上	6.15
年龄	16~20岁	7.66
	21~30岁	28.80
	31~40岁	22.87
	41~50岁	25.03
	51~60岁	10.57
	61岁及以上	5.07
家庭人均年收入	4000元及以下	31.28
	4000~8000元	29.13
	8000~12000元	18.88
	12000元及以上	20.71
家庭人均年支出	4000元及以下	36.46
	4000~8000元	31.82
	8000~12000元	15.97
	12000元及以上	15.75

二、西部农村居民家庭收入与消费情况

1. 西部地区农民收入分配不均衡,收入来源单一

调查显示,从家庭人均年收入看,西部地区家庭人均年收入的平均水平为每

人8263元，而其中位数则为每人6667元，有超过60%的农村居民的家庭人均年收入低于平均水平。

由调查数据（见表6-7），西部地区农村居民的收入仍主要来源于农业生产，占43.15%，可见，靠天吃饭仍是现今西部农民生活的真实写照；其次有37.54%的收入来源于外出打工，其他收入来源仅占19.31%。

表6-7 西部农村居民收入与消费情况

项目	指标	比例（%）	项目	指标	比例（%）
收入来源	经商	10.57	家庭支出增长最快的原因	农业生产投资	36.35
	外出打工	37.54		医疗	43.80
	农业生产	43.15		教育	42.07
	其他	8.74		住房新建改建	20.93
收入去向	新建住房	33.98		购买家电	22.76
	维修改善住房	26.75		其他	0.54
	医疗	33.33	影响消费行为的因素	价格过高	63.65
	教育	42.93		收入增长缓慢	63.97
	农业生产	25.24		产品质量无保障	16.72
	人情往来	17.80		医疗支出过高	30.74
	解决温饱	42.83		教育支出过高	26.43
	购买家电	8.63		生产支出过高	21.14
	其他	14.35		人情开支过大	20.71

2. 解决温饱仍是西部农民面临的主要问题，经济水平落后是影响其消费的主要原因

在调查中，有42.83%的农村居民选择了其家庭收入主要用于解决温饱问题，一大部分农村家庭仍维持在基本的消费水平上，这也是西部地区农村居民收入水平过低的体现；在影响其消费行为的因素选择上分别有63.65%和63.97%的人认为是价格过高和收入增长缓慢导致的，由此提高总体经济水平，增加收入是刺激其消费的重要手段。

3. 用于医疗与教育的消费有不断增长的趋势

在收入去向方面，医疗支出和教育支出分别有33.33%、42.93%的人选择，高于维修改善住房、农业生产、人情往来等方面的支出；并且分别有43.80%和

42.07%的农村居民认为,在近3年来,家庭支出在医疗和教育方面增长较快。可见,西部的农村居民如今对医疗和教育方面越来越重视,同时也使其在教育和医疗支出方面的负担加大。

三、西部农村家庭参与社会保障的基本情况

调查的927名农村居民中(见表6-8),在2013年,农村医疗合作参合率为100.00%,被调查居民所在家庭所获得报销金额平均值为775元;36.57%的被调查家庭参加了养老保险制度,获得补助平均为1456元;14.35%的被调查家庭享受了最低生活保障,平均为117元/月;在其他农村社会保障中,享受子女上学生活补助这一保障的家庭数最多,占14.78%。

表6-8 西部农村居民参与社保情况

参加社会保障类型	家庭数(户)	占比(%)	获得补助金额(元)
农村医疗合作	927	100.00	775
最低生活保障	133	14.35	117
养老保险	339	36.57	1456
残疾人帮助	30	3.24	1833
五保供养	12	1.29	1121
军人优抚	20	2.16	1274
救灾救济	10	1.08	914
农村危房改造帮扶	31	3.34	3912
移民新村帮扶	24	2.59	8545
子女上学生活补助	137	14.78	1850

四、西部地区农户社会保障与消费问题分析

1. 西部农村居民对其社会保障了解程度不足

在此次调查中发现(见表6-9),西部农村居民只有33.12%对当地的社保制度基本了解,有16.07%的人对当地的社保制度完全不了解。究其原因,一是当地政府宣传引导不到位,即使对于参合率100%的农村医疗合作制度来说,地方政府为了号召中央政府参合率达到95%的要求,虽然努力宣传介绍新农合带

来的好处,但宣传大多停留在表面上,有些甚至会强制参加,许多农民并不了解其具体补偿标准和意义。二是西部地区整体教育水平较低,2014 年对全国受教育程度的统计结果显示在 6 岁以上人口中,西部地区为上过学的达 20612 人,占全国的 37%,而受教育水平在高中以上的比例仅有 9.78%,低于全国 11.53% 的比例。较低的受教育水平使西部地区相对其他地区对新观念,新的社保制度的理解和接受能力较低。三是受西部地区特殊的地理和文化因素影响,西部农村地区大多比较偏远,交通不便,信息闭塞,这为宣传工作的有效落实造成了困难。另外,西部地区少数民族密集,而在少数民族家庭生活中,家庭养老等传统观念根深蒂固,这也使其对现行的社会保障制度较为淡漠,主动关注意识不强。

表 6-9 西部农村居民对当地社保的认识

项目	指标	百分比(%)	项目	指标	百分比(%)
对当地社保制度的了解程度	基本了解	33.12	认为当地最低生活保障制度存在的问题	实际领取低保人数太少	34.52
	部分了解	50.81		资金难以落实	15.21
	完全不了解	16.07		最低生活保障制度配套制度不健全	26.65
可承受的医疗保险缴纳区间	10 元以下	10.03		对象限定不合理	23.62
	10~30 元	38.40	认为当地养老保险存在的问题	覆盖面不广	18.99
	30~50 元	40.35		养老金较低	35.06
	50 元以上	11.22		体制有待完善	29.02
对农村医疗合作的报销率和救助金额的满意程度	满意	20.71		个人缴纳负担重	16.94
	一般	48.22	现有生活是否得到了切实保障	是,感觉很踏实	4.79
	有点低	24.70		一般,基本可以达到要求	63.51
	太低了	6.36		不好,自己需要多攒钱来养老	31.70
"新农合"对家庭消费的影响程度	非常大,医疗支出减少,敢于消费	7.66			
	比较大,医疗负担减轻,消费增加	30.96			
	一般,对医疗支出和消费没什么影响	57.28			
	其他	4.10			

2. 西部农村社会保障制度不完善

在对 927 名农村居民的调查中（见表 6-9），对于最低生活保障制度，有 34.52%的人认为实际领取低保人数太少，26.65%的人认为最低生活保障制度配套制度不健全，23.62%的人认为最低生活保障制度的对象限定不合理；对于当地养老保险制度，有 35.06%的人认为养老金较低，29.02%的人认为其体制有待完善。

虽然全国的社会保障制度模式相差不大，但不同地区的社会保障制度的缴纳金额，补助标准等具体内容，一般是当地政府根据实际情况自主建立的，缺乏外部约束，其设定的合理性也很难判断。对于最低社会保障制度来说，西部农村贫困居民本就较多，建立农村低保需要巨额投入，而一般财政越紧张的地区，其贫困人口越多，而贫困人口越多，就更加剧了地方政府的财政压力，从而导致越是贫困地区的低保，落实情况越困难，再加上农民特殊的生产方式，收入的计算存在困难，缺少规范的低保对象设定方法，导致有一部分本该获得低保的人群没得到该有的生活保障，其生活更加贫困。对于农村养老保险制度来说，其实行的是"个人缴费为主，集体补助为辅，国家政策扶持"的办法，个人账户实账管理，按储备积累总额确定养老给付标准。也就是说，个人缴纳费用越多，领取的保险金就越多，对于低收入水平的西部农村居民必然会根据自己的经济水平缴纳较少费用或者不交养老金，这也意味着其领取的养老金额水平低，使其并不能通过缴纳养老保险来保障自己的老年生活。再加上西部大部分农村地区土地和家庭等传统保障观念仍起着主导作用，对养老保险政策信任度不高，从而进一步降低其参与养老保险的积极性。

3. 西部社会保障制度对农村居民消费刺激不大

在农村社会转型过程中，随着农村市场经济的发展，农民承担的风险和责任越来越大，子女教育、自身养老和健康等方面的预期支出越来越大，再加上农村居民收入的不稳定，导致正常的消费支出被挤出。因而现行的社会保障是否能消除其在这些方面的顾虑，使其心理预期发生改变，减少现期储蓄，便显得至关重要。从整体上，对于西部地区现行的农村社会保障是否使其生活得到切实保障的调查中（见表 6-9），仅有 4.79%的被调查者认为社会保障使其感觉很踏实，31.70%的人认为并未得到切实保障。由此可见，西部地区现行的社保制度，在农村居民心理上未产生有效预期，他们认为实施的社保制度并不能在未来产生实质的经济收益，或者产生的经济收益并不能满足其未来的需求。

在调查"新农合"对家庭消费的影响程度中，有57.28%的农村居民认为，"新农合"对医疗支出和消费没什么影响，只有7.66%的认为"新农合"使其医疗支出减少，敢于消费。分析原因有两点：一是对于收入水平大多不高的西部农村居民，所缴纳的医疗保险金从一定程度上本身就是一种负担，在调查中发现88.78%的农村居民都认为其可承受的缴纳范围在50元以下，而西部地区"新农合"的平均缴纳额为每人90元，高于其可承受的范围。二是"新农合"的报销率和救助金额不足，使其对未来生病的预防性储蓄并未因为"新农合"的保障而减少，被调查者中只有20.71%对其报销率和救助金额满意，也就是说参与"新农合"的农村居民，只有少部分认为自己得到了保障，不用担心未来无钱医病，可以将未来的预防性储蓄在现期提前消费。

第三节 社会保障对西部民族地区农户消费的影响

一、经济理论分析与模型构建

（一）理论分析

研究消费者消费行为的相关经济学理论中，关于社会保障制度对消费行为的影响，不同的理论从不同的研究角度给出了不同的看法。

1. 社会保障对居民消费的引致效应

凯恩斯在其绝对收入假说中指出：消费者的绝对收入水平影响其选择商品的决策，消费者的绝对收入水平越高，消费支出越高，但消费支出增加的幅度是随着绝对收入水平的提高递减的，因此，收入水平越高的消费者边际消费倾向越低，收入越低的消费者边际消费倾向越高，社会保障通过相应的政策对收入进行二次分配，将高收入群体的部分收入转移给低收入群体，进而提高了整个社会的边际消费倾向，促进了整个社会的消费。

美国经济学家弗里德曼则从持久收入的角度论述社会保障对消费的作用：消费者的收入分为持久收入和暂时收入，影响其消费支出的主要是持久收入水平，而不是当期的暂时收入水平，社会保障制度产生的社会保障收入可以视为永久性收入，形成对未来稳定的收入预期，进而提升居民的消费水平。

从生命周期理论来看，美国经济学家莫迪利安尼认为人们可以在一个生命周期内通过平滑收入和消费，进而谋求一生的效用最大化，因此，当一个社会具有完善的社会保障体系时，可以预计生命的后半期更具有保障性，会相应地减少生命前半期的预防性储蓄，从而使得当期的边际消费倾向增加，消费支出更高。

预防性储蓄理论认为：消费者是风险厌恶的，为了预防未来的不确定性，必然会在收入高的时候进行储蓄，这导致了边际消费倾向下降，消费支出减少，而社会保障体系能够在个人或家庭遭受财产、健康等意外损害时给予补偿，减少未来收入和支出的不确定性，因为完善的社会保障体系能够减少预防性储蓄，增加居民当期的消费支出。

上述消费理论均认为完善的社会保障制度可通过财富替代效应对居民消费产生引致效应。其不同点在于，绝对收入假说认为引致效应来源于社会保障制度增加了低收入人群的绝对收入，持久收入假说强调社会保障制度增加了居民的持久性收入，而生命周期和预防性储蓄理论认为社会保障制度降低了居民的预防性储蓄，提高了当期的边际消费倾向。

2. 社会保障对消费的挤出效应

绝对收入假说、持久收入假说、生命周期假说和预防性储蓄理论从财富替代效应的角度论述了社会保障对消费具有引致效应，也从退休效应的角度论述了社会保障对消费的挤出效应。这些理论均认为，完善的社会保障制度一方面会促使受到保障的居民选择更早地退休，带来收入水平提前下降；另一方面社会保障会使得人们的平均寿命增加，从而使得退休时间增加，而提早退休也会使得退休时间增加，为了保证退休后的生活质量不下降，人们会增加在工作期间的储蓄，导致当期的消费支出减少。

综上所述，在有关消费行为的经济学理论中，尽管各种理论的假设条件、分析角度、理论解释等不尽相同，但均认为社会保障制度对居民消费同时具有引致效应和挤出效应，这两种效应对消费的影响方向不同，其产生的综合效应也就无法确定。我国的农村社会保障制度正处于从建立到完善的过程中，社会保障对西部农村地区消费的影响，究竟是引致效应占主导还是挤出效应占主导，抑或两种效应的作用都不明显，现有的理论不能给出确切的答案。因此，需要从西部农村地区农户消费和社会保障的实情出发,通过实证分析,明晰现阶段社会保障制度对于西部农村居民消费的具体影响。

(二) 模型构建

以农户家庭为个体单位,用 CON_{ij} 表示第 j 个农户家庭在第 i 个时期($i=0,1,2,3,4$)的家庭人均生活消费观测值,假设农户家庭的人均生活消费随时间变化,呈线性增长趋势,那么水平 1 模型(个体内模型)为:

$$CON_{ij} = \beta_{0j} + \beta_{1j}t_{ij} + e_{ij} \tag{6-1}$$

即农户家庭的人均生活消费 CON_{ij} 由 3 部分构成,第一部分 β_{0j} 表示 t_{ij} 为 0 时农户家庭的人均生活消费均值,即初始时刻的人均生活消费均值。第二部分 $\beta_{1j}t_{ij}$ 表示农户家庭人均生活消费的变化量,β_{1j} 为变化率,度量了人均生活消费的年度增量。第三部分 e_{ij} 为随机干扰项,代表单个农户家庭的人均生活消费偏离平均水平 ($\beta_{0j} + \beta_{1j}t_{ij}$) 的部分,反映了随机因素对人均生活消费支出的影响。与传统线性回归模型不同,模型中的截距不再是固定的系数,β_{0j} 与 β_{1j} 均为随机系数,与第 j 个农户相关,表示水平 1 不同于个体间的异质性。

根据莫迪利安尼的生命周期假说,家庭的消费取决于家庭的收入,家庭收入有两大来源:劳动收入和财产收入。其中财产收入和他现期的财产也就是资本存量相关,或者说受他当前经济状态的影响。消费者在他整个生命周期内考虑消费的效用最大化,因而,家庭的人口数,年龄结构等都会对其决策产生影响。此外,消费者可以通过社会保障和资产配置来调整不同生命阶段的消费效用。因而,退休效应、资产替代效应、遗赠效应等都会对消费者的消费决策产生影响,从而影响当期消费,即消费水平受社会保障制度的影响。综上,假设家庭人均生活消费的初始水平 β_{0j} 和随时间的变化率 β_{1j} 由经济状态 E、社会保障 S 和家庭结构 F 共同决定。即水平 2 模型为:

$$\beta_{0j} = f_0(E, S, F) + \mu_{0j}, \quad \beta_{1j} = f_1(E, S, F) + \mu_{1j} \tag{6-2}$$

将式(6-2)代入式(6-1),得组合模型:

$$CON_{ij} = f_0(E, S, F) + f_1(E, S, F)t_{ij} + (\mu_{0j} + \mu_{1j}t_{ij} + e_{ij}) \tag{6-3}$$

二、数据、变量与数据结构检验

(一) 数据说明

云南红河哈尼族彝族自治州为本书研究对象的数据收集地区,2006~2010

年通过跟踪调查3000户农户的相关研究数据，共得到15000条数据。该调查数据包括个旧、河口、红河、建水、金平、开远、泸西、绿春、蒙自、弥勒、屏边、石屏和元阳13个县、市，298个行政村，调查对象为农户所在家庭。调查内容主要包括农村住户家庭基本情况、农村住户固定资产投资情况、农村住户食品消费情况、农村住户收支情况、农村住户居住情况、调查户人口与劳动力情况等。

本次研究数据时间范围选取2006~2010年红河州农户的跟踪调查数据，有以下原因：一是红河州的农户跟踪调查数据为内部保密数据，在此次研究中仅能获得2006~2010年的数据；二是这5年的跟踪调查数据大部分农户的数据均是连续的，由于样本轮换等客观原因造成的数据中断较少，符合对数据连续性的要求；三是每年的调查样本数为3000，样本量大，这为多水平发展模型估计的稳定性提供了保障，增加了研究结果的可靠性。

（二）变量说明

结局测量变量：

CON_{ij}：第j个农户家庭第i年的人均消费支出（生活消费支出/家庭常住人口数，单位：元），$i=0,1,2,3,4$分别表示2006~2010年。

水平1解释变量：

t_{ij}：观测时间，对第j个农户，$t_{ij}=0,1,2,3,4$，分别表示2006~2010年。

水平2解释变量：

第j个农户在时期i的观察指标在水平2中涉及以下内容：

INC_{ij}：农户家庭的人均纯收入[（全年纯收入 - 转移性收入）/家庭常住人口数，单位：元]，反映农户家庭的收入水平。

WT_{ij}：农户家庭的人均期末金融资产余额（期末金融资产余额/家庭常住人口数，单位：元），反映期末农户家庭拥有的以价值存在的资产情况，从另一方面反映农户家庭的经济情况。

TRA_{ij}：农户家庭的人均社会保障收入（转移性纯收入/家庭常住人口数，单位：元），反映社会保障直接纳入农户家庭的收入情况。

$D1_{ij}$：是否参加新型农村合作医疗（其中，0表示否，1表示是）。

$D2_{ij}$：是否领取最低生活保障（其中，0表示否，1表示是）。

STU_{ij}：农户家庭的在校学生人数（单位：人），反映农户家庭的学生教育负担情况。

SUP_{ij}：赡养系数（家庭常住人口/就业劳动人数），反映农户家庭劳动人口的负担情况。

分别求以上各指标在5年调查期间的均值，依次产生变量 INC_j、WT_j、TRA_j、$D1_j$、$D2_j$、STU_j 和 SUP_j，并作为水平2的解释变量。其中，INC_j 和 WT_j 代表农户家庭的经济状态 E，TRA_j、$D1_j$ 和 $D2_j$ 代表农户家庭的社会保障情况 S，STU_j 和 SUP_{ij} 代表农户的家庭结构 F。模型中采用的变量所代表的具体含义如表6－10所示。

表6－10 变量的定义

变量名称	具体含义
CON_{ij}	第 j 个农户在第 i 期的家庭人均消费支出（单位：元）
INC_{ij}	第 j 个农户在第 i 期的家庭人均纯收入（单位：元）
INC_j	第 j 个农户5年调查期间的平均家庭人均纯收入（单位：元）
WT_{ij}	第 j 个农户在第 i 期的家庭人均期末金融资产余额（单位：元）
WT_j	第 j 个农户在5年调查期间的平均家庭人均期末金融资产余额（单位：元）
TRA_{ij}	第 j 个农户在第 i 期的农户家庭人均社会保障收入（单位：元）
TRA_j	第 j 个农户5年调查期间的平均家庭人均社会保障收入（单位：元）
$D1_{ij}$	第 j 个农户家庭在第 i 期是否参加新型农村合作医疗（1＝是，0＝否）
$D1_j$	第 j 个农户家庭在5年调查期间参加新型农村合作医疗的平均情况（1＝是，0＝否）
$D2_{ij}$	第 j 个农户家庭在第 i 期是否领取最低生活保障（1＝是，0＝否）
$D2_j$	第 j 个农户家庭在5年调查期间领取最低生活保障的平均情况
STU_{ij}	第 j 个农户在第 i 期的家庭在校学生人数（单位：人）
STU_j	第 j 个农户在5年调查期间的家庭平均在校学生人数（单位：人）
SUP_{ij}	第 j 个农户在第 i 期的家庭赡养系数
SUP_j	第 j 个农户在5年调查期间的平均家庭赡养系数

（三）对数据层次结构的检验

在对红河州农户长达5年的连续跟踪调查中，有部分农户的样本进行了调整。虽然多水平模型并不要求数据的平衡性，考虑到观测年份太少的农户，样本规律性较差，因此对数据进行了预处理，去掉了样本中仅有一次或两次观测值的农户样本，最终得到12319个样本数据，其中包括部分有三次观测、四次观测的农户样本,是一个非平衡的数据。我们将农户家庭视为组,则其不同年份的观测视为个体,则构成了一个农户——重复观测的纵向两水平结构数据。

我们在样本户中随机选取了4个样本户,分别为样本1、样本2、样本303、样本1375,这四户家庭的人均消费支出在各个年份有着明显的差异,且其随时间变化的规律也并不相同。如图6-4所示,可以看出,在2006~2010年,样本1的家庭人均消费支出先是经历了一个小幅减少,然后经历了4年的连续均匀增长,而样本2的家庭人均消费支出则是先有一个明显下降的过程,然后转为缓慢低速的增长,在2010年增长突然加速。样本303和样本1375的家庭人均消费总体呈现波动上升趋势,但波动的转折点却明显不同。从图6-4可以看出,不同农户家庭,其人均消费支出随时间变化的规律存在明显的不同,因此,将模型设定为存在对象内变异的多水平模型有一定的合理性。

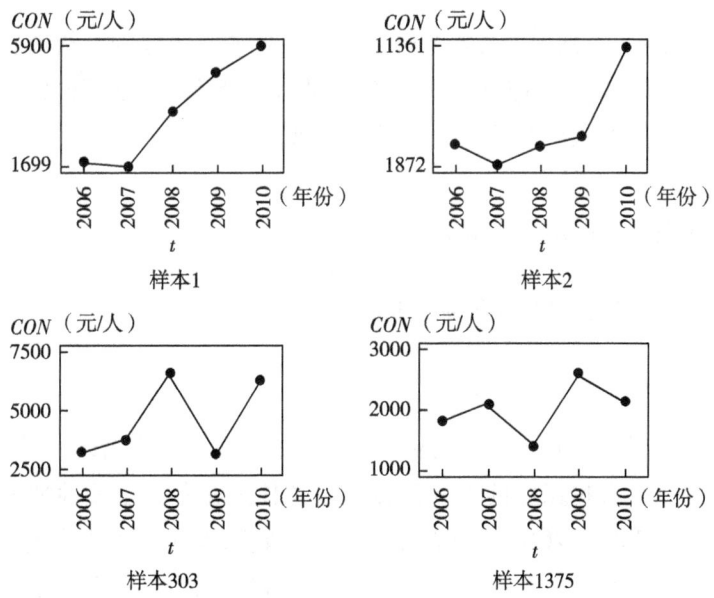

图6-4 样本1、样本2、样本303、样本1375家庭人均消费支出的变化

但这一分层数据是否有足够大的对象内变异,需要进行数据层次的检验,以确定数据是否存在显著的组内相关,以及是否适用于多水平模型。为评估数据是否存在明显的组内同质性,首先讨论如下无解释变量的空模型:

$$CON_{ij} = \beta_{0j} + e_{ij} \tag{6-4}$$

$$\beta_{0j} = \gamma_{00} + \mu_{0j} \qquad (6-5)$$

将式（6-5）代入式（6-4），得到一个最简单的随机效应模型式（6-6），这是一个单因素随机效应方差分析模型：

$$CON_{ij} = \gamma_{00} + \mu_{0j} + e_{ij} \qquad (6-6)$$

式（6-6）中，$e_{ij} \sim N(0, \sigma^2)$，$\mu_{0j} \sim N(0, \sigma_{\mu 0}^2)$，$\text{Cov}(\mu_{0j}, e_{ij}) = 0$，$\sigma_{\mu 0}^2$ 和 σ^2 分别代表组间和组内方差，组内相关系数 $ICC = \sigma_{\mu 0}^2 / (\sigma_{\mu 0}^2 + \sigma^2)$ 反映组内的相关程度。由 SAS9.2 软件对模型估计的运行结果，得出：

组间方差：$\sigma_{\mu 0}^2 = 2760123$（$P < 0.0001$）

组内方差：$\sigma^2 = 6407164$（$P < 0.0001$）

组内相关系数：

$$ICC = \frac{\text{组间方差}}{\text{总方差}} = \frac{\sigma_{\mu 0}^2}{\sigma_{\mu 0}^2 + \sigma^2} = \frac{2760123}{2760123 + 6407164} = 0.3011$$

$\sigma_{\mu 0}^2$ 和 σ^2 均在1%的显著性水平下显著，表明农户家庭的人均消费支出在初始年份存在显著的差异，并且同一农户家庭的人均消费支出在不同的年份间也存在显著的差异（即对象内变异）。组内相关系数为0.3011，表明在农户家庭的人均消费支出中有30.11%的差异是由调查对象（农户家庭）个体间的异质性引起的。因此，该数据可以建立多水平模型。

三、社会保障的多水平建模及分析

（一）对模型线性形式的验证

在初始模型（6-1）中，我们将农户家庭的人均消费支出设为时间变量 t 的线性函数，那么，农户家庭的人均消费支出总体上是不是呈线性增长的呢？为此，我们计算了2006~2010年所有样本农户家庭的人均生活消费支出均值，其随时间变化的轨迹如图6-5所示，为一条近似直线的折线。它反映了红河州农户家庭在这5年间人均生活消费支出的一个平均发展轨迹，也验证了线性时间模型是比较合适的基础模型，因此将基础模型设为时间的线性函数是较为合理的。

（二）随机截距发展模型

我们先对时间线性模型（6-1）进行扩展，考虑到不同农户家庭的人均消费支出在初始时刻（2006年）的差异，用随机截距替代固定截距，得到具有随机截距而不含其他解释变量的方差分析模型，具体模型如下：

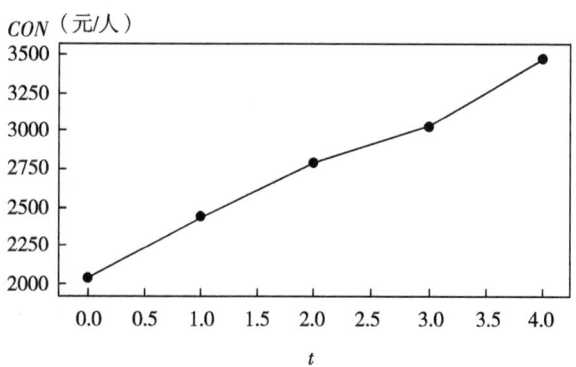

图 6-5　2006~2010 年红河州农户人均生活消费支出轨迹

水平 1 模型：$CON_{ij} = \beta_{0j} + \beta_{1j} t_{ij} + e_{ij}$　　　　　　　　　　　　(6-7)

水平 2 模型：$\beta_{0j} = \gamma_{00} + \mu_{0j}$，$\beta_{1j} = \gamma_{10}$　　　　　　　　　　(6-8)

将式（6-8）代入式（6-7）得到总模型：

$CON_{ij} = \gamma_{00} + \gamma_{10} t_{ij} + (\mu_{0j} + e_{ij})$　　　　　　　　　　　　(6-9)

式（6-7）和式（6-8）为不同水平的模型，分别表示个体水平和组水平的回归。水平 1 模型表示农户家庭的人均生活消费支出主要由其初始时刻的人均生活消费支出 β_{0j} 及其随时间的变化量 $\beta_{1j} t_{ij}$ 决定。水平 2 模型假设农户家庭初始时刻的人均生活消费可以分解为两部分，所有农户家庭的初始时刻的平均消费水平和个体偏离平均水平的部分。水平 2 模型还假设所有的农户家庭的人均消费支出在每一年有相同的增长幅度 γ_{00}，即个体的发展趋势和总体的发展趋势相同，也不存在跨年度的变异。在跨层混合模型（6-9）中，$\gamma_{00} + \gamma_{10} t_{ij}$ 一起反映了所有农户家庭人均消费支出变化的确定性趋势，而 $\mu_{0j} + e_{ij}$ 一起反映了个体农户家庭的人均消费支出在不同观测期对确定性趋势的偏离。

运用 SAS9.2 估计模型（6-9），其参数的具体估计结果如表 6-11 所示。

表 6-11　随机截距发展模型参数的 REML 估计

参数	估计	标准误	t 值	P 值
固定效应参数				
γ_{00}	2059.24	51.7074	39.8249	<0.0001
γ_{10}	349.76	15.9623	21.9116	<0.0001

续表

参数	估计	标准误	t 值	P 值
随机效应参数				
水平 2				
$\sigma_{\mu 0}^{2}$	2829157	118034	23.9690	<0.0001
水平 1				
σ^{2}	6102116	87897	69.4235	<0.0001
$-2\ln$（likelihood）	227024.2			
AIC	227027.2			
AICC	227038.8			

根据表 6-11 的估计结果，固定效应参数 γ_{00} 和 γ_{10} 均在 1% 的显著性水平下显著，表明农户家庭的人均消费支出初始水平和变化率均显著不为 0。其中，γ_{00} = 2059.24，表示 2006 年的农户家庭的人均生活消费支出的均值（即初始平均水平）为 2059.24 元；γ_{10} = 349.76，表示在 5 年的调查期内，农户家庭人均生活消费支出年均增幅为 349.76 元。水平 2 随机方差 $\sigma_{\mu 0}^{2}$ 和水平 1 随机方差 σ^{2} 均统计显著，表明农户家庭人均生活消费支出存在显著的对象间变异和对象内变异，即不同家庭的初始水平差异较大，同一家庭的人均消费支出在不同年份间差异也显著。

（三）随机截距—斜率发展模型

显然，将模型（6-9）的斜率设为固定值并不合理。事实上，不同农户家庭的人均消费支出的变化率是不同的，并且变化率也存在对象内变异，即同一个农户的家庭人均消费支出的变化率在不同年份也是有差异的，因此，将模型扩展为随机斜率的发展模型，具体模型如下：

水平 1 模型：$CON_{ij} = \beta_{0j} + \beta_{1j} t_{ij} + e_{ij}$ （6-10）

水平 2 模型：$\beta_{0j} = \gamma_{00} + \mu_{0j}$，$\beta_{1j} = \gamma_{10} + \mu_{1j}$ （6-11）

将式（6-11）代入式（6-10）得到总模型：

$CON_{ij} = \gamma_{00} + \gamma_{10} t_{ij} + (\mu_{0j} + \mu_{1j} t_{ij} + e_{ij})$ （6-12）

相比模型（6-8），模型（6-11）的改进在于将 β_{1j} 设为随组水平（农户家庭）j 变化而变化的。β_{1j} 表示第 j 个农户家庭人均生活消费支出随时间的变化率，其中 γ_{10} 为全部农户家庭的人均生活消费支出随时间 t 变化的平均变化率，μ_{1j} 表

示第 j 个农户家庭人均生活消费支出的变化率偏离平均变化率的部分。模型(6-12)中 $\mu_{0j}+\mu_{1j}t_{ij}+e_{ij}$ 为混合残差，$e_{ij}\sim N(0,\sigma^2)$ 为相互独立的水平 1 残差，表示随机因素对第 j 个农户第 t 期人均消费支出的影响；$\mu_{0j}\sim N(0,\sigma_{\mu0}^2)$ 为相互独立的截距项水平 2 残差，表示随机因素对第 j 个农户初始消费水平的影响；$\mu_{1j}\sim N(0,\sigma_{\mu1}^2)$ 为相互独立的斜率项水平 2 残差，表示随机因素对第 j 个农户支出变化率的影响。假设水平 1 和水平 2 的残差无关联，即 $\mathrm{Cov}(\mu_{0j},\varepsilon_{ij})=0$，$\mathrm{Cov}(\mu_{1j},e_{ij})=0$。

运用 SAS9.2 估计模型（6-12），模型（6-12）与 OLS 估计下的具体参数估计结果如表 6-12 所示。

表 6-12 随机截距—斜率发展模型参数的 REML 及 OLS 估计

参数	REML（标准误）	P 值	OLS（标准误）	P 值
固定效应参数				
γ_{00}	2053.00 (44.8188)	<0.0001	2059.24 (51.71)	<0.0001
γ_{10}	354.14 (18.8472)	<0.0001	349.76 (15.96)	<0.0001
随机效应参数				
水平 2				
$\sigma_{\mu0}^2$	1680960 (150060)	<0.0001		
$\sigma_{\mu1}^2$	328586 (27248)	<0.0001		
$\sigma_{\mu01}^2$	8696.89 (50827)	0.8641		
水平 1				
σ^2	5295108 (88671)	<0.0001	8903907	<0.0001
$-2\ln(\text{likelihood})$	226514.5		228679.1	
AIC	226520.5		228681.1	
AICC	226520.5		228681.1	
BIC	226544.7		228688.5	
	$R_1^2=0.1736$		$R^2=0.0260$	

根据表 6-12 的估计结果，模型（6-12）的固定效应参数估计结果均统计显著，$\gamma_{00}=2053.00$，$\gamma_{10}=354.14$，表明在考虑了斜率的变异后，红河州 2006 年农户的家庭人均生活消费支出的总体水平为每人 2053.00 元；在 5 年调查期间的农户家庭人均生活消费支出年平均增量为 354.14 元。随机截距的方差估计

$\sigma_{\mu 0}^2$、随机斜率的方差估计$\sigma_{\mu 1}^2$均在1%的水平下显著,表明红河州农户家庭的初始消费水平和消费支出的变化率均存在显著的对象间变异,不同的农户家庭,其初始消费水平和消费支出的年增长量均存在明显差异。水平2随机截距和随机斜率的协方差$\sigma_{\mu 01}^2=8696.89$,表明这两者之间存在正相关,即初始消费水平越高的农户,其消费支出的年增长量越大,但这一结果并不显著,也就是说红河州农户家庭的人均消费支出水平没有明显的趋异特征。水平1残差方差σ^2的显著性说明在模型(6-12)设定了随机系数后,仍存在显著的对象内变异,且此模型的$\sigma^2=5295108$,比模型(6-9)的σ^2减少了14.82%。

表6-12也给出了模型的最小二乘估计(OLS)结果,由于OLS不考虑数据的层次结构,因此没有水平2残差方差的估计结果。模型(6-12)中多水平模型的参数估计结果与OLS的固定参数的估计结果相近,但多水平模型估计的$-2\ln(\text{likelihood})$明显较小,优于OLS估计的结果。此外,表明模型拟合程度的统计量R^2,OLS估计下仅有0.0260,表明没有考虑层次结构的回归模型仅解释了农户家庭人均消费支出中2.60%的差异,模型拟合效果很不理想;而在考虑了层次结构的多水平模型中,方差缩减指数$R_1^2=1-\sigma^2$(设定模型)$/\sigma^2$(零模型)$=0.1736$,表明多水平模型解释了农户家庭人均消费支出中17.36%的变异,也表明在解释变量相同的情况下,考虑了层次结构的多水平模型是优于传统回归模型的。

(四)引入人均社会保障收入的单变量两水平发展模型

在随机截距—斜率发展模型的基础上,首先考察社会保障情况S是如何影响截距β_{0j}和斜率β_{1j}的。在模型(6-10)~模型(6-12)中引入人均社会保障收入变量TRA_j,作为水平2的解释变量,并假设随机截距β_{0j}和随机斜率β_{1j}是TRA_j的线性函数,将模型扩展为一个单变量的两水平条件发展模型:

水平1模型:$CON_{ij}=\beta_{0j}+\beta_{1j}t_{ij}+e_{ij}$ (6-13)

水平2模型:$\beta_{0j}=\gamma_{00}+\gamma_{03}TRA_j+\mu_{0j}$,

$\beta_{1j}=\gamma_{10}+\gamma_{13}TRA_j+\mu_{1j}$ (6-14)

将式(6-14)代入式(6-13)得到总模型:

$CON_{ij}=\gamma_{00}+\gamma_{03}TRA_j+\gamma_{10}t_{ij}+\gamma_{13}(TRA_j\times t_{ij})+$
$(\mu_{0j}+\mu_{1j}t_{ij}+e_{ij})$ (6-15)

运用SAS9.2估计模型,得到估计结果如表6-13所示。

第六章 社会保障对西部民族地区农户消费的影响分析

表6-13 单变量两水平发展模型参数的REML及OLS估计

参数	REML（标准误）	P值	OLS（标准误）	P值
固定效应参数				
γ_{00}（常数项）	1984.91（44.8763）	<0.0001	1338.51（59.9232）	<0.0001
γ_{10}（t_{ij}）	314.93（19.2486）	<0.0001	25.01（0.0061）	0.0027
γ_{03}（TRA_j）	0.6636（0.06531）	<0.0001	0.3482（0.0171）	<0.0001
γ_{13}（$TRA_j \times t_{ij}$）	0.0940（0.02744）	0.0006	0.0292（0.0061）	<0.0001
随机效应参数				
水平2				
$\sigma^2_{\mu 0}$	1527393（145121）	<0.0001		
$\sigma^2_{\mu 1}$	304588（26589）	<0.0001		
$\sigma^2_{\mu 01}$	-7591.60（49565）	0.8783		
水平1				
σ^2	5246675（88093）	<0.0001	7114327（91341）	<0.0001
$-2\ln$（likelihood）	226196.6		227024.2	
AIC	226204.6		227027.2	
AICC	226204.6		227027.2	
BIC	226227.9		227038.8	
$R^2_1 = 0.1811$，$R^2_{20} = 0.0914$，$R^2_{21} = 0.0730$			$R^2 = 0.0730$	

从表6-13中可以看出，模型的固定效应参数均在1%的显著性水平下显著，模型的随机效应参数 $\sigma^2_{\mu 0}$、$\sigma^2_{\mu 1}$ 和 σ^2 也在1%的水平下显著，但 $\sigma^2_{\mu 01}$ 不显著。相比没有加入变量 TRA_j 的模型（6-12），模型（6-15）的 $-2\ln$（likelihood）统计量明显减小，其似然比统计量 LR = 317.9，大于5%的临界值 $\chi^2_{0.05}$，表明变量 TRA_j 对农户家庭的人均消费支出有显著的影响。水平2上的方差缩减比例指数 $R^2_{20} = 0.0914$，$R^2_{21} = 0.0730$，相比模型（6-12）有明显改进，模型拟合得更好。这两个方差缩减比例指数也表明人均社会保障支出 TRA_j 可以解释农户家庭人均消费支出9.14%的初始水平差异和人均生活消费支出7.30%的变化率差异。

从模型的固定参数估计结果看，γ_{00} 为1984.91，表明在去除人均社会保障收入的影响后，在初始时刻农户家庭的人均消费支出的平均水平为1984.91元。$\gamma_{03} = 0.6636$，表明农户家庭的人均社会保障收入影响消费支出的初始水平，当一个农户家庭的人均社会保障收入比另一个农户家庭多1元时，其人均生活消费支出的初始水平将平均高出 0.6636 元；$\gamma_{10} = 314.93$，表明在去除人均社会保障收入的影响后，农户家庭人均消费支出的年均增量为 314.93 元，$\gamma_{13} = 0.0940$，为 TRA_j 与 t_{ij} 交互项的参数估计值，表示当一个农户家庭的人均社会保障收入比另一个农户家庭多 1 元时，其人均生活消费支出的年均增长量将比另一个农户家庭平均高出 0.0940 元。

对比多水平模型估计和最小二乘（OLS）估计，可以看出，两种估计的结果虽然都显著，但固定效应参数差异明显。多水平模型的 $-2\ln$（likelihood）、AIC、AICC 和 BIC 值均小于 OLS 的估计结果，且方差缩减比例明显大于 OLS 估计结果，表明多水平模型的估计结果优于 OLS 估计结果。且相比式（6-12），多水平模型的固定效应参数变化小，也更合理。

（五）引入虚拟变量的多水平条件发展模型

在上述随机截距—斜率发展模型（6-15）的基础上继续考虑最低生活保障制度对农户家庭消费支出的影响。本书使用虚拟变量 $D2_j$ 表示最低生活保障，$D2_j = 1$ 表示该农户领取了最低生活保障，$D2_j = 0$ 表示该农户没有领取最低生活保障。假设 TRA_j、$D2_j$ 是 β_{0j} 和 β_{1j} 的线性函数，得到一个具有两个变量的两水平条件发展模型：

水平 1 模型：$CON_{ij} = \beta_{0j} + \beta_{1j} t_{ij} + e_{ij}$ （6-16）

水平 2 模型：$\beta_{0j} = \gamma_{00} + \gamma_{05} D2_j + \mu_{0j}$

$\beta_{1j} = \gamma_{10} + \gamma_{13} TRA_j + \gamma_{15} D2_j + \mu_{1j}$ （6-17）

将式（6-17）代入式（6-16）得到总模型：

$CON_{ij} = \gamma_{00} + \gamma_{05} D2_j + \gamma_{10} t_{ij} + \gamma_{13} (TRA_j \times t_{ij}) +$

$\gamma_{15} (D2_j \times t_{ij}) + (\mu_{0j} + \mu_{1j} t_{ij} + e_{ij})$ （6-18）

运用 SAS9.2 估计模型，得到模型（6-18）与其 OLS 估计下的具体参数估计结果如表 6-14 所示。

表 6-14　引入虚拟变量的两水平发展模型参数的 REML 及 OLS 估计

参数	REML（标准误）	P 值	OLS（标准误）	P 值
固定效应参数				
γ_{00}（常数项）	2001.44（45.8051）	<0.0001	2010.76（47.88）	<0.0001
γ_{10}（t_{ij}）	360.32（20.6448）	<0.0001	369.17（20.47）	<0.0001

续表

参数	REML（标准误）	P值	OLS（标准误）	P值
γ_{05}（$D2_j$）	-619.18（164.71）	0.0002	-954.29（191.64）	<0.0001
γ_{13}（$TRA_j \times t_{ij}$）	0.097（0.04658）	<0.0001	0.172（0.029）	<0.0001
γ_{15}（$D2_j \times t_{ij}$）	-79.78（59.9226）	0.1831	-164.79（66.39）	0.1136
随机效应参数				
水平2				
$\sigma^2_{\mu0}$	1474177（129858）	<0.0001		
$\sigma^2_{\mu1}$	295388（26426）	<0.0001		
$\sigma^2_{\mu01}$	-36965（49950）	0.4593		
水平1				
σ^2	5279046（88886）	<0.0001	8252917（105959）	<0.0001
$-2\ln$（likelihood）	226097.2		227744.5	
AIC	226105.2		227744.5	
AICC	226105.2		227744.5	
BIC	226128.4		227751.9	
$R^2_1 = 0.1761$, $R^2_{20} = 0.1230$, $R^2_{21} = 0.1010$			$R^2 = 0.0975$	

加入变量 $D2_j$ 后的两水平条件发展模型中，固定效应参数 $\gamma_{05} = -619.18 < 0$，说明领取最低生活保障的农户，其初始（2006年）消费水平比未领取最低生活保障的农户平均低 619.18 元，$D2_j$ 和 t_{ij} 交互项的参数估计结果不显著，γ_{15} 为 -79.78，不具有显著性，表明是否领取最低生活保障仅仅影响农户家庭的初始消费水平，不影响农户家庭人均消费支出随时间的变化率。这两个参数都为负，表明领取最低生活保障的农户其初始消费水平和消费支出的年均增长量均低于未领取最低生活保障的农户，最低生活保障虽然对贫困农户的消费情况有所改善，但依然不能使其达到所有农户的平均消费水平。

普通线性回归的 OLS 估计结果也列于表 6-14 中。同样地，与多水平模型的估计结果相比，OLS 估计的 $-2\ln$（likelihood）、AIC、AICC 和 BIC 值均大于多水平发展模型，$R^2 = 0.0975$ 也小于多水平发展模型的方差缩减比例，说明 OLS 估计的效果劣于多水平发展模型。

（六）多变量两水平条件发展模型

最后，我们在模型（6-18）中继续添加其他影响因素变量，包括反映经济

状态的 INC_j 和 WT_j，反映社会保障状况的 $D1_j$ 和反映农户家庭结构的 STU_j 和 SUP_j，建立多变量的两水平线性发展模型：

水平1模型：$CON_{ij} = \beta_{0j} + \beta_{1j}t_{ij} + e_{ij}$ （6-19）

水平2模型：$\beta_{0j} = \gamma_{00} + \gamma_{01}INC_j + \gamma_{02}WT_j + \gamma_{03}TRA_j + \gamma_{04}D1_j +$
$$\gamma_{05}D2_j + \gamma_{06}STU_j + \gamma_{07}SUP_j + \mu_{0j}$$

$$\beta_{1j} = \gamma_{10} + \gamma_{11}INC_j + \gamma_{12}WT_j + \gamma_{13}TRA_j + \gamma_{14}D1_j +$$
$$\gamma_{15}D2_j + \gamma_{16}STU_j + \gamma_{17}SUP_j + \mu_{1j}$$ （6-20）

将式（6-20）代入式（6-19）得到总模型：

$$CON_{ij} = \gamma_{00} + \gamma_{01}INC_j + \gamma_{02}WT_j + \gamma_{03}TRA_j + \gamma_{04}D1_j + \gamma_{05}D2_j + \gamma_{06}STU_j + \gamma_{07}SUP_j +$$
$$\gamma_{10}t_{ij} + \gamma_{11}(INC_j \times t_{ij}) + \gamma_{12}(WT_j \times t_{ij}) + \gamma_{13}(TRA_j \times t_{ij}) + \gamma_{14}(D1_j \times t_{ij}) +$$
$$\gamma_{15}(D2_j \times t_{ij}) + \gamma_{16}(STU_j \times t_{ij}) + \gamma_{17}(SUP_j \times t_{ij}) +$$
$$(\mu_{0j} + \mu_{1j}t_{ij} + e_{ij})$$ （6-21）

运用 SAS9.2 软件估计模型（6-21），并逐步删除不显著的变量，得到模型的最终估计结果如表 6-15 所示。

表 6-15 多变量两水平条件发展模型参数的 REML 及 OLS 估计

参数	REML（标准误）	P值	OLS（标准误）	P值
固定效应参数				
γ_{00}（常数项）	580.41（66.18）	<0.0001	1191.92（49.79）	<0.0001
γ_{10}（t_{ij}）	129.00（64.79）	0.0466	144.25（54.99）	0.0076
γ_{01}（INC_j）	0.4707（0.016）	<0.0001	0.34（0.009）	<0.0001
γ_{02}（WT_j）	0.0619（0.0136）	<0.0001	0.10（0.014）	<0.0001
γ_{03}（TRA_j）	0.3876（0.104）	0.0002	0.62（0.067）	<0.0001
γ_{05}（$D2_j$）	-974.89（114.04）	<0.0001	-706.51（175.33）	<0.0001
γ_{12}（$WT_j \times t_{ij}$）	0.0227（0.0059）	0.0079	-0.0045（0.0045）	0.3410
γ_{13}（$TRA_j \times t_{ij}$）	0.2458（0.0465）	<0.0001	0.126（0.027）	<0.0001
γ_{14}（$D1_j \times t_{ij}$）	351.83（57.724）	<0.0001	-41.418（61.17）	0.4984
γ_{16}（$STU_j \times t_{ij}$）	65.6615（24.053）	0.0029	25.81（15.12）	0.0879
γ_{17}（$SUP_j \times t_{ij}$）	-124.96（30.725）	<0.0001	-109.11（20.98）	<0.0001
随机效应参数				
水平2				
$\sigma_{\mu0}^2$	831760（129858）	<0.0001		

续表

参数	REML（标准误）	P值	OLS（标准误）	P值
$\sigma_{\mu1}^2$	294606（26254）	<0.0001		
$\sigma_{\mu01}^2$	-280058（50681）	<0.0001		
水平1				
σ^2	5320469（89270）	<0.0001	6876481（88309）	
-2ln（likelihood）	224811.7		225524.5	
AIC	224819.7		225525.5	
AICC	224819.7		225525.5	
BIC	224844.9		225534.9	
	$R_1^2 = 0.1696$, $R_{20}^2 = 0.5052$, $R_{21}^2 = 0.1034$		$R^2 = 0.2484$	

即优化后的最终模型为：

水平1模型：$CON_{ij} = \beta_{0j} + \beta_{1j}t_{ij} + e_{ij}$ （6-22）

水平2模型：

$\beta_{0j} = 580.41 + 0.4707INC_j + 0.0619Wt_j + 0.3876TRA_j - 974.89D2_j + \mu_{0j}$

$\beta_{1j} = 129 + 0.0227WT_j + 0.2458TRA_j + 351.83D1_j + 65.6615STU_j -$

$\qquad 124.96SUP_j + \mu_{1j}$ （6-23）

总模型：

$CON_{ij} = 580.41 + 0.4707INC_j + 0.0619Wt_j + 0.3876TRA_j - 974.89D2_j +$

$\qquad 129t_{ij} + 0.0227(WT_j \times t_{ij}) + 0.2458(TRA_j \times t_{ij}) + 351.83(D1_j \times t_{ij}) +$

$\qquad 65.6615(STU_j \times t_{ij}) - 124.96(SUP_j \times t_{ij}) + (\mu_{0j} + \mu_{1j}t_{ij} + e_{ij})$ （6-24）

从模型的最终估计结果看，农户家庭的经济状况、社会保障情况以及家庭结构均对其家庭人均消费支出产生影响。农户家庭在初始时刻（2006年）的人均消费支出受农户家庭的人均纯收入（INC_j）、农户家庭的人均期末金融资产余额（WT_j）、农户家庭的人均社会保障收入（TRA_j）、是否领取最低生活保障（$D2_j$）的影响，而农户家庭在2006~2010年人均消费支出的增长率受农户家庭的人均期末金融资产余额（WT_j）、农户家庭的人均社会保障收入（TRA_j）、是否参加新型农村合作医疗（$D1_j$）、农户家庭在校学生人数（STU_j）和赡养系数SUP_j的影响。

模型（6-21）的水平2方差缩减比例分别为$R_{20}^2 = 0.5052$，$R_{21}^2 = 0.1034$，

说明基期农户家庭间基期人均生活消费支出的差异有 50.25% 可以通过变量 INC_j、WT_j、TRA_j、$D2_j$ 解释,农户家庭的人均生活消费支出增长率的变异则可以由变量 WT_j、TRA_j、$D1_j$、STU_j、SUP_j 解释 10.34%。水平 1 的方差缩减比例指数 $R_1^2 = 0.1696$,说明模型中时间回归项(t_{ij})能够解释的方差比例为 16.96%。

模型中的截距部分固定效应参数 γ_{00} 的估计值为 580.41,表明在去除了 INC_j、WT_j、TRA_j、$D2_j$ 的影响后,农户家庭的人均消费支出的平均初始水平为 580.41 元,INC_j 的系数估计值 $\gamma_{01} = 0.4707$,表明在其他条件相同的前提下,农户家庭的人均纯收入每增加 1 元,其初始消费水平平均上升 0.4707 元;WT_j 的系数 $\gamma_{02} = 0.0619$,表明其他条件相同的情况下,农户家庭的人均期末金融资产余额每增加 1 元,农户家庭的初始消费水平上升 0.0619 元;TRA_j 的系数 γ_{03} 的估计值为 0.3876,表明农户家庭的人均社会保障收入每增加 1 元时,农户家庭的初始消费水平平均增加 0.3876 元;$D2_j$ 的系数 γ_{05} 的估计值为 -974.89,表明其他条件相同时,相比没有领取最低生活保障的农户家庭,领取最低生活保障补助的农户家庭初始消费水平平均低 974.89 元。

模型中的斜率部分固定效应参数 γ_{10} 为 129.00,相伴概率 $P = 0.0466$,意味着时间变量 t 在 5% 的显著性水平下显著,表明在去除了 WT_j、TRA_j、$D1_j$、STU_j、SUP_j 的影响后,农户家庭的人均消费支出年均增长 129.00 元。$WT_j \times t_{ij}$ 的系数估计值 γ_{12} 为 0.0227,表明在其他变量不变的情况下,农户家庭的人均期末金融资产余额每增加 1 元,其家庭人均消费支出的变化率将增大 0.0227 元;$TRA_j \times t_{ij}$ 的系数 γ_{13} 的估计值为 0.2458,表明农户家庭的人均社会保障收入每增加 1 元,其家庭人均消费支出的变化率将增加 0.2458 元;$D1_j \times t_{ij}$ 的系数估计值 $\gamma_{14} = 351.83$,表明参加新型农村合作医疗的农户家庭,其人均生活消费支出的增长率平均高出未参加新型农村合作医疗的农户家庭 351.83 元;$STU_j \times t_{ij}$ 的系数估计值 $\gamma_{16} = 65.6615$,表明农户家庭的在校学生数每增加 1 人,其家庭人均生活消费支出将平均增加 65.6615 元/年;$SUP_j \times t_{ij}$ 的系数估计值 $\gamma_{17} = -124.96$,说明农户家庭的赡养系数每增加 1 个单位,其家庭人均消费支出将平均减少 124.96 元。在家庭结构变量中,STU_j 的系数为正,而 SUP_j 的系数为负,这是因为在校学生和老人的数量越多,总的生活必需支出越高,人均消费支出一般会越低,但受益于农村教育的"两补一免"政策,在校学生可以得到寄宿生生活费补助,相当于增加了收入,因此其对人均生活消费支出的变化率有正向影响。

从模型的随机效应参数估计结果看，$\sigma_{\mu0}^2$、$\sigma_{\mu1}^2$、$\sigma_{\mu01}^2$ 和 σ^2 均在 1% 的水平下显著，表明即使考虑了经济状态、社会保障情况和家庭结构的影响，农户家庭的人均消费支出依然存在显著的组间差异和组内差异。$\sigma_{\mu0}^2$ 和 $\sigma_{\mu1}^2$ 的估计为正，表明农户家庭人均消费支出的初始水平和变化率存在显著的户间差异，而 $\sigma_{\mu01}^2$ 的估计为负，表明人均消费支出初始水平越高的农户，其消费支出的增长率越低，红河州农户家庭的人均消费支出存在趋同现象。σ^2 显著为正，表明同一农户在不同的年份人均消费支出也存在较大的变异，在不同年份间波动较大。

在不考虑层次结构的情况下，建立包含相同变量的普通线性回归模型，并运用 OLS 方法估计此模型，结果如表 6-15 所示。从中可以看出，OLS 估计的似然比统计量 -2LL 及信息标准统计量 AIC、AICC 和 BIC 的值均小于模型（6-18）的 OLS 估计，说明变量 INC_j、WT_j、TRA_j、$D1_j$、$D2_j$、STU_j、SUP_j 对农户家庭的人均消费支出确有解释作用。与包含相同解释变量的普通线性模型相比，多水平模型的 -2LL 更小，多水平发展模型优于传统的 OLS 回归。在 5% 的显著性水平下，农户家庭的人均期末金融资产余额、参加新型农村合作医疗情况、农户家庭的在校学生人数这三个变量与时间 t 的交互项的参数估计在 OLS 回归下均未通过检验，这与多水平发展模型的估计结果不同，这可能源于 OLS 估计因忽略数据层次结构而导致的估计偏倚。

四、主要结论

由多水平发展模型（6-24）的最终估计结果，可以得到以下主要结论：

第一，农户家庭基期（2006 年）人均生活消费支出（截距参数）与人均纯收入、人均期末金融资产余额、人均社会保障收入及是否领取最低生活保障显著相关；农户家庭人均生活消费支出随时间的变化率（斜率参数）与期末金融资产余额、人均社会保障收入、是否参加新型农村合作医疗、农户家庭的在校学生人数、赡养系数显著相关。人均生活消费支出的初始水平和变化率之间的协方差 $\sigma_{\mu01}^2$ 为负且显著，说明农户的家庭人均生活消费初始水平越高时，其人均生活消费支出随时间推移的增长率越低，西部民族地区的农户人均生活消费支出水平存在趋同现象。

第二，农户家庭的经济状态显著地影响农户家庭的人均生活消费支出。家庭人均纯收入和期末金融资产余额越高，农户家庭的经济基础越好，初始消费水平越高,相比期末金融资产余额,人均纯收入对农户初始消费水平的影响越大,表明 2006~2010 年,当期收入依然是决定消费水平的主要因素。人均期末金融资产余额对消费支出的增长率有正向影响,但影响的幅度不大,而收入的增长似乎没有带来消费支出的同步增长,人均纯收入对消费支出的增长率没有显著影响。

第三,社会保障对农户家庭的人均生活消费支出有着显著的影响。社会保障体现为农户家庭的直接收入,人均社会保障收入越多的农户家庭,其初始消费水平越高,而且,其消费支出的增长率越高。是否参加新型农村合作医疗虽然对农户家庭的初始消费水平没有影响,但其显著地影响了消费支出的增长率。从这两个变量的影响方向看,社会保障显著地促进了农村居民的消费。领取了最低生活保障的农户家庭,其初始消费水平反而低于没有领域最低生活保障的农户家庭,表明处于收入最底层的农户家庭由于经济基础差,即使领取最低生活保障,也不能达到农户家庭的平均消费水平,但毫无疑问,最低生活保障在某种程度上缩减了收入最底层的农户与农户平均消费水平的差距。另外,也说明我国现阶段的最低生活保障的保障额度依然偏低,仅能维持收入最底层农户的基本生活需求。

第四,从农户的家庭结构对消费的影响来看,在校学生数和赡养系数对农户家庭消费支出均有显著的影响,但影响的方向并不一致。具体而言,在校学生数越多,赡养系数越高,农户家庭的生活负担越重。但是,学生和老人对家庭的消费支出影响明显不同。学生数越多,教育支出越大,西部地区受益于农村教育的"两免一补",学生在义务教育阶段不仅不需要支付教育费用,并且可以获得寄宿生生活补助,这相当于增加了农户家庭的收入,因而家长愿意在其他方面为孩子增加支出。然而,目前农村的养老依然以家庭养老为主,"养儿防老",因此赡养的老人数越多,家庭负担越重,最终拉低了农户家庭消费支出的增长速度。

第七章 西部民族地区农户消费结构的影响因素分析

第一节 西部民族地区农户的消费结构

农户家庭生产和消费的统一决定了农户的支出中，用于生产经济费用的支出占据着相当的比例。由于农业本身具有的不确定性，农户在农业经营中的风险很高，现阶段尚缺乏对农业的保险，农户只能依赖自身抵抗农业生产中的各种风险。农业生产所需要的投资也只能由农户自己筹集。从消费经济学理论看，这部分投资严格地说不能称之为支出。但从农民经济学的角度出发，农民生产者和消费者合二为一的经济学特征，决定了家庭经营费用支出也是农户的支出。根据红河州的农户住户调查数据，我们统计了农户家庭的总支出及其主要大类支出。

一、农户总支出及其结构

农户家庭的总支出包括家庭经营费用支出、购置生产性固定资产支出、建造生产性固定资产雇工支出、税费支出、生活消费支出、财产性支出和转移性支出。其中，家庭经营费用支出主要指农户为再生产购买农业生产的种子、种苗、饲料、化肥、农药，工业生产的原材料、燃料等的支出；购置生产性固定资产支出主要指农户家庭购买大型农机、建造厂房等的支出；税费支出包括第一产业税、工业生产纳税、建筑业生产纳税、第三产业生产纳税以及其他各种收费；生活消费支出指个人和家庭用于生活消费的全部支出,包括食品、衣着、居住等八大项支出;财产性支出指农户宅基地有偿使用费、承包其他农户的转让费等;转移性支出指农户家庭寄给带给家庭非常住人口、赠送给亲友的费用。

表7-1 2006~2010年红河州农户家庭总支出及其组成　　　单位:元

项目	2006年	2007年	2008年	2009年	2010年
总支出	4214.72	4917.01	5762.50	6137.13	7058.60
家庭经营费用支出	1732.70	2068.24	2476.56	2541.41	3036.48
购置生产性固定资产支出	156.19	153.07	209.30	204.05	169.73
建造生产性固定资产雇工支出	1.84	2.31	1.17	5.14	1.26
税费支出	4.90	4.89	3.93	2.84	1.72
生活消费支出	2157.53	2498.47	2868.51	3132.91	3591.23
财产性支出	31.44	29.12	26.64	43.40	47.94
转移性支出	130.13	160.90	176.39	207.39	210.25

表7-1反映了红河州农户家庭在2006~2010年人均总支出、家庭经营费用支出以及生活消费支出等支出情况。从表7-1可以看出,2006~2010年,红河州农户家庭的人均总支出总体呈现一个上升的趋势,从人均4214.72元上升到7058.60元。其中生活消费支出是占总支出中最大的一部分,从2157.53元逐步上升到3591.23元;家庭经营费用支出次之,从人均1732.70元增加到3036.48元;税费支出比较低,从人均4.90元逐年下降到1.72元;最低的是建造生产性固定资产雇工支出。

表7-2 2006~2010年红河州农户家庭总支出结构　　　单位:%

类别	2006年	2007年	2008年	2009年	2010年	平均
家庭经营费用支出	41.11	42.06	42.98	41.41	43.02	42.06
购置生产性固定资产支出	3.71	3.11	3.63	3.32	2.40	3.11
建造生产性固定资产雇工支出	0.04	0.05	0.02	0.08	0.02	0.05
税费支出	0.12	0.10	0.07	0.05	0.02	0.10
生活消费支出	51.19	50.81	49.78	51.05	50.88	50.81
财产性支出	0.75	0.59	0.46	0.71	0.68	0.59
转移性支出	3.09	3.27	3.06	3.38	2.98	3.27

表7-2反映了红河州农户家庭在2006~2010年的家庭经营费用支出、购置生产性固定资产支出等七大支出占总支出的比例情况。从表7-2可以看出，2006~2010年，红河州农户家庭生活消费支出每年均是占人均总支出最高的，平均占比为50.81%，其次是人均家庭经营费用支出，平均占比为42.06%。农户家庭支出中占比最低的是建造生产性固定资产雇工支出，平均占比为0.05%，其次是占比逐年降低的税费支出，平均占比为0.10%。

二、生活消费支出及其结构

生活消费支出不同于家庭经营费用支出，它是农户作为消费者的部分，是最终消费。生活消费支出在红河州农户家庭消费支出中的占比超过50%，是比例最大的一部分，那么这部分支出主要花费在哪些方面呢？

（一）生活消费支出

红河州农户家庭的人均生活消费支出总体呈现出上升趋势，消费水平偏低。农户家庭的生活消费支出主要用于食品、医疗保健、家庭设备及维修等，具体的数据如表7-3所示。

表7-3 2006~2010年红河州农户家庭生活消费总支出 单位：元

项目	2006年	2007年	2008年	2009年	2010年
生活消费支出	2157.53	2498.47	2868.51	3132.91	3591.23
其中：服务性支出	591.28	645.30	678.62	775.64	867.68
1. 食品消费支出	956.52	1117.25	1445.67	1472.97	1712.04
2. 衣着消费支出	98.16	124.31	131.94	138.56	160.80
3. 居住消费支出	376.63	433.58	413.07	495.87	596.86
4. 家庭设备、用品消费支出	106.36	124.45	137.48	157.09	181.79
5. 交通和通信消费支出	194.53	250.97	269.47	320.21	346.34
6. 文化教育娱乐消费支出	214.25	222.89	198.67	243.91	283.98
7. 医疗保健消费支出	155.05	166.78	211.03	236.24	244.07
8. 其他商品和服务消费支出	56.02	58.24	61.16	68.05	65.35

从表7-3的数据可以看出，红河州农户家庭生活消费总支出中，食品消费支出额最大，且呈逐年上升的趋势。其次是居住消费支出，从2006年的376.63

元逐步增长到 2010 年的 596.86 元。衣着类支出、其他商品和服务消费支出额相对较小。农户家庭的交通和通信消费支出、文化教育娱乐消费支出、医疗保健消费支出近年来增长较快。在生活消费中，服务性消费支出呈稳步上升状态，但增长速度较慢。

表 7-4 2006~2010 年红河州农村居民年生活消费结构   单位：%

类别	2006 年	2007 年	2008 年	2009 年	2010 年
食品	44.82	44.81	50.78	47.50	48.57
衣着	4.62	4.99	4.62	4.45	4.57
居住	17.33	18.33	14.57	15.69	15.81
家庭设备和用品	4.93	4.93	4.78	4.84	4.98
交通和通信	9.32	9.84	9.46	10.70	9.89
文化教育娱乐	9.54	8.51	6.62	7.39	7.60
医疗保健	7.00	6.30	7.07	7.32	6.77
其他商品和服务	2.44	2.29	2.09	2.10	1.81

表 7-4 反映了红河州农户家庭在 2006~2010 年八大类消费支出在生活消费支出的占比情况。从表中可以看到，食品支出依然是农村居民消费支出的最大头，占比接近 50%，表明红河州农村居民的食品支出占到了全部生活消费支出的近一半，农民生活水平刚刚从温饱迈入小康。支出中比例第二大的是居住，占比介于 14.57%~18.33%，表明居住支出也是农户生活消费的重要部分。交通和通信的支出占比在 10% 左右，是农户生活消费的第三大支出。文化教育娱乐的支出比例在 2008 年后有所降低，这可能受益于农村地区广泛实行的义务教育阶段"两免一补"政策。总体来说，云南红河州的农村居民消费结构处于比较低的阶段，生活必需支出（衣食住行）占据了消费的大部分，用于医疗、教育等的支出比例很小。这可能是因为农户的收入水平较低，以农业为主的生产结构决定了大部分农户处于半自给自足的生活状态。市场化程度滞后，农村的基础设施不完善，消费环境差等，抑制了其消费需求的上升。

（二）消费品支出结构

在农户的生活消费支出中，可以根据其消费的是产品还是服务对消费支出进行划分。从表 7-5 可以看出，农户的生活消费支出中，消费的产品占了 70% 以上，且占比在 2006～2010 年还略有上升的趋势，表明红河州农户的消费还停留在比较低的阶段，服务性消费较少。

表 7-5　2006～2010 年红河州农户年生活消费品支出结构　　单位：%

项目	2006 年	2007 年	2008 年	2009 年	2010 年	平均
食品消费品支出	57.03	56.09	62.55	59.06	59.91	58.93
衣着消费品支出	6.24	6.67	5.98	5.87	5.89	6.13
居住消费品支出	17.90	18.20	14.08	15.98	16.10	16.45
家庭设备用品消费品支出	6.59	6.54	6.04	6.51	6.56	6.45
交通和通信用品支出	6.82	7.77	6.94	8.22	7.36	7.42
文化教育娱乐用品消费支出	2.14	1.76	1.41	1.62	1.55	1.70
医疗保健用品	2.34	2.18	2.23	1.96	1.74	2.09
其他商品支出	0.94	0.79	0.76	0.78	0.88	0.83

表 7-5 反映了红河州农户家庭在 2006～2010 年八大消费支出中消费品支出在生活消费品支出的占比情况。从表中可以看出，食品消费品支出在生活消费品支出中占比最大，平均达到了 58.93%，表明红河州农户家庭的食品消费品支出占到了生活消费品总支出的一半以上；占比第二的是居住消费品支出，在 16% 左右，说明居住消费品支出也是农户生活消费品支出中较大的一部分；文化教育娱乐用品消费支出以及医疗保健用品支出的占比有所下降，表明红河州农户家庭的生活消费品支出用于文化教育、医疗保健等的比例越来越小；其他商品支出依然是占比最低的，在 0.83% 左右。总体来说，红河州农户家庭的生活消费品支出绝大部分用在了生活必需品上，对于文化教育、医疗保健等支出还是很少的。

（三）服务性支出的结构

表 7-6 反映了红河州农户家庭在 2006～2010 年八大消费支出中服务性消费支出在生活服务性消费支出的占比情况。从表中可以看出，红河州农户家庭的文化教育娱乐用品服务消费支出的占比最大，平均为 27.83%，其次是医疗保健服务消费支出，平均占比为 22.14%。文化教育、医疗保健服务的支出已达到生活服务性消费支出的一半；家庭设备用品服务性消费支出占比较低，平均为 0.52%；占比最低的是衣着消费服务性支出，平均不到 0.1%，说明红河州农村居民对衣着消费服务基本上是没有需求的。

表7-6　2006~2010年红河州农户生活服务性消费支出结构　　单位:%

支出	2006年	2007年	2008年	2009年	2010年	平均
食品消费服务性支出	10.71	12.05	11.19	10.41	9.26	10.72
衣着消费服务性支出	0.07	0.11	0.13	0.02	0.03	0.07
居住消费服务性支出	16.27	14.92	15.42	15.37	18.24	16.05
家庭设备用品服务性消费支出	0.52	0.51	0.76	0.46	0.36	0.52
交通和通信服务消费支出	14.83	16.59	17.30	16.30	16.81	16.37
文化教育娱乐用品服务消费支出	30.57	29.48	24.73	26.54	27.85	27.83
医疗保健服务消费支出	20.04	19.58	23.91	24.49	22.67	22.14
其他消费服务支出	6.98	6.76	6.57	6.41	4.77	6.30

（四）红河州与其他区域的农户消费情况对比分析

从全国的情况来看，2010年，农村居民的人均生活消费支出为4381.81元，其中东部地区最高，达到了5735.39元，其次是东北地区，为4352.06元，中部地区相对较低，为3957.42元，西部地区最低，为3537.48元。云南农村居民的人均生活消费支出为3398.30元，低于西部地区的平均水平。红河州3000个样本农户家庭的人均生活消费支出为3591.23元，高于云南的平均水平，甚至略高于西部地区的平均水平。但是，与中部地区与东北地区差距还是比较大的，与东部地区差距最大，差值达到了2144.16元（见图7-1）。

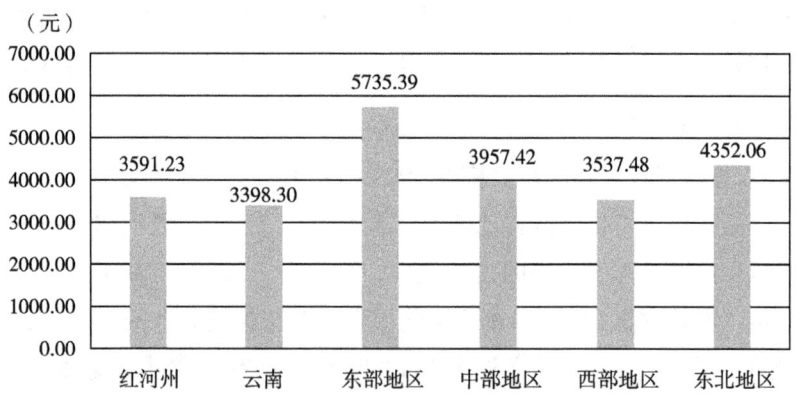

图7-1　2010年各地区生活消费总支出

恩格尔系数（Engel's Coefficient）指居民家庭中食物支出占消费总支出的比重，通常是用来衡量家庭富足程度的重要指标。2010年各地区的恩格尔系数如图7-2所示。

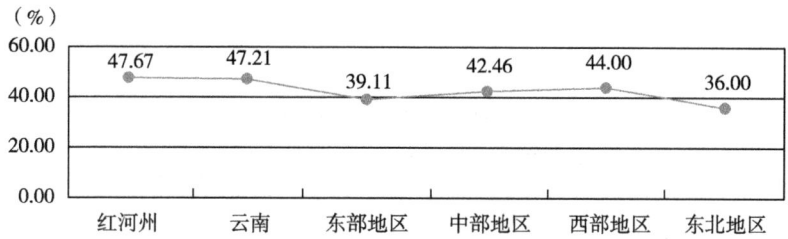

图7-2 2010年各地区的恩格尔系数折线图

由图7-2可知，2010年红河州农户家庭的平均恩格尔系数为0.4767，按照联合国对世界各国生活水平的划分标准，红河州农户的生活已达到小康水平，代表部分西部少数民族地区的生活水平达到了小康。从恩格尔系数看，只有东部地区、东北地区的恩格尔系数在0.40以下，农村居民的生活水平进入到相对富裕阶段。红河州和其他中、西部地区一样，相对差距并不大。

表7-7 2010年各地区生活消费支出   单位：元

类别	红河州	云南	东部地区	中部地区	西部地区	东北地区
食品	1712.04	1604.50	2242.99	1680.44	1556.62	1566.55
衣着	160.80	160.70	327.78	232.90	213.09	359.49
居住	596.86	638.10	1106.44	768.69	663.89	766.97
家庭设备用品及服务	181.79	167.70	297.19	234.53	190.64	173.10
交通和通信	346.34	337.90	702.99	353.64	341.57	428.84
文教娱乐用品及服务	283.98	206.50	534.52	311.12	233.45	511.53
医疗保健	244.07	239.90	394.44	284.59	275.61	439.56
其他商品及服务	65.35	43.10	129.05	91.52	62.61	106.01

从各区域农民的生活消费支出可以看出（见表7-7），东部地区的农村居民在食品消费支出上比红河州的农户高，接近30%，并且在衣着、居住以及交通和通信的消费分别均是红河州农户的近两倍；中部地区除了食品消费支出略低于

红河州的农户,其余消费均略高于红河州的农户;西部地区整体消费是略低于红河州农户的,其中食品消费、交通和通信消费、文教娱乐用品及服务以及其他商品及服务略低于红河州农户的消费水平;东北地区在衣着、居住、文教娱乐用品及服务以及医疗保健的消费高出红河州农户不少,其余消费水平与红河州农户的消费水平差不多。

表7-8 2010年各地区生活消费支出 单位:元

类别	红河州	云南	东部地区	中部地区	西部地区	东北地区
食品	47.67	47.21	39.11	42.46	44.00	36.00
衣着	4.48	4.73	5.72	5.89	6.02	8.26
居住	16.62	18.78	19.29	19.42	18.77	17.62
家庭设备用品及服务	5.06	4.93	5.18	5.93	5.39	3.98
交通和通信	9.64	9.94	12.26	8.94	9.66	9.85
文教娱乐用品及服务	7.91	6.08	9.32	7.86	6.60	11.75
医疗保健	6.80	7.06	6.88	7.19	7.79	10.10
其他商品及服务	1.82	1.27	2.25	2.31	1.77	2.44

表7-8给出了各地区2010年的生活消费结构。可以看出,红河州农户家庭的食品消费支出占比高于云南及其他地区,衣着、居住、家庭设备及服务支出的占比均低于云南及其他地区,交通和通信、文教娱乐用品及服务支出占比明显低于东部地区,医疗保健支出占比和东部地区比较接近,但明显低于其他地区,表明红河州农户的整体消费结构还处于比较低的层次。

第二节 西部民族地区农户消费结构变动分析

消费结构是人们消费的各种不同类型的消费品的比例关系,反映了消费的质和量以及质与量的协调性。消费者的消费结构会随着其收入水平、社会经济制度、产业结构等变化而变化。线性支出系统需求函数模型和扩展的线性支出系统需求函数模型常被用于消费结构的研究中。

第七章 西部民族地区农户消费结构的影响因素分析

一、线性支出系统需求函数模型

英国计量经济学家 R. Stone 于 1954 年以直接效用函数为基础，提出了线性支出系统需求函数（LES）：

$$q_i = r_i + \frac{b_i}{p_i}(V - \sum_j p_j r_j) \quad i = 1, 2, \cdots, n \tag{7-1}$$

式中，对第 i 种商品的需求量等于两部分之和：第一部分为基本需求量，即维持基本生活所需的消费量，第二部分为总预算扣除对所有商品的基本需求后剩余部分中愿意用于对第 i 种商品的需求，与消费者的偏好有关。

由于总预算 V 是对所有商品的需求支出之和，是内生变量，无法外生给出，使得模型难以估计。为了克服 LES 在估计上的困难，1973 年，Liuch 对 LES 作了两点修改，提出了扩展的线性支出系统需求函数模型（ELES）。这两点修改是：以收入 I 代替预算 V，将 b_i 的概念由边际预算份额改为边际消费倾向。于是模型变为：

$$q_i = r_i + \frac{b_i}{p_i}(I - \sum_j p_j r_j) \quad i = 1, 2, \cdots, n \tag{7-2}$$

其中待估参数为基本需求量 r_i 和边际消费倾向 b_i。按照它们的经济意义，$r_i > 0$，$0 \leq b_i < 1$，$\sum_i b_i \leq 1$。

将模型（7-2）改写为：

$$q_i p_i = r_i p_i + b_i(I - \sum_j p_j r_j) + \mu_i \quad i = 1, 2, \cdots, n \tag{7-3}$$

记 $C_i = q_i p_i$，表示第 i 种商品的支出额。采用截面数据做样本时，同一截面上相对于不同的收入商品的价格是相同的，于是：

$$C_i = r_i p_i - b_i \sum_j p_j r_j + b_i I + \mu_i \tag{7-4}$$

其中，$r_i p_i - b_i \sum_j p_j r_j$ 中的价格在同一截面上是不变的已知数，所以只与 i 有关，设其为 a_i，则有

$$C_i = a_i + b_i I + \mu_i \quad i = 1, 2, \cdots, n \tag{7-5}$$

由此可求得基本需求量：

$$p_i r_i = a_i + b_i \cdot \frac{\sum_i a_i}{1 - \sum_i b_i} \tag{7-6}$$

二、线性支出系统需求函数模型的估计

运用红河州 2006~2010 年每一年 3000 个农户的生活消费支出截面数据,估计式 (7-5),可以得到食品、衣着、其他商品和服务等 8 类消费支出的边际消费倾向 b_i 和 a_i,如表 7-9 所示。

表 7-9　模型 (7-5) 的估计结果　　　　　　　　单位：元

类别	参数	2006 年	2007 年	2008 年	2009 年	2010 年	平均
食品	a_1	733.81	803.44	912.50	1008.78	1217.85	935.28
	b_1	0.0936	0.1153	0.1633	0.1249	0.1145	0.1223
衣着	a_2	67.46	79.98	74.55	84.60	100.10	81.34
	b_2	0.0129	0.0163	0.0176	0.0145	0.0141	0.0151
居住	a_3	125.04	239.33	126.49	46.94	-187.88	69.98
	b_3	0.1057	0.0714	0.0878	0.1208	0.1819	0.1135
家庭设备和用品	a_4	70.41	60.16	59.88	62.78	82.23	67.09
	b_4	0.0151	0.0236	0.0238	0.0254	0.0231	0.0222
交通和通信	a_5	99.59	122.21	104.01	106.61	152.89	117.06
	b_5	0.0399	0.0473	0.0507	0.0575	0.0448	0.0480
文化教育娱乐	a_6	92.93	39.20	24.46	57.74	32.73	49.41
	b_6	0.0510	0.0675	0.0533	0.0501	0.0582	0.0560
医疗保健	a_7	68.74	87.02	5.69	145.68	118.46	85.12
	b_7	0.0363	0.0293	0.0629	0.0244	0.0291	0.0364
其他商品和服务	a_8	-0.62	44.25	27.34	33.17	12.03	23.23
	b_8	0.0238	0.0051	0.0104	0.0094	0.0124	0.0122

模型 (7-5) 的估计结果显示,所有的模型均显著,边际消费倾向系数均显著不为 0。从边际消费倾向的系数来看,食品类的平均边际消费倾向最大,为 0.1223,其次是居住类支出的边际消费倾向,为 0.1135,表明红河州的农户在满足基本生活需求后的支出主要花在了改善饮食和居住条件上。文化教育娱乐、交通和通信的边际消费倾向都在 0.05 左右,表明这两方面的支出也是农户消费增加较快的类别。医疗保健类的边际消费倾向为 0.0364,表明红河州农户在医疗保健类的偏好适中。衣着和其他商品和服务的平均边际消费倾向最小,表明农户在

这两类支出上基本保持着生活必需的水平，改善很小。

根据式（7-6）可以计算农户在2006~2010年八大类消费的基本需求支出，结果如表7-10所示。

表7-10 红河州农户2006~2010年八大类消费的基本需求支出 单位：元

类别	2006年	2007年	2008年	2009年	2010年
食品	923.11	1076.01	1323.65	1345.84	1553.17
衣着	93.55	118.51	118.86	123.73	141.39
居住	338.81	408.12	347.55	372.93	344.82
家庭设备和用品	100.95	115.95	119.80	131.32	149.88
交通和通信	180.29	234.03	231.66	261.78	284.09
文化教育娱乐	196.08	198.77	158.66	192.94	203.17
医疗保健	142.16	156.28	164.06	211.53	203.68
其他商品和服务	47.51	56.31	53.52	58.54	48.34

从表7-10来看，红河州农户的基本需求中，食品的基本需求支出最高，远远高于其他类消费，表明现阶段，食品消费依然是消费支出中最主要的部分，且农户家庭的人均食品消费支出保持着快速的增长，从2006年的923.11元增长到了2010年的1553.17元。其次是居住类消费支出，但其基本需求支出的变化幅度较小。此外，家庭设备和用品、交通和通信及医疗保健类的基本需求支出均增长得较快，而文化教育娱乐与其他商品和服务的基本需求支出变化较小。

综合来看，基本需求中，食品需求支出最大，且具有最高的边际消费倾向，表明红河州的农户依然处于较低的消费阶段，恩格尔系数高，且新增的支出依然主要花费在食品上，农户的生活还停留在温饱阶段。2008年后，农户的食品类边际消费倾向呈降低的趋势，表明农户逐渐从温饱阶段向小康阶段迈进。居住类的基本需求支出较大，具有较大的边际消费倾向，而且边际消费倾向呈上升趋势，表明农户居住类的支出呈快速上升状态，在解决了温饱后，农户的消费重点开始向居住转移。随着科技的进步和交通基础设施的改善，农户的交通和通信支出有了明显的增长，但在整个生活消费中的占比没有明显的变化。

第三节　西部民族地区农户消费结构变化的影响因素分析

一、LA/AIDS 模型

AIDS 模型（Almost Ideal Demand System）是 Deaton 和 Muellbauer（1980）在给定效用水平下使支出最小化，并将恩格尔系数理论中价格变量部分进行拓展而得到的一个计量模型，被广泛地用于消费问题的研究，其基本形式如下：

$$w_i = \alpha_i + \sum_j r_{ij} \ln p_j + \beta_i \ln \frac{x}{p} \qquad (7-7)$$

式中，w_i 为第 i 种商品的消费支出在总消费支出中所占的比重，p_j 为第 j 种消费品的价格，x 为人均消费总支出，p 为价格指数。

价格指数 p 的计算公式为：

$$\ln p = \alpha_0 + \sum_i \alpha_i \ln p_i + \frac{1}{2} \sum_i \sum_j b_{ij} \ln p_i \cdot \ln p_j \qquad (7-8)$$

AIDS 基本模型中各个系数满足：收支平衡：$\sum_i \alpha_i = 1$，$\sum_i \beta_i = 0$，$\sum_i r_{ij} = 1$；齐次性：$\sum_j r_{ij} = 0$；对称性：$r_{ij} = r_{ji}$；负性：$r_{ij} \leq 0$。

由于价格指数 p 的测算难度过大，在运用 AIDS 模型时往往采用价格指数 p 的近似值来估算，比较常用的近似价格指数是 Stone 价格指数：

$$\ln p = \sum_i w_i \ln p_i \qquad (7-9)$$

此时得到的 AIDS 模型称为 LA/AIDS 模型，其基本形式为：

$$w_i = \alpha_i + \sum_j r_{ij} \ln p_j + \beta_i \ln \frac{x}{p} \qquad (7-10)$$

式中，w_i 为第 i 种商品的消费支出在总消费支出中所占的比重，p_j 为第 j 种消费品的价格，x 为人均消费总支出，p 为 Stone 价格指数。

此时可以得到第 i 种商品的支出弹性系数：

$$e_i = 1 + \beta_i / w_i \qquad (7-11)$$

二、农户消费结构变化的多水平模型

（一）农户消费结构变化的多水平模型构建

从式（7-10）中可以看出，影响居民消费结构的因素主要是居民的实际收入（x/p）、各类商品的价格 p_j。据此，对于纵向数据，可以建立农户消费结构变化的多水平模型。

以第 i 类商品为例，t 时期第 j 个农户的第 i 类商品支出占总支出的比例为 w_{jt}^i，它可以表示成：

$$w_{jt}^i = \alpha_j^i + \beta_j^i t + e_{jt}^i \tag{7-12}$$

式中 α_j^i 为基期（0 时期）第 i 类商品支出占总支出的比例，β_j^i 为第 j 个农户的第 i 类商品支出占比随时间的变化率。由于实际收入、各类商品的价格是影响 w_i 的主要因素，因此，可将 α_j^i 和 β_j^i 表示成 x/p 和 p_j 的函数：

$$\alpha_j^i = \gamma_{00} + \sum_k r_{0k} \ln p_j + \gamma_{09} \ln\left(\frac{x}{p}\right)_j + \mu_{0j} \tag{7-13}$$

$$\beta_j^i = \gamma_{10} + \sum_k r_{1k} \ln p_j + \gamma_{19} \ln\left(\frac{x}{p}\right)_j + \mu_{1j} \tag{7-14}$$

式（7-12）、式（7-13）和式（7-14）一起构成了一个两水平的线性模型，其中水平 1 为第 j 个农户在 t 时期的观测，水平 2 为第 j 个农户。

作为微观决策主体，农户的消费结构还和其家庭的特征密切相关。家庭的周期和结构影响其消费结构，位于成熟期、衰老期和形成期、成长期的家庭消费结构明显不同，一对夫妇一个孩子的家庭和四世同堂的家庭消费结构也明显不同。一般可以用户主年龄来代表家庭周期，鉴于本书的数据集中户主年龄不能获得，本书选取了家庭结构 Z1、家庭人口数 Z4、在校学生数 Z5、60 岁以上老人数 Z6 一起反映家庭的周期和结构。家庭享有的社会保障也会影响消费结构，一般而言，如果农户家庭参加了新型农村合作医疗，那么他对于疾病风险的担心会减小，而且可以通过合作医疗报销部分医疗支出，他的家庭消费中关于医疗保健的支出会减少，家庭的消费结构也会随着改变。本书中用 Z2 表示农户家庭是否参加了新型农村合作医疗。对于极度贫困又缺乏劳动能力的农户，他们可以领取最低生活保障，以保证他们能够维持基本的生活。农村居民的最低生活保障制度是转移支付的一种，它提高了收入最底层的农户的消费水平，必然会对农户的消费结构产生一定影响。本书中用 Z3 表示农户家庭是否领取了最低生活保障。此外，家庭成员的文化程度对消费结构也会产生一定的影响，一方面，获取足够多的教育必然要支付更多的教育费用，另一方面，农户家庭成员文化程度的提高也会促进其在文化方面的消费。本书用家庭成员平均受教育年限 Z7 来代表农户家庭的文化程度。此外，农户家庭里非农劳动力也是影响消费结构的因素之一。从事非农劳动的人相比从事农业劳动的人，消费水平和消费偏好具有明显的差异。一个家庭里从事非农劳动的人数越多，他的家庭消费结构就越接近于城镇居民。本书用家庭里非农劳动力人数 Z8 表示家庭的非农劳动情况。最后，为了考察少数民族农户家庭的消费结构和汉民族的消费结构是否存在区别，我们引入了农户家庭居住的位置指标：是否居住在少数民族村 Z9。

从模型（7-12）看，α_j^i 表示第 j 个农户在起始年份 2006 年的消费结构（第 i 类商品消费支出占比），β_j^i 表示第 j 个农户的消费结构变化率，即第 i 类商品消费支出占比的年增长速度。那么 α_j^i 只会受到起始年份之前的物价和实际收入的影响，不会受到第 $0 \sim t$ 年物价和实际收入的影响，但必然会受到农户家庭自身特征的影响。而 β_j^i 既受到第 $0 \sim t$ 年物价和实际收入的影响，也受到农户家庭自身特征的影响。对于一个农户而言，其家庭的特征在短期内是不会有明显变化的，因此家庭特征变量 Z1~Z9 为组水平（即 2 水平）变量，而物价和实际收入是随时间变化的，应为个体水平（即 1 水平）变量。据此可将模型修改为：

1 水平模型：$w_{jt}^i = \alpha_j^i + \beta_j^i t + e_{jt}^i$ （7-15）

2 水平模型：$\alpha_j^i = \gamma_{00}^i + \sum_k \gamma_{0k}^i Z_{kj} + \mu_{0j}^i$ （7-16）

$$\beta_j^i = \gamma_{10}^i + \sum_k r_{1k}^i Z_{kj} + \sum_k r_{2k}^i \ln p_j + \gamma_2^i \ln\left(\frac{x}{p}\right)_j + \mu_{1j}^i \quad (7-17)$$

$i = 1, \cdots, 8; k = 1, \cdots, 9$

（二）变量的描述和说明

本书的数据来源于云南红河州 2006~2010 年农户的跟踪调查，共有 3000 个农户连续 5 年的观测（14161 个样本），是一个非平衡的面板数据。根据每个农户每年的生活消费支出情况，计算得到了食品、衣着等八大类消费占总消费的比重：w1，w2，…，w8 作为模型（7-17）的被解释变量，其相应的描述统计如表 7-11 所示。

第七章　西部民族地区农户消费结构的影响因素分析

表7-11　被解释变量的描述统计

变量	含义	均值	标准差
w1	食品类支出占生活消费支出的比重	0.5835	0.2109
w2	衣着类支出占生活消费支出的比重	0.0504	0.0494
w3	居住类支出占生活消费支出的比重	0.1012	0.1463
w4	家庭设备和用品类支出占生活消费支出的比重	0.0455	0.0593
w5	交通和通信类支出占生活消费支出的比重	0.0828	0.1057
w6	文化教育娱乐类支出占生活消费支出的比重	0.0646	0.1156
w7	医疗保健类支出占生活消费支出的比重	0.0575	0.1019
w8	其他商品和服务类支出占生活消费支出的比重	0.0145	0.0512

表7-12给出了模型（7-15）~模型（7-17）解释变量的描述性统计。从表中可以看出，红河州的农户样本中，大约有83%的农户家庭参加了新型农村合作医疗，有13%的农户家庭领取最低生活保障，家庭人口数平均为4.33，每户家庭平均有0.74个在校学生，有0.40个60岁以上的老人，家庭成员的平均受教育年限仅为6.23年，相当于刚刚完成小学教育。每户家庭从事非农劳动力的人数仅0.21人，意味着每5个家庭才有1个人从事非农劳动。居住在民族村的农户占全体样本的7%。从上述描述可以看出，红河州的农户家庭以从事农业为主，劳动力的文化程度低，赡养老人的负担比较轻，以少数民族农户居多。新型的农村合作医疗和最低生活保障已经在红河州农村基本覆盖。

表7-12　模型解释变量的描述性统计

变量	定义	均值	标准差
Z1	家庭结构		
Z2	是否参加新型农村合作医疗（是=1；否=0）	0.83	0.379
Z3	是否领取最低生活保障（是=1；否=0）	0.13	0.331
Z4	家庭人口数	4.33	1.337
Z5	在校学生数	0.74	0.830
Z6	60岁以上老人数	0.40	0.694
Z7	家庭成员平均受教育年限	6.23	2.456
Z8	非农劳动力人数	0.21	0.602
Z9	是否居住在民族村（是=1，否=0）	0.76	0.426

续表

变量	定义	均值	标准差
p1	食品类价格指数	1.2535	0.1572
p2	衣着类价格指数	0.9243	0.0535
p3	居住类价格指数	1.0835	0.0561
p4	家庭设备和用品类价格指数	1.0161	0.0080
p5	交通和通信类价格指数	0.9735	0.0186
p6	文化教育娱乐类价格指数	0.9879	0.0104
p7	医疗保健类价格指数	1.1109	0.0697
p8	其他商品和服务类价格指数	1.0515	0.0297
x	农户家庭人均实际收入的对数	2904.14	2713.03

注：①Z1 的取值：单身或夫妇 =1，夫妇与1个孩子 =2，夫妇与2个孩子 =3，夫妇与3个以上孩子 =4，单亲与孩子 =5，三代同堂 =6，其他 =7。②价格指数均以2006 =1 计算。

红河州的农户家庭中，以第3种类型（夫妇与2个孩子）最多，占全部样本家庭的37.4%，其次是第6种类型（三代同堂），占全部样本的33.2%，然后是第2种类型（夫妇与1个孩子），占全部样本的13.4%。第4种类型的家庭（夫妇与3个以上孩子）占比也不小，达到了6.6%。由此可以看出，西部少数民族地区的农户家庭结构和其他地区的农户家庭结构有明显区别。由于其特殊的计划生育政策，西部民族地区农户家庭的二孩家庭数和三孩家庭数较多，且农村特有的家庭养老模式使得三代同堂的家庭比例依然较高，表明西部少数民族地区农户家庭的抚养负担比较重，尤其是未成年人口的抚养负担。

红河州农村消费品的物价在2006~2010年呈现出不同程度的波动变化。我们按照2006 =1 计算出来的八大类消费品的物价指数如表7-13所示。从表中可以看出，食品类的价格增长最快，5年累计上涨了45.0%，其次是医疗保健类商品，价格累计上涨了20.6%，价格上涨幅度第三的是居住类商品，5年累计上涨了16.4%。八类消费品种，有三类消费品的价格出现了下跌，下跌幅度最大的是衣着类，5年累计下降了14.1%，其次是交通和通信类商品，物价累计下降了4.7%，第三是文化教育娱乐产品，价格累计下降了1.7%。八类商品中，家庭设备和用品与其他商品和服务的价格上涨幅度较小。物价尤其是农户生活中占比最高的食品价格的大幅上涨必然会影响农户的消费支出以及消费结构。

第七章 西部民族地区农户消费结构的影响因素分析

表7-13 红河州农村居民消费品分类价格指数（2006=1）

商品类别	2006年	2007年	2008年	2009年	2010年
食品	1	1.141	1.317	1.338	1.450
衣着	1	0.978	0.905	0.887	0.859
居住	1	1.042	1.092	1.113	1.164
家庭设备和用品	1	1.017	1.020	1.023	1.019
交通和通信	1	0.986	0.978	0.953	0.953
文化教育娱乐	1	1.000	0.985	0.973	0.983
医疗保健	1	1.067	1.122	1.151	1.206
其他商品和服务	1	1.035	1.077	1.060	1.080

数据来源：《云南调查年鉴》(2011)。

三、消费结构影响因素模型的估计

（一）数据结构层次的检验

在估计多水平模型前，首先要对数据的层次结构进行检验，以判断数据是否适合建立多水平模型。我们考虑如下的无解释变量的空模型：

$$w_{jt}^i = \gamma_{00}^i + \mu_{0j}^i + e_{jt}^i \tag{7-18}$$

式中，$i=1,\cdots,8$ 代表食品等8类消费，$j=1,\cdots,n$ 代表第 j 个农户，$t=0,1,2,3,4$ 分别代表2006~2010年。该模型的水平1和水平2均没有解释变量，$e_{jt}^i \sim N(0, \sigma^2)$ 为相互独立的水平1残差，$u_{0j}^i N(0, \sigma_{\mu 0}^2)$ 为相互独立的截距项水平2残差，$\mathrm{Cov}(e_{jt}^i, \mu_{0j}^i)=0$。运用SAS9.2估计模型（7-18），其估计结果如表7-14所示。

表7-14 消费结构影响因素空模型的估计

参数	w1	w2	w3	w4	w5	w6	w7	w8
固定效应参数								
γ_{00}	0.5819**	0.0503**	0.1013**	0.0455**	0.0831**	0.0646**	0.0579**	0.0147**
随机效应参数								
Var(u_{0j})	0.01974**	0.00098**	0.00212**	0.00043**	0.00247**	0.00528**	0.00261**	0.00043**
Var(e_{jt})	0.02476**	0.00145**	0.01931**	0.00309**	0.00871**	0.00811**	0.00781**	0.00220**

续表

参数	w1	w2	w3	w4	w5	w6	w7	w8
组内相关系数 ICC								
ICC	0.4436	0.4044	0.0989	0.1222	0.2209	0.3942	0.2505	0.1630

注：**表示在1%的显著性水平上显著。

从表7-14中可以看出，以 w1~w8 作为被解释变量，估计的空模型中，随机效应 Var (μ_{0j}) 和 Var (e_{jt}) 均在1%的显著性水平上显著，表明农户的食品支出占比 w1，衣着支出占比 w2，…，其他商品和服务支出占比 w8 均存在显著的对象间变异和对象内变异。固定效应系数 γ_{00} 分别为 0.5819、0.0503、0.1013、0.0455、0.0831、0.0646、0.0579、0.0147，表明农户家庭2006年的八类消费支出比重的平均水平为 0.5819，…，0.0147。组内相关系数 $ICC = \sigma_{\mu 0}^2/(\sigma_{\mu 0}^2 + \sigma^2)$ 中，食品支出比重最大，为 0.4436，表明约有44%的总变异是由研究对象（农户家庭）个体间的异质性引起的。其次是衣着类支出比重和医疗保健类支出比重，ICC 接近 0.40。对象间变异最小的居住类支出比重，ICC 为 0.0989。

（二）两水平无条件发展模型

考虑消费结构随时间的变化，将模型扩展为两水平无条件发展模型：

1水平模型：$w_{jt}^i = \alpha_j^i + \beta_j^i t + e_{jt}^i$ (7-19)

2水平模型：$\alpha_j^i = \gamma_{00}^i + \mu_{0j}^i \quad \beta_j^i = \gamma_{10}^i + \mu_{1j}^i$ (7-20)

式中，$e_{jt}^i \sim N(0, \sigma^2)$ 为相互独立的水平1残差，$\mu_{0j}^i N(0, \sigma_{\mu 0}^2)$ 为相互独立的截距项水平2残差，$\mu_{1j}^i N(0, \sigma_{\mu 1}^2)$ 为相互独立的斜率项水平2残差，Cov (μ_{0j}^i, μ_{1j}^i) = $\sigma_{\mu 01}$，为水平2截距项和斜率项残差的协方差，不同水平的残差相互独立。运用 SAS9.2 估计模型，结果如表7-15 所示。

表7-15 消费结构无条件两水平发展模型的估计

参数	w1	w2	w3	w4	w5	w6	w7	w8
固定效应参数								
γ_{00}	0.5644**	0.0523**	0.1070**	0.0452**	0.0793**	0.0760**	0.0578**	0.0169**
γ_{10}	0.0085**	-0.0010**	-0.0028**	0.0002**	0.0018*	-0.0057**	0.00006	-0.0011**

续表

参数	w1	w2	w3	w4	w5	w6	w7	w8
随机效应参数								
Var(μ_{0j})	0.0220**	0.00106**	0.00510**	0.00049**	0.00357**	0.00989**	0.00282**	0.00071**
Cov(μ_{0j}, μ_{1j})	-0.0012**	-0.0001**	-0.0013**	-0.0001**	-0.0004**	-0.0018**	-0.00022**	-0.0001*
Var(μ_{1j})	0.00076**	0.00005**	0.00058**	0.00006**	0.00014**	0.00074**	0.00018**	0.00002**
Var(e_{jt})	0.02286**	0.00132**	0.01789**	0.00293**	0.00837**	0.00627**	0.00738**	0.00214**

注：*表示在5%的显著性水平上显著，**表示在1%的显著性水平上显著。

从表7-15的无条件两水平模型的估计结果看，模型的随机效应均在5%的显著性水平上显著，水平2截距项方差和斜率项方差均显著，表明将截距和斜率设为随机变量是合理的。截距项与斜率项的协方差显著且均为负，表明农户家庭的消费结构存在趋同效应，即起始年第i类支出的占比越高，那么第i类支出占比随时间的变化率越低。从模型的固定效应看，其各类支出占比的初始水平相比空模型略有变化。斜率项系数中，w7（医疗保健支出占比）的斜率项系数不显著，表明2006~2010年，红河州农户家庭的医疗保健支出占比没有明显的增长。w1、w4、w5的斜率项系数在5%的水平上显著为正，表明食品类支出占比、家庭设备和用品支出占比、交通和通信支出占比有显著的增长，其中食品类支出占比的增长速度最高，年均增加0.85个百分点。w2、w3、w6、w8的斜率项系数在5%的水平上显著为负，表明衣着支出占比、居住支出占比、文化教育娱乐支出占比、其他商品和服务支出占比有显著的负增长，其中文化教育娱乐支出占比下降最多，年均下降0.57个百分点，其次是居住类支出，年均下降0.28个百分点。

（三）条件两水平模型

最后考虑条件两水平模型的估计。根据式（7-9），可知农户家庭的消费结构不同，其总物价水平p是不同的，但农户家庭在消费市场作为单个的消费者，其面临的单个商品的价格是相同的，即八类消费品的物价指数p_j对每个农户而言是完全相同的，因此模型（7-17）具有严重的多重共线性，因而最终估计时从模型（7-17）中去除了物价变量。运用SAS9.2估计模型（7-15）~模型（7-17），得到最终的条件两水平模型的估计结果如表7-16所示。

表7-16 消费结构的条件两水平模型的估计

参数	w1	w2	w3	w4	w5	w6	w7	w8
固定效应参数								
γ_{00}	0.8480**	0.0676**	-0.0153	0.0116	-0.0400*	0.0275	0.0519**	-0.0024
γ_{10}	0.0336**	-0.0069**	-0.0068	-0.0046	-0.0065	-0.0045	-0.0103	0.0057
γ_{01}	-0.0060	0.0013	0.0000	0.0015	0.0035	0.0039	-0.0055**	0.0016
γ_{02}	0.0466**	-0.0162**	0.0143	0.0116**	-0.0294**	-0.0063	-0.0219**	0.0001**
γ_{03}	0.0870**	0.0107*	-0.0358**	-0.0009	-0.0191	-0.0060	-0.0034	-0.0273
γ_{04}	0.0108	-0.0016	0.0000	-0.0010	-0.0047	-0.0087**	0.0036	0.0011
γ_{05}	-0.0207**	0.0076**	0.0028	-0.0013	0.0033	-0.0002	0.0078*	0.0022**
γ_{06}	-0.0202*	-0.0013	0.0070	-0.0023	0.0153**	0.0116*	-0.0015	-0.0070
γ_{07}	0.0041	-0.0024**	-0.0008	-0.0006	0.0018	0.0016	-0.0030*	-0.0005
γ_{08}	-0.0391**	0.0062**	-0.0049	0.0116**	0.0067	0.0137*	0.0063	0.0001
γ_{09}	0.0609**	0.0087**	0.0000	-0.0187**	-0.0007	-0.0421**	-0.0064	-0.0007
γ_{11}	-0.0014	-0.0001	0.0006	-0.0002	-0.0003	-0.0017*	0.0027**	0.0002
γ_{12}	0.0035	0.0010	-0.0021	-0.0041*	0.0016	-0.0014	0.0015	0.0014
γ_{13}	-0.0152**	0.0020	0.0062	-0.0027	0.0092**	0.0009	-0.0023	0.0006
γ_{14}	0.0016	-0.0001	-0.0025	0.0002	0.0024	0.0005	-0.0010	-0.0010
γ_{15}	0.0015	0.0006	-0.0011	0.0020**	-0.0005	0.0012	-0.0033**	-0.0010
γ_{16}	0.0044	0.0002	-0.0014	0.0015	-0.0047**	-0.0022	0.0003	0.0012
γ_{17}	-0.0019*	0.0004	0.0018**	0.0000	-0.0002	-0.0002	0.0005	-0.0006*
γ_{18}	0.0032	0.0024**	0.0000	-0.0007	-0.0017	-0.0003	-0.0027	-0.0002
γ_{19}	-0.0191**	0.0029**	0.0025	0.0081**	-0.0017	0.0060*	0.0030	-0.0011
γ_{2}	-0.0528**	0.0000	0.0155**	0.0053**	0.0176**	0.0122**	0.0065**	0.0021**
随机效应参数								
$Var(\mu_{0j})$	0.0152**	0.0009**	0.0018**	0.0003**	0.0022**	0.0050	0.0022**	0.0004**
$Var(\mu_{1j})$	0.0004**	0.0000	0.0001**	0.0000	0.0000	0.0002	0.0001**	0.0000
$Var(e_{jt})$	0.0233**	0.0014**	0.0190**	0.0030**	0.0087**	0.0073**	0.0076**	0.0022**
拟合统计量								
-2LL	-8092	-48082	-14393	-40093	-24489	-23998	-25600	-44382
AIC	-8086	-48076	-14387	-40087	-24483	-23992	-25594	-44378
BIC	-8068	-48058	-14369	-40069	-24465	-23974	-25576	-44366

注：*表示在10%的显著性水平上显著，**表示在5%的显著性水平上显著。

第七章 西部民族地区农户消费结构的影响因素分析

从条件两水平模型的估计结果看,模型的 -2LL 相比空模型均有所降低,除了 w2 的模型不能通过显著性检验外,其余模型均能在 5% 的显著性水平上通过模型整体显著的检验。加入水平 2 解释变量后,模型的随机效应依然显著,表明家庭特征仅能部分解释消费结构的初始水平和变化率,可能是因为缺乏价格数据,进而导致了模型解释能力的降低。

在 w1 的回归模型中,变量 t、Z2、Z3、Z5、Z8、Z9、t×Z3、t×Z9、Lnx 在 5% 的显著性水平上显著,变量 Z6、t×d7 在 10% 的显著性水平上显著,其余变量不显著。表明农户家庭是否参与新型农村合作医疗、是否领取最低生活保障和食品消费支出占比的初始水平正相关,即参与新型农村合作医疗的家庭、领取最低生活保障的家庭具有更高的食品类支出,农户家庭的在校学生人数和 60 岁以上的老人数、从事非农工作的劳动力人数与食品消费支出占比显著负相关,表明农户家庭的赡养负担越重,用于食品消费支出的比例越低,非农劳动力人数越多的家庭,食品消费支出的初始水平越低。是否领取最低生活保障、农户家庭的平均文化程度、是否居住在少数民族村显著影响食品支出占比的变化率。领取最低生活保障的农户家庭,其食品支出占比的增长慢于没有领取最低生活保障的农户家庭,文化程度越高的家庭,其食品支出占比的增长速度越慢,居住在少数民族村的农户家庭,其食品支出占比的增长速度慢于非民族村的农户,这表明领取最低生活保障、文化程度高的和少数民族农户,其消费结构的改善程度更快。Lnx 的系数显著且为负,表明随着农户家庭人均实际收入的提高,家庭的食品支出占比逐年下降,人均实际收入每提高 1 个百分点,家庭的食品支出占比下降 0.0528 个百分点。

在衣着类支出 w2 的回归模型中,变量 Z2、Z5、Z7、Z8、Z9、t×Z8、t×Z9 在 5% 的显著性水平上显著,Z3 在 10% 的显著性水平上显著。其中,Z2、Z7 的系数为负,表明参加新型农村合作医疗和文化程度高的农户,其衣着支出占比的初始水平较低,Z3、Z5、Z8、Z9 的符号为正,表明领取最低生活保障的农户、家庭在校学生人数多的农户、非农劳动力多的农户和居住在民族村的农户具有更高的初始水平。家庭特征中,仅有非农劳动力人数、是否居住在民族村影响衣着支出占比的变化率,家庭非农劳动力人数越多的农户,居住在民族村的农户,其衣着支出占比的增速更快。

现有的家庭特征变量仅有 Z3、t×Z7、Lnx 对农户的居住支出占比 w3 有影响,领取最低生活保障的农户,其居住支出占比的初始水平显著低于未领取最低生活保障的农户。文化程度越高的农户家庭，其居住支出占比的增速越大。人均实际收入对居住支出占比有显著的影响，在其他条件不变的情况下，农户家庭的人均实际收入每提高1个百分点，其居住支出的占比年均增加0.0155个百分点。

对家庭设备和用品支出占比w4的回归中，Z2、Z8、Z9、t×Z2、t×Z5、t×Z9和Lnx的回归系数显著不为0，表明是否参加新型农村合作医疗、家庭非农劳动力的数量、是否居住在民族村显著影响农户家庭设备和用品支出占比的初始水平，参加新型农村合作医疗、非农劳动力的数量多的农户家庭，有更高的初始水平，而少数民族村的农户家庭则具有较低的初始水平。家庭特征中，只要文化程度影响家庭设备和用品支出占比w4的变化率，文化程度越高的家庭，w4的增长越快。人均实际收入对家庭设备和用品支出占比w4有显著的正向影响，农户家庭的人均实际收入每增加1个百分点，家庭设备和用品支出占比平均增加0.0053个百分点。

从w5的回归分析结果看，Z2、Z6、t×Z3、t×Z4、t×Z6、Lnx均显著，表明是否参加新型农村合作医疗、家庭中60岁以上的老人数显著影响交通和通信支出占比的初始水平，而是否领取最低生活保障、家庭的人口数、家庭中60岁以上的老人数显著影响交通和通信支出占比的变化率。参加新型农村合作医疗的农户，其交通和通信支出占比的初始水平相对更低。家中60岁以上的老人越多，交通和通信支出占比的初始水平越高，但交通和通信支出占比的增速越低。领取最低生活保障的农户家庭，其交通和通信支出的增速快于未领取最低生活保障的农户家庭。家庭的人口数越多，交通和通信支出占比的增速越高。人均实际收入对交通和通信支出占比w6有显著的正向影响，农户家庭的人均实际收入每增加1个百分点，交通和通信支出占比平均增加0.0176个百分点。

在文化教育娱乐支出占比w6的回归中，变量Z4、Z6、Z8、Z9、t×Z1、t×Z9和Lnx的系数显著不为0，表明家庭人口数、家庭中60岁以上的老人数、非农劳动力人数和是否居住在民族村显著影响农户家庭文化教育娱乐支出占比w6的初始水平，家庭人口数越多，w6的初始水平越低，家庭中60岁以上的老人数越多，w6的初始水平越高，非农劳动力人数越多，w6的初始水平越高，少数民族农户的w6初始水平低于非少数民族农户。家庭结构、是否居住在少数民族村显著影响w6的变化率，家庭人口数越多，w6的年增速越低，少数民族农户的w6增速高于非少数民族农户。人均实际收入对w6有显著的影响，其他条件不变的情况下，农户家庭的人均实际收入每提高1个百分点，其文化教育娱乐支出的占比平均增加 0.0122 个百分点。

在医疗保健支出占比 w_7 的解释变量中，Z_1、Z_2、$t \times Z_1$、$t \times Z_5$、Lnx 在 5% 的显著性水平上显著，Z_5、Z_7 在 10% 的显著性水平上显著。表明家庭结构、是否参加新型农村合作医疗、在校学生数、家庭的文化程度显著影响医疗保健支出占比 w_7 的初始水平，家庭的人口数越多，w_7 的初始水平越低，参加新型农村合作医疗的农户，w_7 的平均初始水平越低，家庭的在校学生数越多，w_7 的初始水平越高，文化程度越高，w_7 的初始水平越低。家庭结构、在校学生数显著影响医疗保健支出占比 w_7 的变化率，家庭人口越多，w_7 的年增长幅度越大，在校学生人数越多，w_7 的年增长幅度越小。人均实际收入对医疗保健支出占比有着显著的影响，农户家庭的人均实际收入每提高 1 个百分点，其医疗保健支出的占比平均增加 0.0065 个百分点。

现有的家庭特征变量对其他商品和服务支出占比 w_8 的影响较小，仅有 Z_2、Z_5、$t \times Z_7$、lnx 对 w_8 有影响。参加新型农村合作医疗的农户，w_8 的初始水平显著高于未参加的农户。在校学生人数多的家庭，w_8 的初始水平更高。文化程度越高的农户家庭，其 w_8 的增速越小。人均实际收入对其他商品和服务支出占比 w_8 有显著的影响，其他条件不变的情况下，农户家庭的人均实际收入每提高 1 个百分点，w_8 平均增加 0.0021 个百分点。

四、主要结论

从农户家庭消费结构的影响因素看，家庭结构、人口数、在校学生数和 60 岁以上的老人数这些变量反映了家庭的周期、结构和赡养负担等，对农户家庭的初始消费结构以及消费结构的变化均有显著的影响。农户家庭的文化程度，就业情况对消费结构有一定的影响。总体而言，家庭结构数越大（主要为多孩家庭或三代同堂家庭），医疗保健支出占比的初始水平越低，但增长越快，文教娱乐支出占比增长较慢。家庭人口数越多，农户家庭的文化教育娱乐支出占比的初始水平越低，但交通和通信支出占比增长较快。家庭的在校学生数越多，食品支出占比的初始水平越低，衣着支出占比和医疗保健支出占比的初始水平越高，但医疗保健支出占比的增幅越小。家庭的老人数越多，食品支出占比的初始水平越低，衣着支出占比和医疗保障支出占比的初始水平越高，但医疗保健支出占比呈逐年降低的趋势。农户家庭成员的平均受教育程度越高，其衣着类支出占比、医疗保健支出占比的初始水平越低，居住类支出的增长率越快，食品类和其他商品和服务类支出占比的增长越慢。农户家庭的非农劳动力人数越多，食品支出占比的初始水平越低，衣着类支出、文化教育娱乐支出占比的初始水平越高，衣着类支出占比的增长率越高。

农村正在实施的社会保障对农户家庭的消费结构有显著的影响。参加合作医疗的农户家庭，其食品支出占比的初始水平较高，衣着、交通和通信、医疗保健支出占比较低；领取最低生活保障的农户家庭，其食品支出占比、衣着支出占比的初始水平较高，居住支出占比的初始水平较低，食品消费支出占比和交通和通信支出占比的增长率较高。

民族文化传统对农户家庭的消费结构也有一定的影响。少数民族村的农户，其食品支出占比、衣着支出占比的初始水平更高，文化教育娱乐支出占比的初始水平比非少数民族村农户低，少数民族村农户的食品类支出占比增长率低于非少数民族村，衣着类支出占比的增长率高于非少数民族村。这可能是因为少数民族农户的自给自足率更高，而民族传统、信仰、文化等使他们在节日、祭祀等时候更加强调仪式，对民族服装、民族文化的需求相比非少数民族更大一些。

农户的实际收入不仅显著地影响消费结构的初始状态，也显著地影响农户消费结构的变化。人均实际收入越高的农户家庭，其文化教育娱乐支出占比的初始水平越低，医疗保健支出占比的初始水平越高。其消费结构的变化也完全符合恩格尔定律，食品类支出占比的增长率低于平均变化率，除衣着类以外的其他支出占比的增长率均高于平均变化率。其中消费支出占比增幅较大的商品类是交通和通信、居住和文化教育娱乐，这也正是当前中国农村居民消费升级的方向。

第八章　拉动西部民族地区农户消费需求的对策建议

第一节　基于收入来源的对策分析

从宏观角度看，对西部地区的农村居民而言，不同来源的收入，其边际消费倾向是不同的。财产性收入的边际消费倾向最高，其次是转移性收入和工资性收入，这三种收入的边际消费倾向几乎都超过了1。家庭经营性收入的边际消费倾向最低，仅0.54元。因此，提高西部地区农村居民的边际消费倾向，首先要提高农村居民的财产性收入和转移性收入的比例，其次是提高工资性收入，提高家庭经营性收入对消费支出的影响最小。西部各省农村居民的消费水平不存在显著的差异。家庭经营性收入、财产性收入和转移性收入的边际消费倾向存在较小的省际间变异，而工资性收入的边际消费倾向存在显著的省际间变异。各省的社会保障水平和物价水平可以部分解释这种省际间差异。提高社会保障水平，或者物价上涨，都会导致西部地区农村居民的工资性收入边际消费倾向上升。

从微观角度看，西部民族地区的典型——云南红河州农户家庭的各种收入来源的边际消费倾向都小于1，转移性收入的边际消费倾向最大，其次是财产性收入和工资性收入，家庭经营性收入的边际消费倾向最低，仅0.27元。农户的自发性消费水平与农户的赡养比（家庭人口数/家庭整半劳动力）、家庭常住人口呈负相关，与期末存款余额呈正相关。农户家庭的赡养比越高，常住人口越多，其所要负担的生活压力越大，因此自发性消费水平越低。反之，期末存款余额越高，农户的自发性消费水平也就会高。农户各种收入来源的边际消费倾向没有显著的个体间差异。

现阶段，收入依然是制约西部农户地区农民消费最主要因素。基于农户家庭微观数据的研究发现，农户家庭人均纯收入的初始差异是由资本、土地资源、劳动的投入差异以及就业结构的差异造成的，物质资本投入越多，初始收入越高；劳动力的素质越高，初始收入越高；非农业比例越高、传统农业比例越低，初始收入越高；劳动力越多，平均初始收入反而越低。随着物质资本、土地资源投入和人力资本的增加，农户家庭收入的增长率将增加。劳动力人数的增加和劳动力外出比例的增加反而会使人均收入的增长率下降。这表明农户家庭的收入和初始的资本投入，劳动力素质正相关，和就业结构正相关。且西部民族地区存在劳动力过剩，剩余劳动力的转移并不很成功。自发性消费和边际消费倾向之间存在显著的正相关，表明农户家庭的人均初始收入越高，其增长能力越强，农户家庭的人均收入在少数民族地区不存在趋同特征。

西部地区农村居民消费水平低，根本原因在于收入低。西部地区的农民收入增长虽然快，但起点低。提高西部地区的消费水平，首先应该提高西部地区农村居民的收入水平。现阶段，西部民族地区可采用如下对策来提高农民的收入。

一、科技兴农，兼营非农，提高家庭经营性收入

农民凭借传统的生产模式很难提高收入，必须创新其收入的来源方式。具体而言，一方面，应大力推进科技兴农，提高农业机械化水平，提升资源利用率和土地产出率，促进传统农业增收；另一方面，应积极发展县域经济，鼓励个体和民营经济发展，加快城镇化进程，提高非农业收入尤其是工资性收入的比例。根据本书的分析结果，我们对西部民族地区农村经济发展提出以下建议：

（1）加快农业结构调整，引导农户改变生产结构。虽然家庭经营性收入的边际消费倾向最低，但现阶段家庭经营性收入依然是农户家庭最主要的收入来源。在西部民族地区，绝大多数农户家庭仍以农业为主，但兼业经营对增加收入具有显著作用。农户家庭的生产经营结构不仅影响着农户家庭的初始水平，也影响农户家庭的收入增长。要引导农户以市场为导向，合理配置要素资源，农业与非农业生产统筹经营，通过发展非农业生产平抑农业生产因自然和市场因素可能带来的风险，彻底改变单一农业生产经营行为，促进农户家庭生产经营多元化格

局的形成，这是未来农民收入增长的长效机制。此外，调整农业生产结构，提高经济作物种植比例，扩大优质、高产的农作物生产，逐步减少和淘汰传统的低效益作物种植，是农户增收的有效途径。

（2）建立投资激励机制，增加资金扶持。资本投入特别是生产性资本的投入不仅会影响农户的基期收入，也会影响农户的收入增长，通常基期收入高的农户起点高、收入增长率也相对高。因此，各级政府可以通过适度的转移支付，建立相应的投资激励机制，调动农户主体生产投入的积极性，通过投资扩张提高规模生产经营收益率。同时，要加快农村金融体制改革步伐，创新农村金融服务"三农"方式，增加农村信贷扶持"三农"的规模和领域，发挥民间信贷资本作用，缩小农户在获得资金支持方面的差距，促进农户家庭收入的共同快速增长，减小农村内部贫富差距。

（3）加强基础教育，增加职业培训，提高劳动力的素质。人力资本水平的提高，将是农户收入增长的主要因素。针对我国西部民族地区教育水平普遍较低，农民的技能培训远远不足的现状，我们首先应该大力发展农村教育，特别是基础教育。同时，要加强农村劳动力的职业培训，积极引导农村居民家庭增加对子女的人力资本投资和文化教育投入，从整体和长远上提高农村人力资本水平，促进农民收入的增长。

（4）引进先进技术，扩大农业产能。世界上不少国家都已经从传统的自给自足的小农经济转变为现在的高能高产低耗的现代农业经济。我国作为农业大国，农民占全部人口的50%，而这50%的人口中去除工资性收入，其余的绝大部分收入都是以农业为主的家庭经营性收入，在中国西部类似于云南这样相对落后的地区，来自家庭经营性收入的比重远大于其他地区。农业在未来相当长一段时期内依旧是当地农民的主要就业领域。由于文化程度、专业技能、消息闭塞、地理环境等一系列原因，现代科技未能在西部地区大规模运用，农业的现代化任重道远。政府需要从这一方面入手，引进先进的科学技术，同时加大科技兴农的扶持力度，提高优质、高产的农作物种植比例，降低甚至逐渐取代低效益、高耗能的农作物，扩大农业产能，进而提高农民的家庭经营性收入，以此来刺激消费达到促进区域经济增长的目的。

二、促进农业剩余劳动力的有效转移，增加农民的工资性收入

（1）加强非农专业技能培养，储备知识人才。西部地区整体上教育水平较

为落后，农民的教育程度普遍偏低，很多人都没有完成国家规定的九年义务教育，这直接导致其学习能力较差，专业技能严重缺乏，思想大多停留在传统的自给自足的小农经济的层面，无法适应现代生产对科技知识的要求，也使得农民走出去外出务工相对困难。因此，政府应该为这些地区提供必要的教育设施，保证教育环境，坚决贯彻九年义务教育的政策，提高农村居民的受教育水平，同时结合地域经济发展的需求，有针对性地培养其专业技能，赋予其创造收入的能力。

（2）促进农业剩余劳动力的有效转移。长期以来，西部民族地区由于生产力低下，农业剩余劳动力不多。但随着技术的进步，社会的发展，有限的土地资源越来越难以承载过多的人口，劳动力的转移成为必然。过多的劳动力剩余不仅是人力资源的浪费，也必然会消耗掉增长的收入，影响人均收入水平的提高。鼓励、引导民族地区农村剩余劳动力从农业中转移出来，可以进一步增加农民家庭的工资性收入，提升农业生产率，提高农村居民的人均收入水平。

三、优化资源，盘活资产，增加农民的财产性收入

（1）优化资源配置，发展特色经济。西部地区的农民大多以农业生产为收入的主要来源，附带一些经营性收入，但与该地区所拥有的资源对比，其财产性收入明显过低。因此，要想刺激该地区的消费，增加消费对整个地区经济增长的贡献值，就必须从提高收入入手，增强人与自然互利共存的意识，提高财产性收入在收入总额中的比重，对资源进行科学合理的优化配置及分配，将资源优势转化为可支配收入，刺激消费水平持续不断地增长，建立具有区域特色的经济发展模式。

（2）进一步推进农村土地、宅基地等的流转，盘活农民的资产，增加农民的财产性收入。财产性收入的边际消费倾向是四种收入来源中最大的，但财产性收入往往又是农村居民相对匮乏的。在广大的农村地区，由于缺乏相应的体制，农民所拥有的各种土地资源无法进行交易，无法获得相应的资产收益。尤其是那些外出务工的农民，一方面大量的土地资源闲置，另一方面需要花高价在城镇租房生活。盘活农村土地资源，开展农地、林地、宅基地等的流转，是增加农村居民财产性收入的有效途径。农民财产性收入的提高，必将大幅提升农村居民的消费水平。

四、提高社会保障水平，增加农民的转移性收入

西部地区贫困面广，贫困人群多，贫困程度深，加之很多地方自然环境恶劣，依靠农民自己发展经济，增收脱贫十分困难。国家和各级政府必须加大对贫困地区的帮扶力度，让这些地区尽早脱贫。对于不具备脱贫条件的农民，相应的社会保障要完成兜底的任务。提高社会保障水平，保证社会最底层的农民能够享有基本生活的保障。同时，要在农村推行更广泛的医疗、养老保险，将义务教育年限提升至 12 年，切实减轻农村居民的医疗、教育、养老负担，才能最大程度地减轻不确定性，进而提升农村居民的生活消费水平。

第二节 基于消费环境的对策建议

现阶段收入仍然是制约西部民族地区农户消费的主要因素，且该地区农户的边际消费倾向较稳定，不受消费环境的影响。地理环境和交通状况对农村居民的自发性消费影响显著，交通状况越好的农户自发性消费越高，居住在平地的农户人均生活消费支出比居住在山区和丘陵的农户的人均消费支出高。农村的消费市场主要是乡镇一级的市场，乡镇一级市场的距离、环境影响农户的消费。相比汉族，少数民族村的农户受传统文化影响更深，市场观念不强，人均生活消费支出更低。改善农村市场的消费环境，也是提升西部地区农村居民消费的有效措施。

第一，加大政府扶持力度，提高基础设施水平。与城镇的基础设施相比，农村的基础设施水平可以说是导致其经济落后的重要原因。要想使经济取得长足进展，就必须加强基础设施建设的力度，保证其最基本的设施支持。因此，政府在维持经济状况较好地区持续增长的同时，应该加强落后地区的扶持力度，加大对基础设施的建设，为农户创造一个舒适的生活环境，从而扫除阻碍经济发展的障碍，增强人们生产生活的积极性，为发展国民经济提供必要条件。

第二，加强基础设施尤其是交通设施的建设。农村基础设施的建设，不仅直接影响农民收入水平的提高，而且影响农民消费需求的增长。对于以山地为主的西部农村，这一点尤为明显。道路状况不佳，运输不便，农村与外界的产品交换

无法正常进行。基础设施尤其是交通设施的完善，有利于拉近城乡距离，缩小城乡差距。加强基础设施建设，缩短农民与消费市场的距离，扩大农民的市场范围，为农民的消费创造良好条件，农民才能积极消费。

第三，重视乡镇一级市场的建设。就目前的情况，西部民族地区的农村消费市场主要集中在乡镇一级。然而，市场总体规模小，商品流通体系不健全，导致农村物价偏高；市场秩序混乱，监管不力导致假冒伪劣产品泛滥，严重损害了消费者的利益，挫伤了农民消费的热情。加强乡镇一级市场的管理，降低到市场终端的流通费用，建立良好的市场秩序，确实保护农民的消费权益，提高农民消费的信心，是扩大农村消费的直接途径。

第四，培育少数民族农民的市场观念。民族地区的农民，长期以来过着自给自足的生活，缺乏市场经济的观念。这不仅不利于农民收入水平的提高，也不利于消费水平的提高。改变少数民族农民的传统消费观念，引导农民进入市场，不仅可以使农民的生活水平得到根本改善，也有利于整个区域的经济发展。

第三节　基于社会保障的对策建议

社会保障制度及保障的额度显著地影响西部民族地区农户的生活消费支出。人均社会保障收入和是否领取最低生活保障与农户家庭的初始人均生活消费支出水平显著相关。人均社会保障收入越多，初始生活消费水平越高；但领取最低生活保障的农户比未领取的农户的初始消费水平低。社会保障也影响农户消费支出的增长率：人均社会保障收入越多，其人均消费支出随时间的增长率越大；参加新型农村合作医疗的农户家庭比未参加农户家庭的人均消费支出增长快。人均生活消费支出的初始水平和变化率之间的协方差为负且显著，说明农户的家庭人均生活消费初始水平越高时，则其人均生活消费随时间推移的变化率越低，西部民族地区的农户人均生活消费支出水平存在趋同现象。

在对农村住户的社会保障状况的调查中，我们发现社会保障的实施和普及并未解除农户的后顾之忧，形成对未来的良好预期，减少预防性储蓄，因此西部社会保障制度对农村居民消费刺激不大。一是当地政府宣传引导不到位；二是西部地区整体教育水平较低；三是受西部地区特殊的地理和文化因素影响，西部农村地区大多比较偏远，交通不便，信息闭塞，宣传工作难以有效落实；四是西部农村社会保障制度不完善，补助标准低。

西部地区农民的社会保障水平低，影响消费水平的提高。随着宏观经济的波动和社会经济制度的变革，农村居民收入的不确定性增加。社会保障可以有效平抑农村居民的不确定性预期，有效减少其预防性储蓄促进有效需求。现阶段，西部地区农村居民的社会保障政策刚开始全面铺开，医疗、养老等保险尚未普及全部居民，社会保障的程度还较低，社会保障对西部地区农村居民消费的影响还不确定。只有继续提高西部农村地区的社会保障水平，健全社会保障制度，社会保障对农村居民消费的作用才能显现出来。具体建议如下：

第一，提高社会保障水平，深入全面小康。农民之所以消费水平远低于城镇居民，不仅因为其收入偏低、途径单一，还与社会保障密不可分。城镇居民社会保障制度健全，福利制度完善，使城镇居民减轻了对未来需要承担的巨大风险的担忧，因此不确定性对消费的抑制作用小；而农村居民却无法这样，由于社会保障制度有待完善，各项福利制度不健全，农村居民不得不为子女的教育考虑、为老人的赡养、为自身将来的生活考虑、为生活中发生的意外做准备，这样就使得农民的预防性储蓄动机不断增加，消费增添了更多顾虑，甚至导致农民产生不敢消费、害怕消费的心理。此外，除了为农民提供完善的社会保障制度，还应提高农户的投资理财意识，将部分预防性储蓄转化为投资，扩展收入来源的渠道，从而提高农民收入的增长速度，缩小城乡差异，实现真正意义上的全面小康。

第二，健全社会保障制度，完善农业保险体系。西部民族地区农户的边际消费倾向很低，原因在于农村的社会保障制度不健全，农民对未来的预期充满不确定性。社会保障的不完善，使得教育、医疗、养老都成为农户家庭的沉重负担。农业保险的缺失，导致农户在频繁发生的自然灾害面前只能自我保障。只有解决了农户的后顾之忧，他们才敢于消费，农村的边际消费倾向才能大幅提高。

第三，加大社保财政投入，优化社保制度设计。在对农村医疗合作、养老保险和最低生活保障制度的调查中，均存在缴纳金额过高和补助金额不足的问题。因此在实行社会保障制度时，应遵循与当地经济水平相适应的原则，对于经济水平相对落后的西部农村地区，应加大财政的投入，对于地方政府资金困难的，中央政府需加大其补助比例，保障其社保制度的实施。在对社保制度的设计上应做到因地制宜，对于社保的缴纳金额和补偿方案实行差别比例制度，不仅是在省域上的差别对待，在对同一地区不同收入水平的人群也可设定不同的方案，使其感受到未来能受到切实保障,从而最大限度地刺激其参保的积极性。只有提供乐观的预期,增强消费意愿,才能使社会保障对现期消费所产生的引致效应大于挤出效应。

第四,加大宣传引导工作,转变传统消费观念。由结论中农户消费初始水平与消费增长率负相关这一结论,表明西部农户的人均消费水平有趋同的趋势,但农户家庭的经济状况是参差不齐的,这也就说明了很多农户在满足基本的生活需要情况下,存在不敢消费或不愿消费的情况。分析其原因,可能与农民重储蓄、求稳怕变、谨慎消费等传统的消费观念有关,这很大程度上抑制了农村消费市场的发展。因此各级政府应加强对农村地区文化知识、科学技术、投资理财、思想观念等的教育引导工作,潜移默化地影响其消费观念,从而改变其消费结构,使其敢于消费、乐于消费、理性消费。

第五,推进总体教育水平,加强宣传引导工作。西部地区由于经济、地理环境和历史原因,整体教育水平偏低。提高农户的受教育水平,有利于社会保障制度的传导和实施。因此政府应加大对西部农村地区教育的投资,贯彻落实九年义务教育,提高教育水平。对无力承担高等教育经费的家庭要加大补偿和帮扶力度,避免学生因贫辍学。西部地区集中了我国大部分的少数民族人口,因此在社会保障的宣传工作中应因材施教,不能一概而论,宜结合当地的宗教信仰、风俗习惯等,进行宣传和引导,坚持群众自愿原则,通过深入细致的工作,使当地农村居民真正理解社会保障制度的实施规则,并意识到对其生活的益处。

参考文献

[1] 蔡恒春. 广西农户消费与积累比例关系浅析[J]. 改革与战略, 1987 (6): 15-19.

[2] 曹水群. 分析农民消费心理开拓农村消费市场[J]. 西藏民族学院学报, 2000 (4): 65-70.

[3] 陈奇. 扩大农村消费研究: 基于改善农村消费环境的视角[J]. 经济研究导刊, 2011 (3): 41-42.

[4] 陈庆德. 农业社会和农民经济的人类学分析[J]. 社会学研究, 2001 (1): 51-62.

[5] 陈讯, 高晓兵. 不同来源收入对我国农村居民消费影响的区域差异分析[J]. 技术经济, 2011 (11): 63-67.

[6] 陈研研. 农村人口年龄结构对居民消费的影响分析——以华东地区为例[D]. 南京财经大学博士学位论文, 2012.

[7] 成谢军. 农村居民收入与消费支出的实证分析——基于1995~2010年江苏省的数据[J]. 江苏农业科学, 2013 (3): 404-407.

[8] 储德银, 刘宏志. 收入来源结构、边际消费倾向与农村居民消费[J]. 地方财政研究, 2012 (2): 15-22.

[9] 崔海燕, 范纪珍. 内部和外部习惯形成与中国农村居民消费行为——基于省级动态面板数据的实证分析[J]. 中国农村经济, 2011 (7): 54-62.

[10] 杜海韬, 邓翔. 流动性约束和不确定性状态下的预防性储蓄研究——中国城乡居民的消费特征分析[J]. 经济学季刊, 2005 (1): 297-316.

[11] 杜兴端, 李晓, 林正雨. 基于绝对收入假说的四川省农村居民收入与消费关系研究[J]. 湖北农业科学, 2014 (11): 2698-2702.

[12] 范德成,刘刊. 提高边际消费倾向对我国产业发展的作用研究[J]. 贵州社会科学, 2009 (11): 64-67.

[13] 方福前,张艳丽. 城乡居民不同收入的边际消费倾向及变动趋势分析[J]. 财贸经济, 2011 (4): 22-31.

[14] 方匡南,章紫艺. 社会保障对城乡家庭消费的影响研究[J]. 统计研究, 2013, 30 (3): 51-58.

[15] 封福育. 社会保障对城镇居民消费的影响研究——来自GGSS2010的经验分析[J]. 云南财经大学学报, 2016 (5): 62-71.

[16] [美] 弗兰克·艾利思. 农民经济学——农民家庭农业和农业发展[M]. 胡景北译. 上海: 上海人民出版社, 2006.

[17] 高梦滔,毕岚岚,师慧丽. 流动性约束、持久收入与农户消费——基于中国农村微观面板数据的经验研究[J]. 统计研究, 2008 (6): 48-55.

[18] 高梦滔,毕岚岚. 1995—2006年中国农户消费结构变化研究[J]. 云南民族大学学报 (自然科学版), 2011, 20 (5): 422-429.

[19] 高梦滔,毕岚岚. 家庭人口学特征与农户消费增长——基于八省微观面板数据的实证分析[J]. 中国人口科学, 2010 (6): 70-78+112.

[20] 高梦滔. 子女教育与农户消费: 基于8省微观面板数据的经验研究[J]. 南方经济, 2011 (12): 16-25+81.

[21] 高中淋. 农村社会保障消费效应的空间特征——基于空间异质性的研究[J]. 重庆科技学院学报, 2016 (5): 34-36.

[22] 耿晔强. 消费环境对我国农村居民消费影响的实证分析[J]. 统计研究, 2012 (11): 36-40.

[23] 宫超. 新型农村社会养老保险对居民消费的影响[J]. 中国海洋大学, 2014.

[24] 巩师恩. 收入结构、消费结构与恩格尔定律: 基于中国农村居民的实证研究[J]. 社会科学研究, 2013 (6): 27-31.

[25] 古炳鸿,李红岗,叶欢. 我国城乡居民边际消费倾向变化及政策含义[J]. 金融研究, 2009 (3): 199-206.

[26] 关俊霞. 河南省农村居民收入与消费的协整性分析[J]. 安徽农业科学, 2007 (6): 1857-1858.

[27] 广州市农村发展研究中心课题组. 农户消费行为变化趋势研究——基

于广州市农村固定观察点调查数据的分析[J]. 南方农村, 2016, 32 (6): 36 – 39.

[28] 郭君平, 吴国宝. 社区综合发展减贫方式对农户生活消费的影响评价——以亚行贵州纳雍社区扶贫示范项目为例[J]. 经济评论, 2014 (1): 38 – 47.

[29] 郭新华, 夏瑞洁. 改革开放以来农村居民消费结构的时序变化和地区差距[J]. 经济问题探索, 2010 (6): 25 – 30.

[30] 郭媛媛, 刘灵芝. 新型农村社会养老保险制度对居民消费的影响——基于湖北省农村居民调研数据的实证分析[J]. 农村经济与科技, 2013 (5): 98 – 99.

[31] 国家统计局农村社会经济调查总队. 中国农户消费积累问题研究[J]. 统计研究, 1989 (2): 5 – 11.

[32] 韩丽娜. 经济转轨期中国农村居民消费行为分析[D]. 吉林大学博士学位论文, 2008.

[33] 韩留富, 王丽琦. 优化农村消费环境与扩大农民消费需求——以浙江为例的实证研究[J]. 农村经济, 2010 (6): 47 – 50.

[34] 韩留富. 扩大农村消费的制度性障碍及对策研究[J]. 商业研究, 2010 (4): 207 – 210.

[35] 韩雪骏雯. 中国基本医疗保险促进消费的经济学分析[J]. 辽宁工程技术大学学报 (社会科学版), 2012 (4): 352 – 354.

[36] 胡兵, 涂先进, 胡宝娣. 转移性收入对农村消费影响的门槛效应研究[J]. 财贸研究, 2014 (1): 55 – 60.

[37] 胡洪曙, 鲁元平. 公共支出与农民主观幸福感——基于 CGSS 数据的实证分析[J]. 财贸经济, 2012 (10): 23 – 33.

[38] 胡雪萍. 优化农村消费环境与扩大农民消费需求[J]. 农业经济问题, 2003 (7): 24 – 27.

[39] 黄蓉, 陈燕, 袁婷. 新型农村合作医疗对居民消费的影响及地域差异化研究[J]. 中国卫生经济, 2015 (6): 72 – 73.

[40] 黄维民, 冯振东. 文化视角下的中国西部农村少数民族社会保障研究[M]. 北京: 中国社会科学出版社, 2011.

[41] 纪江明, 张乐天, 蒋青云. 我国城乡社会保障差异对居民消费影响的

实证研究[J]. 上海经济研究, 2011 (1): 46 - 53.

[42] 纪江明, 赵毅. 中国区域间农村社会保障对居民消费的影响[J]. 中国人口·资源与环境, 2013 (5): 93 - 97.

[43] 季吉. 社会保障下的农村居民消费状况[J]. 调研世界, 2015 (27): 34 - 35.

[44] 贾小玫. 健全农村社会保障制度与拉动农村消费增长[J]. 财经科学, 2004 (5): 84 - 87.

[45] 姜百臣, 马少华, 孙明华. 社会保障对农村居民消费行为的影响机制分析[J]. 中国农村经济, 2010 (11): 32 - 39.

[46] 蒋志兵. 消费理论综述与消费资本化理论[J]. 商业研究, 2008 (3): 110 - 113.

[47] 揭新华. 论拓展农村消费市场的非收入构建[J]. 社会主义研究, 2006 (4): 90 - 94.

[48] 金春雨, 程浩, 杨慧宇. 我国农村居民消费与收入的动态关系实证分析——基于变参数模型的计量检验[J]. 江汉论坛, 2011 (12): 61 - 65.

[49] 赖苏娟. 农村养老保险对农村居民消费的影响研究——以江西赣州某县为例[D]. 江西师范大学博士学位论文, 2014.

[50] 雷理湘, 胡浩. 农村居民不同收入来源的边际消费倾向实证分析——基于1997~2013年分省面板数据[J]. 消费经济, 2015 (6): 34 - 39.

[51] 冷晨昕. 收入来源结构对农村居民消费的影响[D]. 华中农业大学博士学位论文, 2016.

[52] 李宝库. 中国农村居民消费模式及消费行为特征研究——基于海尔冰箱农村市场营销调查与策略的研究[J]. 管理世界, 2005 (4): 95 - 98 + 105.

[53] 李承政, 杨泰杰. 农村居民边际消费倾向与其影响因素关系的实证分析[J]. 统计与决策, 2011 (21): 117 - 119.

[54] 李春琦, 张杰平. 中国人口结构变动对农村居民消费的影响研究[J]. 中国人口科学, 2009 (4): 14 - 22 + 111.

[55] 李飞, 刘寒波. 农业基础设施建设对农村居民消费需求的影响——基于动态演化视角[J]. 对外经贸, 2015 (5): 98 - 100.

[56] 李虹, 艾熙. 西部农村居民收入与消费倍增实现途径研究[J]. 商业时代, 2013 (17): 143 - 145.

[57] 李家仪. 安徽农户消费与积累的现状剖析[J]. 农业经济问题, 1988 (9): 53-56.

[58] 李敬强, 徐会奇. 收入来源与农村居民消费: 基于面板数据的结论与启示[J]. 经济经纬, 2009 (6): 107-110.

[59] 李普亮, 贾卫丽, 罗冬妮. 欠发达地区农户消费意愿影响因素分析——以广东省梅州市为例[J]. 广东商学院学报, 2013, 28 (3): 70-78.

[60] 李琼英, 宋马林, 杨杰. 社会保障支出与拉动内需——对农村养老保障问题的深入探讨[J]. 统计教育, 2009 (9): 16-20.

[61] 李瑢. 提高农村居民消费质量需要优化农村消费环境[J]. 消费经济, 2010 (1): 50-53.

[62] 李锐, 项海容. 不同类型的收入对农村居民消费的影响[J]. 中国农村经济, 2004 (6): 9-12.

[63] 李树良. 新型农村社会保障对农民消费观念和耐用品消费的影响[J]. 城乡统筹与农村改革, 2016 (5): 37-44.

[64] 李翔, 朱玉春. 农村居民收入与消费结构的灰色关联分析[J]. 统计研究, 2013 (1): 76-78.

[65] 李晓楠, 李锐. 我国四大经济地区农户的消费结构及其影响因素分析[J]. 数量经济技术经济研究, 2013, 30 (9): 89-105.

[66] 李秀平, 吴娅雄, 孙小会, 赵丽丽. 制约河北省农村居民消费的影响因素及对策建议——平均消费倾向和边际消费倾向的对比分析[J]. 经营与管理, 2013 (11): 116-118.

[67] 李学术, 向其凤. 西部民族地区农户收入增长的路径选择: 投资还是消费[J]. 金融经济, 2014 (22): 38-40.

[68] 李仪, 徐斌. 收入来源与农村居民消费结构——基于ELES模型的实证研究[J]. 河南社会科学, 2014 (7): 107-110.

[69] 李永友, 钟晓敏. 财政政策与城乡居民边际消费倾向[J]. 中国社会科学, 2012 (12): 63-81.

[70] 李珍. 社会保障概论[M]. 北京: 中国劳动社会保障出版社, 2001.

[71] 林义, 郑军. 完善农村社会保障, 启动消费需求增长引擎[J]. 消费经济, 2010 (1): 31-34.

[72] 刘纯彬, 陈冲. 影响农村居民消费行为的收入结构效应分析——基于

我国 1997～2009 年面板数据的实证检验[J]. 天府新论, 2011 (4): 43-48.

[73] 刘湖. 优化我国农村消费环境的思考[J]. 农村经济, 2006 (10): 72-73.

[74] 刘洁珍, 向其凤. 农村居民社会保障与消费调查分析——基于西部地区的典型调查[J]. 调研世界, 2016 (12): 30-35.

[75] 刘灵芝, 潘瑶, 王雅鹏. 不确定性因素对农村居民消费的影响分析——兼对湖北省农村居民的实证检验[J]. 农业技术经济, 2011 (12): 61-69.

[76] 刘强. 谁挤占了消费需求教育医疗住房三大支出负担过重[J]. 中国国情国力, 2016 (10): 16-18.

[77] 刘锐. 缩小城乡居民收入、差距扩大农村居民消费需求[J]. 河北学刊, 2011 (3): 184-187.

[78] 刘双, 祁春节, 赵玉. 农户消费行为差异分析——基于湖北两地区农户的调查[J]. 农业技术经济, 2015 (2): 23-32.

[79] 刘双. 社会保障对农村居民消费行为的影响研究[D]. 华中农业大学博士学位论文, 2016.

[80] 刘晓红. 中国农村不同收入水平消费需求实证分析[J]. 经济与管理, 2011 (8): 32-36.

[81] 刘长庚, 吕志华. 改革开放以来我国居民边际消费倾向的实证研究[J]. 消费经济, 2005 (8): 44-47.

[82] 卢晶亮, 冯帅章, 艾春荣. 自然灾害及政府救助对农户收入与消费的影响: 来自汶川大地震的经验[J]. 经济学 (季刊), 2014, 13 (2): 745-766.

[83] 卢宁. 农村居民收入与消费结构的关系研究——来自浙江省农村的调查[J]. 华东经济管理, 2013 (8): 92-96.

[84] 鲁全, 郭泓. 社会保障影响居民消费的内在机制及其效应[J]. 社会与人口, 2010 (8): 84-89.

[85] 栾大鹏, 欧阳日辉. 新型农村合作医疗对我国农民消费影响研究[J]. 人口与经济, 2012 (2): 80-86.

[86] 罗楚亮. 预防性动机与消费风险分散——农村居民消费行为的经验分析[J]. 中国农村经济, 2006 (4): 12-19.

[87] 罗宁波. 财政支出对农村居民消费的影响及其空间效应研究[D]. 湖南大学博士学位论文, 2016.

[88] 罗勤. 我国农村居民收入与消费研究[J]. 江西社会科学, 2010 (12): 90-93.

[89] [法] H. 孟德拉斯. 农民的终结[M]. 李培林译. 北京: 社会科学文献出版社, 2008.

[90] 孟劲, 侯炬凯. 我国城乡居民边际消费倾向差异分析[J]. 安徽农业科学, 2011, 39 (20): 12-13.

[91] 聂华林, 杨建国. 中国西部农村社会保障概论[M]. 北京: 中国社会科学出版社, 2006.

[92] 聂荣, 闫宇光, 王新兰. 政策性农业保险福利绩效研究——基于辽宁省微观数据的证据[J]. 农业技术经济, 2013 (4): 69-76.

[93] 农村消费问题研究课题组, 陈文玲, 郭立仕. 关于农村消费的现状及政策建议[J]. 财贸经济, 2007 (2): 69-73.

[94] 彭海艳. 影响中国农村居民消费结构的多因素实证分析[J]. 财贸研究, 2009 (1): 30-35.

[95] 戎刚. 农户消费的实证分析[J]. 中国农村观察, 1997 (6): 10-13.

[96] 沈毅, 穆怀中. 新型农村社会养老保险对农村居民消费的乘数效应研究[J]. 经济学家, 2013 (4): 32-36.

[97] 石磊, 向其凤, 陈飞. 多水平模型及其在经济领域的应用[M]. 北京: 科学出版社, 2013.

[98] 石磊, 向其凤, 张炯. 物质资本、人力资本、就业结构与西部民族地区农户收入增长[J]. 数理统计与管理, 2011 (6): 1031-1038.

[99] 索志林, 盖华卿. 农村社会保障对中国居民消费需求的影响分析[J]. 学习与探索, 2015 (2): 116-118.

[100] 谭江蓉, 杨云彦. 人口流动、老龄化对农村居民消费的影响[J]. 人口学刊, 2012 (6): 9-15.

[101] 汤跃跃, 张毓雄. 优化农村消费环境, 建设和谐新农村[J]. 消费经济, 2006 (10): 34-37.

[102] 滕明兰, 曹鑫. 广西农村居民收入结构对消费支出的影响[J]. 江苏农业科学, 2012 (3): 380-382.

[103] 滕永乐, 孙雪萍. 中国农村居民消费结构分析——基于隐性直接相加需求系统的研究[J]. 江西财经大学学报, 2013 (3): 85-93.

[104] 田华, 金卫健, 朱柏青. 财政社会保障和就业支出对农村居民消费的影响分析[J]. 统计观察, 2016 (12): 115-117.

[105] 童光荣, 姜松. 湖北省农村居民消费与收入关系的实证分析[J]. 统计观察, 2008 (11): 80-82.

[106] 万广华, 张茵, 牛建高. 流动性约束、不确定性与中国居民消费[J]. 经济研究, 2001 (11): 35-44+94.

[107] 王济川, 谢海义, 姜宝法. 多层统计分析模型——方法与应用[M]. 北京: 高等教育出版社, 2008.

[108] 王君萍. 农村居民收入与消费需求相关性实证分析[J]. 统计与信息论坛, 2009 (7): 40-43.

[109] 王明祥, 周建华. 农村消费环境对我国农户消费需求增长的影响[J]. 消费经济, 2004 (6): 26-28.

[110] 王宋涛, 吴超林. 收入分配对我国居民总消费的影响分析——基于边际消费倾向的理论和实证研究[J]. 经济评论, 2012 (6): 44-53.

[111] 王新利, 吕火花. 农村流通体系对农村消费的影响[J]. 农业经济问题, 2006 (3): 69-71.

[112] 王志. 制约中国农村居民消费增长的原因及促进政策[J]. 大连海事大学学报, 2014 (2): 24-26.

[113] 魏勇. 农村居民消费行为变动及其制度成因研究[D]. 西南大学博士学位论文, 2012.

[114] 温涛, 温兆亮. 我国农村居民消费结构演化研究[J]. 农业技术经济, 2012 (7): 4-14.

[115] 吴连翠. 我国农户消费行为的经济分析[J]. 乡镇经济, 2005 (10): 22-24.

[116] 吴薇. 农村居民消费结构研究——以吉林省为例[D]. 吉林大学博士学位论文, 2009.

[117] 吴雪平. 基于面板数据的医疗社保投资与居民消费相关性实证研究[J]. 经济问题, 2013 (10): 30-34.

[118] 伍艺, 徐涛. 农村居民收入及消费结构调查分析——基于西南地区的统计数据[J]. 人民论坛 (中旬刊), 2014 (14): 224-226.

[119] 武喜清, 张冠忠, 翟振新. 山西农户消费和积累的评价问题[J]. 经

济问题, 1989 (7): 65-69.

[120] 向其凤, 马晓兰. 微观消费环境与西部民族地区农户的生活消费支出——基于多水平模型的研究[J]. 云南财经大学学报, 2012, 28 (5): 138-144.

[121] 向其凤. 西部民族地区农户收入增长的影响因素分析: 分位数回归方法[J]. 金融经济, 2013 (8): 30-33.

[122] 肖攀, 李连友, 苏静. 农村社会保障对消费结构影响的门槛效应——基于PSTR模型的分析[J]. 经济经纬, 2016 (5): 36-41.

[123] 肖琴, 肖磊, 代贝. 社会保障与就业、医疗卫生支出对居民消费的影响研究——基于状态空间的方法[J]. 昆明理工大学学报, 2015 (10): 63-70.

[124] 谢文, 吴庆天. 农村社会保障支出对农村居民消费的影响的实证研究[J]. 财经理论与实践, 2009 (5): 27-31.

[125] 辛永荣, 肖俊哲. 农村居民收入差异及其对消费影响的聚类分析[J]. 统计教育, 2008 (6): 48-51.

[126] 熊芳, 李炳莲. 农户家庭特征与消费结构的实证研究——以江汉平原为例[J]. 农业技术经济, 2014 (12): 59-64.

[127] 熊吉峰. 我国农村居民消费结构阶段性演变的灰色动态关联分析[J]. 消费经济, 2005 (3): 40-43.

[128] 徐超. 财政支出对农村居民消费的影响——基于总量与结构的实证分析[D]. 浙江财经学院博士学位论文, 2013.

[129] 徐春. 对外开放、房价上涨与居民边际消费倾向[J]. 国际贸易问题, 2015 (1): 58-68.

[130] 徐浩. 农民经济的历史变迁——中英乡村社会区域发展比较[M]. 北京: 社会科学文献出版社, 2002.

[131] 徐会奇, 李敬强. 不同收入来源对农村居民消费的影响及对策[J]. 经济纵横, 2009 (3): 44-46.

[132] 徐会奇, 卢强, 王克稳. 农村居民收入不确定性对消费的影响研究——基于灰色关联分析[J]. 华东经济管理, 2014 (2): 29-34.

[133] 徐绿敏. 财政转移性支出对城乡居民消费差距的影响——基于动态面板的GMM分析[J]. 生产力研究, 2013 (5): 45-48.

[134] 徐绿敏. 政府转移支出对农村居民消费: 挤出还是挤入效应——基于

动态面板模型的 GMM 分析[J]. 江西社会科学, 2013, 33 (2): 53 - 56.

[135] 徐夏静, 王慧芸. 城乡社会保障支出对居民消费影响的地区差异研究[J]. 呼伦贝尔学院学报, 2016 (5): 58 - 64.

[136] 徐玉宁. 收入、消费不确定性以及对农村居民消费的影响研究[D]. 西南财经大学博士学位论文, 2014.

[137] 严少伟. 我国危险化学品货物道路运输风险分析及防范研究[D]. 苏州大学博士学位论文, 2010.

[138] 杨池然, 仲文明, 周智勇. SAS9.2 从入门到精通[M]. 北京: 电子工业出版社, 2011.

[139] 杨河清, 陈汪茫. 中国养老保险支出对消费的乘数效应研究——以城镇居民面板数据为例[J]. 社会保障研究, 2010 (3): 3 - 13.

[140] 杨琦. 农村基础设施建设对农村居民消费的影响研究[D]. 西南财经大学博士学位论文, 2011.

[141] 杨新华, 孙海波. 农户家庭消费行为的多视角分析[J]. 西部论坛, 2010, 20 (3): 61 - 68.

[142] 尹华北, 张恩碧. 社会保障覆盖率对农村居民消费的影响研究[J]. 社会科学, 2011 (7): 54 - 61.

[143] 尹华北. 社会保障对中国农村居民消费影响研究[D]. 西南财经大学博士学位论文, 2011.

[144] 余菊, 邓昂. 基于状态空间模型的农村居民边际消费倾向研究[J]. 江苏农业科学, 2014, 42 (8): 452 - 454.

[145] 岳爱, 杨矗, 常芳, 田新, 史耀疆, 罗仁福, 易红梅. 新型农村社会养老保险对家庭日常费用支出的影响[J]. 管理世界, 2013 (8): 101 - 108.

[146] 张爱辉. 流动约束、收入不确定性对我国农村居民消费的影响与地区分异[J]. 商业经济研究, 2017 (1): 44 - 46.

[147] 张朝华. 保障策略对农户消费结构的影响[J]. 兰州学刊, 2017 (5): 187 - 196.

[148] 张建杰. 农户家庭消费结构的区位差异分析——基于河南 16 村 1000 农户的实证[J]. 生产力研究, 2010 (6): 50 - 52 + 269.

[149] 张菊. 中国农村居民收入与消费关系的实证研究[J]. 江苏农业科学, 2013 (10): 24 - 26.

[150] 张娜. 我国农村社会保障对农村居民消费影响的实证分析[J]. 天津农业科学, 2016 (2): 76-80.

[151] 张攀峰, 陈池波. 新型社会保障对农村居民消费的影响研究——基于农户调研数据的微观分析[J]. 调研世界, 2012 (1): 25-28.

[152] 张铁想, 刘珺. 农村居民收入增长变化对消费结构的影响——以陕西省为例[J]. 西安财经学院学报, 2014 (5): 55-59.

[153] 张治觉, 吴定玉. 我国财政社会保障对居民消费产生引致还是挤出效应[J]. 消费经济, 2010 (3): 67-88.

[154] 张筑平, 杜小书. 贵州农户消费行为研究——基于贵州10村800户的调查[J]. 贵阳市委党校学报, 2013 (4): 1-7.

[155] 赵宝田. 1996~2012年中国农户消费支出结构变迁结果及原因分析[J]. 经济研究导刊, 2014 (29): 30-31+34.

[156] 赵欢. 民生性财政支出对于居民消费的影响研究——以社会保障、医疗教育以及农业补贴为例[J]. 金融经济, 2016 (2): 24-26.

[157] 赵元笃. 地方财政支出对农村居民消费的影响研究[J]. 财政研究, 2013 (5): 66-69.

[158] 周凯. 人口城镇化对我国农村居民消费结构升级的影响研究[D]. 南京财经大学博士学位论文, 2015.

[159] 朱红恒. 我国农村居民边际消费倾向的收入门槛效应[J]. 宏观经济研究, 2009 (10): 21-24.

[160] 朱铭来, 奎潮. 医疗保障对居民消费水平的影响——基于省级面板数据的实证研究[J]. 保险研究, 2012 (4): 103-111.

[161] 朱信凯, 杨顺江. 中国农户短视消费行为分析[J]. 中国农村观察, 2001 (6): 17-22.

[162] 朱信凯, 杨顺江. 中国农户消费具有短视性、间歇性特点[J]. 经济研究参考, 2002 (15): 33-35.

[163] 朱信凯. 流动性约束、不确定性与中国农户消费行为分析[J]. 统计研究, 2005 (2): 38-42.

[164] 朱信凯. 中国农户消费的过度敏感性分析[J]. 中国经济问题, 2002 (2): 63-69.

[165] 朱信凯. 中国农户消费函数研究[D]. 华中农业大学博士学位论

文, 2003.

[166] 朱信凯. 中国农户消费问题研究方法论分析[J]. 统计与决策, 2005 (3): 26-27+103.

[167] 宗成华. 中国西部农村居民消费结构变动研究[D]. 中国农业大学博士学位论文, 2015.

[168] Andrewa, Sam Wick. Is Pension Reform Conducive to Higher Saving? [J]. The Review of Economics and Statistics, 2000 (82): 264-273.

[169] Barro, Robert J. The Impact of Social Security on Private Saving, Washington, American Enterprise Inst [R]. 1978.

[170] Blake D. The Impact of Wealth on Consumption and Retirement Behavior in the UK [J]. American Economic Review, 1994, 87 (1): 192-203.

[171] Carri Ker G I, Langemeier M R, Schroeder T C. Propensity to Consume Farm Family Disposable Iincome from Separate Sources [J]. American Journal of Agricultural Economics, 1993 (3): 739-744.

[172] Chow, Gregory. A Model for National Income Determination in Taiwan. Princeton University, Department of Economics, Center for Economic Policy Studies [R]. Working Paper, 2011.

[173] Gormley T, Llu H, ZHOU G. Limited Participation and Consumption-saving Puzzles: A Simple Explanation and the Role of Insurance [J]. Journal of Financial Economics, 2010 (2): 331-344.

[174] Gruber, Jonathan. The Consumption Smoothing Benefits of Unemp-loyment Insurance [J]. Applied Financial Economics, 2004, 14 (8): 555-576.

[175] Juan A, Carlos U. Security Reform with Uninsurable Income Risk and Endogenous Borrowing Constraints [J]. Review of Economics Dynamics, 2008 (11): 83-103.

[176] Kotlikoff, Laurence J, Summers, Lawrence H. The Role of Intergene-rational Transfers in Aggregate Capital Accumulation [J]. J. P. E., 1981 (4): 706-732.

[177] Lopreato, Francisco Luiz C. Milton Friedman Efetividade da Politica Fiscal [J]. Revista de Economia Contemporanea, 2013 (8).

[178] Martin Feldstein. Social Security and Saving: New Time Series Evidence [J]. National Tax Journal, 1996, 49 (2): 151-164.

[179] Martin Feldstein. Social security and Private Saving: Reply [J]. Journal of Politics, 1982, 90 (3): 630 – 643.

[180] Martin Feldstein. Social Security, Induced Retirement, and Aggregate Capital Accumulation [J]. The Journalof Political Economy, 1974, 82 (5): 905 – 926.

[181] Melvin Stephens Jr. The Impact of the 1972 Social Security Benefit Increase on Household Consumption [R]. Working Paper, 2005.

[182] Palley, Thomas I. The Relative Income Theory of Consumption: A Synthetic Keynes – Duesenberry – Friedman Model. Political Economy Research Institute, University of Massachusetts at Amherst [R]. Working Paper, 2008.

[183] Phillip Cagan. The Effect of Pension Plans on Aggregate Saving: Evidence from a Sample Survey. National Bureau of Economic Research [M]. New York: Columbia University Press, 1965.

[184] Todd Gormley, Hong Liu, Guofu Zhou. Limited Participation and Consumption – Saving Puzzles: Asimple Explanation and the Role of Insurance [D]. Working Paper, 2006.

[185] Wouter Zant. Social Security Wealth and Aggregate Consumption: An Extended Life – cycle Model Estimated for the Netherlands [R]. De Economist, 2005.